"历史·文化·思想"文库

新订四库提要笺注稿

王培军 撰

上海大学出版社
·上海·

序

予注《四库提要》,始戊子岁十月,几日为一篇,至次年春,得七八十篇。时为诸生授课,即以之当讲义。其所用之法,则本陈援庵所倡之"史源学"也。援庵谓从古注书,厥有二种:一从内作,一从外作。从外作者,如黄汝成《日知录集释》、吴士鉴《晋书斠注》是,而援庵不以为然;从内作者,则所云史源学属之。予固不学,而援援庵之旨,以笺《提要》之书,画虎不成,必为通人所哂。虽然,学问之事,亦如临池学书,摹写古贤手迹,所不可废,予之为此,工拙不必较,读者目之为临帖可也。

近人为文献考证者,言功力之深,必首推陈援庵、余季豫,盖皆纯为魄学,所谓"精悍之气,见于眉间",推其故,亦其精力绝人,有以致之耳。若陈义宁之为学,则较然不同,魂魄兼有,而魂犹胜魄,虽为考据,而精神之所寄,有出于文献外者。故其文字之间,运思最深窈,气息最绵邈,并世无其匹者,古人评东野诗云"单抽一丝,袅绕成章"者,可借为形容。此其魂之故也。尝试论之:凡魄强者,大抵其人亦壮健,而阳刚之体,高明之性,为外学;凡魂胜者,其为人或形体较屡,而玄虑之质,沉潜之性,为内学。斯其大较也。予近山泽之臞,不以精力称,故不能为魄学,而狂胪文献,至于再而不已,而其所注者,又为精力绝人之陈、余二氏所尝着力之书,是真强为生平所不长者。噫,此注之撰,其拙于用短,亦大堪自哂也。

《提要》所据之本,为中华书局一九六五年影印浙刻本,句读为王伯祥所加。其间不无破句,又浙本原有误字(殿本不误,而浙本误改者,亦间有之),今皆尽力订正。或扫叶不尽,或注之郢书燕说,而不自知自见者,并盼当世学人,匡其所不逮。戊戌九月王培军记。

目 录

序	1
集部总叙	1
楚辞类	3
楚辞章句十七卷	3
楚辞补注十七卷	6
楚辞集注八卷辨证二卷后语六卷	9
离骚草木疏四卷	12
山带阁注楚辞六卷楚辞馀论二卷 楚辞说韵一卷	15
别集类	19
蔡中郎集六卷	19
曹子建集十卷	22
嵇中散集十卷	24
陶渊明集八卷	26
鲍参军集十卷	29
谢宣城集五卷	31
庾开府集笺注十卷	34
王子安集十六卷	39
陈拾遗集十卷	41
张燕公集二十五卷	45

李太白集三十卷	47
杜诗详注二十五卷附编二卷	51
王右丞集笺注二十八卷附录二卷	53
孟浩然集四卷	57
韦苏州集十卷	60
韩集点勘四卷	64
五百家注音辨柳先生文集二十一卷外集二卷新编外集一卷龙城录二卷附录八卷	71
刘宾客文集三十卷外集十卷	73
笺注评点李长吉歌诗四卷外集一卷	76
李义山诗集三卷	80
温飞卿集笺注九卷	84
河东集十五卷附录一卷	89
宋景文集六十二卷补遗二卷附录一卷	92
苏学士集十六卷	95
元丰类稿五十卷	98
宛陵集六十卷附录一卷	102
文忠集一百五十三卷附录五卷	105
王荆公诗注五十卷	109
广陵集三十卷拾遗一卷	111
施注苏诗四十二卷东坡年谱一卷王注正讹一卷苏诗续补遗二卷	114
山谷内集注二十卷外集注十七卷别集注二卷	118
后山诗注十二卷	124

  简斋集十六卷　　　　　　　　129
  茶山集八卷　　　　　　　　　131
  石湖诗集三十四卷　　　　　　133
  诚斋集一百三十三卷　　　　　136
  剑南诗稿八十五卷　　　　　　139

总集类　　　　　　　　　　　　143
  文选注六十卷　　　　　　　　143
  玉台新咏十卷　　　　　　　　148
  文苑英华一千卷　　　　　　　152
  唐文粹一百卷　　　　　　　　156
  万首唐人绝句诗九十一卷　　　159
  宋文鉴一百五十卷　　　　　　161
  瀛奎律髓四十九卷　　　　　　165
  唐宋八大家文钞一百六十四卷　168

诗文评类　　　　　　　　　　　175
  文心雕龙十卷　　　　　　　　175
  诗品三卷　　　　　　　　　　179
  六一诗话一卷　　　　　　　　181
  诗话总龟前集四十八卷后集五十卷　184
  韵语阳秋二十卷　　　　　　　186
  唐诗纪事八十一卷　　　　　　189
  苕溪渔隐丛话前集六十卷后集四十卷
  　　　　　　　　　　　　　191
  沧浪诗话一卷　　　　　　　　193
  诗人玉屑二十卷　　　　　　　195
  历代诗话八十卷　　　　　　　197
  宋诗纪事一百卷　　　　　　　199

词曲类	204
乐章集一卷	204
东坡词一卷	207
小山词一卷	209
片玉词二卷补遗一卷	211
于湖词三卷	215
稼轩词四卷	217
山中白雲词八卷	219
花间集十卷	221
词综三十四卷	223

集部总叙

集部之目，《楚辞》最古，别集次之，总集次之，诗文评又晚出，词曲则其闰馀也。古人不以文章名，故秦以前书无称屈原、宋玉工赋者。洎乎汉代，始有词人，迹其著作，率由追录。故武帝命所忠求相如遗书，魏文帝亦诏天下上孔融文章。至于六朝，始自编次，唐末又刊板印行。事见贯休《禅月集》序。夫自编则多所爱惜，刊板则易于流传，四部之书，别集最杂，兹其故欤。然典册高文，清词丽句，亦未尝不高标独秀，挺出邓林。此在剪刈厄言，别裁伪体，不必以猥滥病也。总集之作，多由论定，而兰亭、金谷，悉觞咏于一时，下及汉上题襟，松陵倡和，《丹阳集》惟录乡人，《箧中集》则附登乃弟。虽去取佥乎众议，而履霜有渐，已为诗社标榜之先驱。其声气攀援，甚于别集。要之浮华易歇，公论终明，岿然而独存者，《文选》、《玉台新咏》以下数十家耳。诗文评之作，著于齐、梁。观同一八病四声也，钟嵘以求誉不遂，巧致讥排；刘勰以知遇独深，继为推阐。词场恩怨，亘古如斯。冷斋曲附乎豫章，石林隐排乎元祐，党人馀衅，报及文章，又其已事矣。固宜别白存之，各核其实。至于倚声末技，分派诗歌，其间周、柳、苏、辛，亦递争轨辙。然其得其失，不足重轻，姑附存以备一格而已。大抵门户搆争之见，莫甚于讲学，而论文次之。讲学者聚党分朋，往往祸延宗社，操觚之士，笔舌相攻，则未有乱及国事者。盖讲学者必辨是非，辨是非必及时政，其事与权势相连，故其患大；文人词翰所争者，名誉而已，与朝廷无预，故其患小也。然如艾南英以排斥王、李之故，至以严嵩为察相，而以杀杨继盛为稍过当,岂其扪心清夜,果自谓然?亦朋党既分,势不两立,故决裂名教而不辞耳。至钱谦益《列朝诗集》,更颠倒贤奸,彝良泯绝,其贻害人心风俗者,又岂尠哉。今扫除畛域,一准至公,明以来诸派之中,各取其所长,而不回护其所短。盖有世道之防焉,不仅为文体计也。

楚 辞 类

哀屈、宋诸赋,定名《楚辞》,自刘向始也。后人或谓之"骚",故刘勰品论《楚辞》,以《辨骚》标目。考史迁称"屈原放逐,乃著《离骚》",盖举其最著一篇。《九歌》以下,均袭骚名,则非事实矣。《隋志》集部以"楚辞"别为一门,历代因之。盖汉、魏以下,赋体既变,无全集皆作此体者,他集不与《楚辞》类,《楚辞》亦不与他集类,体例既异,理不得不分著也。杨穆有《九悼》一卷,至宋已佚。晁补之、朱子皆尝续编,然补之书亦不传,仅朱子书附刻《集注》后。今所传者,大抵注与音耳。注家由东汉至宋,递相补苴,无大异词。迨于近世,始多别解,割裂补缀,言人人殊。错简说经之术,蔓延及于词赋矣。今并刊除,杜窜乱古书之渐也。

楚辞章句十七卷 _{兵部侍郎纪昀家藏本}

汉王逸撰。逸字叔师,南郡宜城人。顺帝时官至侍中。事迹具《后汉书·文苑传》[一]。旧本题校书郎中,盖据其注是书时所居官也。初,刘向哀集屈原《离骚》、《九歌》、《天问》、《九章》、《远游》、《卜居》、《渔父》,宋玉《九辨》、《招魂》,景差《大招》,而以贾谊《惜誓》、淮南小山《招隐士》、东方朔《七谏》、严忌《哀时命》、王褒《九怀》及向所作《九叹》,共为《楚辞》十六篇[二]。是为总集之祖。逸又益以己作《九思》,与班固二叙为十七卷,而各为之注[三]。其《九思》之注,洪兴祖疑其子延寿所为[四]。然《汉书·地理志》、《艺文志》即有自注,事在逸前。谢灵运作《山居赋》,亦自注之,安知非用逸例耶〔五〕。旧说无文，未可遽疑为延寿作也。陈振孙《书录解题》载有《古文楚辞释文》一卷〔六〕，其篇第首《离骚》，次《九辨》、《九歌》、《天问》、《九章》、《远游》、《卜居》、《渔父》、《招隐士》、《招魂》、《九怀》、《七谏》、《九叹》、《哀时命》、《惜誓》、《大招》、《九思》，迥与今本不同。兴祖据逸《九章》注中，称"皆解于《九辨》中"，知古本《九辨》在前，《九章》在后〔七〕。振孙又引朱子之言，据天圣十年陈说之序，谓旧本篇第混并，乃考其人之先后，重定其篇第。知今本为说之所改〔八〕。则自宋以来，已非逸之旧本。又黄伯思《东观馀论》谓逸注《楚辞》，序皆在后，如《法言》旧本之例〔九〕，不知何人移于前。则不但篇第非旧，并其序亦非旧矣。然洪兴祖《考异》，于《离骚经》下注曰"《释文》第一，无'经'字"，而逸注明云"离，别也；骚，愁也；经，径也"。则逸所注本确有"经"字，与《释文》本不同。必谓《释文》为旧本，亦未可信，姑存其说可也〔一〇〕。逸注虽不甚详赅，而去古未远，多传先儒之训诂。故李善注《文选》，全用其文〔一一〕。《抽思》以下诸篇注中，往往隔句用韵，如"哀愤结缙，虑烦冤也"、"哀悲太息，损肺肝也"、"心中结屈，如连环也"之类〔一二〕，不一而足。盖仿《周易》象传之体，亦足以考证汉人之韵，而吴棫以来谈古韵者〔一三〕，皆未征引，是尤宜表而出之矣。卷一百四十八

〔笺注〕

〔一〕见《后汉书》卷八十上（中华书局本）。
〔二〕《楚辞章句》卷一"叙曰"："屈原履忠被谗，忧悲愁思，独依诗人之义，而作《离骚》，上以讽谏，下以自慰。遭时暗乱，不见省纳，不胜愤懑，遂复作《九歌》以下，凡二十五篇。楚人高其行义，玮其文采，以相教传。至于孝武帝，恢廓道训，使淮南王安作《离骚经章句》，则大义粲然。后世雄俊，莫不瞻仰，揽舒妙思，缵述其词。逮至刘向，典校经书，分以为十六卷。孝章即位，深弘道艺，而班固、贾逵复以所见改易前疑，各作《离骚经章句》，其

馀十五卷,阙而不说。(中略)今臣复以所识所知,稽之旧章,合之经传,作十六卷章句。虽未能究其微妙,然大指之趣,略可见矣。"(明刊本、《四库全书》本)《提要》云云,即据此。刘向传见《汉书》卷三十六。

〔三〕《九思》见《楚辞章句》卷十七。其序云:"《九思》者,王逸之所作也。自屈原终没之后,忠臣介士,游览学者,读《离骚》、《九章》之文,莫不怆然,心为悲感,高其节行,妙其丽雅。至刘向、王褒之徒,咸嘉其义,作赋骋辞,以赞其志,则皆列于谱录,世世相传。逸与屈原同土共国,悼伤之情,与凡有异,窃慕向、褒之风,作颂一篇,号曰《九思》,以裨其辞,未有解说,故聊训谊焉。"

〔四〕洪兴祖《楚辞补注》卷十七:"逸不应自为注解,恐其子延寿之徒为之尔。"参观崔富章《四库提要补正》(杭州大学出版社)446—447页所论。《后汉书·王逸传》:"子延寿,字文考,有儁才。少游鲁国,作《灵光殿赋》。后蔡邕亦造此赋,未成,及见延寿所为,甚奇之,遂辍翰而已。曾有异梦,意恶之,乃作《梦赋》以自厉。后溺水死,时年二十馀。"

〔五〕按,古作者自注其文,钱锺书《管锥编》(中华书局本)1285—1287页有考论,可以参观。

〔六〕按此说误。余嘉锡《四库提要辨证》云:"《书录解题》及《通考》并无'古文'二字,第言'古本无名氏'而已。《提要》点窜其语,而误'古本'为'古文',改'骚经'为'离骚',不知《楚辞》自刘向纂集以来,何尝有今文、古文之别耶。"(中华书局本,1228页)

〔七〕《楚辞补注》目录后"附记":"按《九章》第四,《九辩》第八,而王逸《九章注》云'皆解于《九辩》中',知《释文》篇第盖旧本也。后人始以作者先后次叙之尔。"(中华书局本)

〔八〕《直斋书录解题·离骚释文》:"朱侍讲按:天圣十年陈说之序以为旧本篇第混并,乃考其人之先后,重定其篇第,然则今本说之所定也。余按《楚辞》刘向所集,王逸所注,而《九叹》、《九思》亦列其中,盖后人所益也欤。"(卷十五)朱侍讲即朱熹,其语见《楚辞辩证》卷上。

〔九〕见《东观馀论》卷下《挍定楚词序》:"按此书旧十有六篇,并王逸《九思》为十七。而某所见旧本,乃有扬雄《反骚》一篇,在《九叹》之后(此文亦见雄本传),与《九思》共十有八篇。而王逸诸序,并载于书末,犹《古文尚书》、汉本《法言》及《史记》自序、《汉书》叙传之体,骈列于卷尾,不冠于篇首也。"(《津逮秘书》本)

〔一〇〕按,此说余嘉锡不以为然,《四库提要辨证》1229页云:"《读书志》'释文'条下云:'其篇次不与世行本同,盖以《离骚经》、《九辩》、《九歌》、《天问》、《九章》、《远游》、《卜居》、《渔父》、《招隐士》、《招魂》、《九怀》、《七谏》、《九叹》、《哀时命》、《惜誓》、《大招》、《九思》为次。'则晁公武所见之《释文》,其'离骚'下固有'经'字,与洪氏本不同,洪本恐是传钞之误,不得以此疑《释文》非旧本也。"《直斋书录解题·离骚释文》:"其篇次不与今本同。今本首《骚经》,次《九歌》、《天问》、《九章》、《远游》、《卜居》、《渔父》、《九辩》、《招魂》、《大招》、《惜誓》、《招隐》、《七谏》、《哀时命》、《九怀》、《九叹》、《九思》。《释文》亦首《骚经》,次《九辩》,而后《九歌》、《天问》、《九章》、《远游》、《卜居》、《渔父》、《招隐士》、《招魂》、《九怀》、《七谏》、《九叹》、《哀时命》、《惜誓》、《大招》、《九思》。"

〔一一〕见《文选》卷三十二、三十三。

〔一二〕见《九章·哀郢》(《楚辞章句》卷四)。

〔一三〕吴棫字才老,宋建安(今福建建瓯)人。政和八年(1118)进士。官泉州通判。精训释之学,有《禆传》等,已佚。今传《韵补》五卷。事迹见《挥麈三录》卷三、《(同治)福建通志》卷一百八十七。《四库全书总目·韵补》:"自宋以来,著一书以明古音者,实自棫始。(中略)棫书虽牴牾百端,而后来言古音者,皆从此而推阐加密。"(卷四十二)

楚辞补注十七卷 _{内府藏本}

宋洪兴祖撰。兴祖字庆善,陆游《渭南集》有兴祖手帖跋,称为"洪成季庆善"〔一〕,未之详也。丹阳人。政和中登上舍第。南渡后召试,授秘书省正字。历官提点江东刑狱,知真州、饶州。后忤秦桧,编管昭州卒。事迹具《宋史·儒林传》[二]。周麟之《海陵集》有兴祖赠直敷文阁制,极褒其编纂之功,盖桧死乃昭雪也[三]。案陈振孙《书录解题》列《补注楚辞》十七卷、《考异》一卷,称兴祖少时,从柳展如得东坡手校十卷,凡诸本异同,皆两出之;后又得洪玉父而下本十四五家参校,遂为定本;始补王逸《章句》之未备者,成书,又得姚廷辉本,作《考异》附《古本释文》之后,又得欧阳永叔、孙莘老、苏子容本于关子东、叶少协,校正以补《考异》之遗云云[四]。则旧本兼载《释文》,而《考异》一卷附之,在《补注》十七卷之外。此本每卷之末,有"汲古后人毛表字奏叔依古本是正"印记,而《考异》已散入各句下,未知谁所窜乱也[五]。又目录后有兴祖"附记",称"鲍钦止云《辨骚》非《楚辞》本书,不当录;班固二《序》旧在《九叹》之后,今附于第一通之末"云云[六]。此本《离骚》之末有班固二《序》,与所记合,而刘勰《辨骚》一篇仍列《序》后,亦不详其何故?岂但言其不当录,而未敢遽删欤[七]。汉人注书,大抵简质,又往往举其训诂,而不备列其考据。兴祖是编,列逸注于前,而一一疏通证明,补注于后,于逸注多所阐发。又皆以"补曰"二字别之,使与原文不乱。亦异乎明代诸人妄改古书,恣情损益,于《楚辞》诸注之中,特为善本。故陈振孙称其用力之勤[八],而朱子作《集注》,亦多取其说云。卷一百四十八

〔笺注〕

〔一〕陆游《跋洪庆善帖》:"某儿童时,以先少师之命,获给扫洒丹阳先生之门,退与子威讲学,则兄弟如也。每见子威言洪成季、庆善学行,然皆不及识,今获观庆善遗墨,亦足少慰。衰病废学,负师友之训,如愧何。嘉泰二年五月丁卯,陆某谨题。"(《渭南文集》卷二十九)明指二人,馆臣盖误为一人,故云"未之详"。成季为洪拟字,一字逸叟,亦丹阳人。兴祖叔父也。传见《宋史》卷三百八十一。

〔二〕见《宋史》卷四百三十三。其传略云:"秦桧当国,谏官多桧门下,争弹劾以媚桧。兴祖坐尝作故龙图阁学士程瑀《论语解序》,语涉怨望,编管昭州。卒,年六十有六。明年,诏复其官,直敷文阁。兴祖好古博学,自少至老,未尝一日去书。著《老庄本旨》、《周易通义》、《系辞要旨》、《古文孝经序赞》、《离骚楚词考异》,行于世。"

〔三〕见周麟之《海陵集》卷二十《洪兴祖特赠直敷文阁》,其略云:"尔闳辩洽闻,淹贯今古,顷在庠序,业精于勤。凡先朝之睿文,无不手自纂缀,汔以奏篇之备,遂新广内之储。朕尝颁赏于朝,而尔独以文致抵辠,赍志以没,时论冤之。"兴祖与桧,皆卒于绍兴二十五年(1155),唯兴祖卒在八月,桧卒在十月(见《建炎以来系年要录》卷一百六十九),为不同耳。

〔四〕《直斋书录解题·楚辞考异》:"兴祖少时从柳展如得东坡手校《楚辞》十卷,凡诸本异同,皆两出之。后又得洪玉父而下本十四五家参校,遂为定本。始补王逸《章句》之未备者;书成,又得姚廷辉本,作《考异》,附《古本释文》之后;其末,又得欧阳永叔、孙莘老、苏子容本于关子东、叶少协,校正以补《考异》之遗。洪于是书用力亦以勤矣。"(卷十五)又《郡斋读书志·补注楚辞、考异》:"右未详撰人。凡王逸《章句》有未尽者补之。自序云:'以欧阳永叔、苏子瞻、晁文元、宋景文家本参校之,遂为定本。又得姚廷辉本作《考异》。'且言《辩骚》非《楚辞》本书,不当录。"(卷十七)据此,知振孙语亦本洪序。

〔五〕按,此本为康熙元年(1662)毛氏汲古阁重刊宋本,今尚有两部,一藏国家图书馆,一藏山东博物馆。见《四库提要补正》447—448页。至所云《释文》,则为南唐王勉《楚辞释文》,凡一卷,洪兴祖本附于《补注》十七卷后,末附《考异》一卷,其后《释文》失传,《考异》散录《补注》各条下。参观《四库提要辨证》1228—1229页、姜亮夫《洪庆善楚辞补注所引释文考》(《姜亮夫全集》第八册)。毛表,字奏叔,号正庵,毛晋第四子。见潘景郑校订《汲古阁书跋》126页(古典文学出版社,1958年版)。

〔六〕见《楚辞补注》目录。鲍钦止名由,传见《宋史》卷四百四十三及《东都事略》卷一百一十六。《宋史·鲍由传》:"鲍由字钦止,处州龙泉人。举进士。尝从王安石学,又亲炙苏轼,故其文汪洋闳肆,诗尤高妙。徽宗召对,除工部员外郎。居无何,以不合去,责监泗州转般仓。历河东福建路常平、广西淮南转运判官,复召为郎。以言者罢,提点元封观。起知明州,又知海州,复奉祠。卒,年五十六。尝注杜甫诗,有文集五十卷。"

〔七〕按后附班序,仅《离骚赞序》一篇,另一序,称"班孟坚序",则引于《补注》中。

〔八〕语见注四引。《直斋书录解题·楚辞》:"逸之注虽未能尽善,而自淮南王安以下为训传者,今不复存,其目仅见于隋、唐《志》,独逸注幸而尚传,兴祖从而补之,于是训诂名物详矣。"(卷十五)

楚辞集注八卷辨证二卷后语六卷 内府藏本

宋朱子撰。以后汉王逸《章句》及洪兴祖《补注》二书,详于训诂,未得意旨,乃櫽括旧编,定为此本〔一〕。以屈原所著二十五篇为《离骚》,宋玉以下十六篇为《续离骚》〔二〕,随文诠释,每章各系以兴、比、赋字,如《毛诗传》例〔三〕。其订正旧注之谬误者,别为《辨证》二卷附焉,自为之序〔四〕。又刊定晁补之《续楚辞》、《变离骚》二书,录荀卿至吕大临凡五十二篇,为《楚辞后语》,亦自为之序〔五〕。《楚辞》旧本有东方朔《七谏》、王褒《九怀》、刘向《九叹》、王逸《九思》,晁本删《九思》一篇,是编并削《七谏》、《九怀》、《九叹》三篇,益以贾谊二赋〔六〕。陈振孙《书录解题》谓以"《七谏》以下词意平缓,意不深切,如无病而呻吟者也"〔七〕。晁氏《续离骚》凡二十卷,《变楚辞》亦二十卷,《后语》删为六卷,去取特严〔八〕,而扬雄《反骚》为旧录所不取者,乃反收入。自序谓"欲因《反骚》而著苏氏、洪氏之贬词,以明天下之大戒也"〔九〕。周密《齐东野语》记绍熙内禅事曰:"赵汝愚永州安置,至衡州而卒,朱熹为之注《离骚》以寄意焉。"〔一〇〕然则是书大旨,在以灵均放逐寓宗臣之贬,以宋玉《招魂》

抒故旧之悲耳,固不必于笺释音叶之间,规规争其得失矣。卷一百四十八

〔笺注〕

〔一〕《楚辞集注目录后序》:"独东京王逸《章句》与近世洪兴祖《补注》并行于世,其于训诂名物之间,则已详矣,顾王书之所取舍,与其题号离合之间,多可议者,而洪皆不能有所是正。至其大义,则又皆未尝沈潜反复,嗟叹咏歌,以寻其文词指意之所出,而遽欲取喻立说,旁引曲证,以强附于其事之已然,是以或以迂滞而远于性情,或以迫切而害于义理,使原之所为,壹郁而不得申于当年者,又晦昧而不见白于后世。予于是益有感焉,疾病呻吟之暇,聊据旧编,粗加櫽括,定为《集注》八卷,庶几读者得以见古人于千载之上,而死者可作,又足以知千载之下有知我者,而不恨于来者之不闻也。"(据宋端平本)

〔二〕《楚辞集注目录》:"以上《离骚》,凡七题二十五篇,皆屈原作,今定为五卷。"又:"以上《续离骚》,凡八题十六篇,今定为三卷。"

〔三〕《楚辞集注》卷一:"不特《诗》也,楚人之词亦以是(按指赋比兴)而求之,则其寓情草木,托意男女,以极游观之适者,变《风》之流也;其叙事陈情,感今怀古,以不忘乎君臣之义者,变《雅》之类也;至于语冥婚而越礼,摅怨愤而失中,则又《风》《雅》之再变矣;其语祀神歌舞之盛,则几乎《颂》,而其变也,又有甚焉。其为赋,则如《骚经》首章之云也;比,则香草恶物之类也;兴,则托物兴词,初不取义,如《九歌》沅芷澧兰以兴'思公子而未敢言'之属也。然《诗》之兴多而比赋少,《骚》则兴少而比赋多,要必辨此而后词义可寻,读者不可以不察也。"

〔四〕《楚辞辩证序》:"余既集王、洪《骚注》,顾其训诂文义之外,犹有不可不知者,然虑文字之太繁,览者或没溺而失其要也,别记于后,以备参考。庆元己未三月戊辰。"又此书本名《辩证》,《提要》作"辨证",盖误写。

〔五〕《楚辞后语目录序》:"右《楚辞后语目录》,以晁氏所集录《续》、《变》二

书,刊补定著,凡五十二篇。晁氏之为此书,固主于辞,而亦不得不兼于义。今因其旧,则其考于辞也宜益精,而择于义也当益严矣。此余之所以兢兢,而不得不致其谨也。盖屈子者,穷而呼天,疾痛而呼父母之词也,故今所欲取而使继之者,必其出于幽忧穷蹙怨慕凄凉之意,乃为得其馀韵,而宏衍巨丽之观,懽愉快适之语,宜不得而与焉。"

〔六〕《楚辞辩证》卷上:"《七谏》、《九怀》、《九叹》、《九思》,虽为骚体,然其词气平缓,意不深切,如无所疾痛而强为呻吟者。"又:"贾傅之词,于西京为最高,且《惜誓》已著于篇,而二赋尤精,乃不见取,亦不可晓,故今并录以附焉。"

〔七〕见《直斋书录解题》卷十五。按陈语本朱,见注六引,末句亦作"如无所疾痛而强为呻吟者",馆臣改易之。《解题》又云:"《楚辞后语》六卷,朱熹撰。凡五十二篇。以晁氏《续》、《变》二书刊定,而去取则严而有意矣。"即后文"去取特严"句所本。

〔八〕按,此处语误,应作"续楚辞、变离骚"。《直斋书录解题·重定楚辞续楚辞变离骚》:"《重定楚辞》十六卷、《续楚辞》二十卷、《变离骚》二十卷,礼部郎中济北晁补之无咎撰。去《九思》一篇入《续楚辞》,定著十六卷,篇次亦颇改易,又不与陈说之本同。《续》、《变》二篇,皆《楚辞》流派,其曰'变'者,又以其类《离骚》而少变也。新序三篇,述其意甚详,然其去取之际,或有不可尽晓者。"《直斋书录解题·楚辞后语》:"《楚辞后语》六卷,朱熹撰。凡五十二篇,以晁氏《续》、《变》二书刊定,而去取则严而有意矣。"(卷十五)

〔九〕语见《楚辞后语目录序》。《楚辞辩证》卷上:"若扬雄,则尤刻意于楚学者,然其《反骚》,实乃屈子之罪人也。洪氏讥之,当矣。旧录既不之取,今亦不欲特收,姑别定为一篇,使居八卷之外,而并著洪说于其后。盖古今同异之说,皆聚于此,亦得因以明之,庶几纷纷或小定云。"

〔一〇〕见《齐东野语》卷三"绍熙内禅"条。王应麟《困学纪闻》卷十八:"南塘挽赵忠定公云:'空令考亭老,垂白注离骚。'杨楫《跋楚辞集注》云:'庆元乙卯,治党人方急。赵公谪死于道,先生忧时之意,屡形于色。一日,示学者以所释《楚辞》一篇。'"阎若璩注:"南塘,赵汝谈号。"

离骚草木疏四卷 安徽巡抚采进本

宋吴仁杰撰[一]。仁杰有《古周易》,已著录[二]。是编末有仁杰庆元丁巳自序,谓梁刘杳有《草木疏》二卷,见于本传,其书已亡。杳疏凡王逸所集者,皆在焉。仁杰独取二十五篇疏之,其大旨谓《离骚》之文,多本《山海经》[三],故书中引用,每以《山海经》为断。若辨"夕揽洲之宿莽"句,引"朝歌之山有莽草焉"为据,驳王逸旧注之非[四]。其说甚辨。然骚人寄兴,义不一端,琼枝、若木之属,固有寓言,澧兰、沅芷之类,亦多即目,必举其随时抒望,触物兴怀,悉引之于大荒之外,使灵均所赋,悉出伯益所书[五],是泽畔行吟,主于侈其博赡,非以写其哀怨,是亦好奇之过矣。以其徵引宏富,考辨典核,实能补王逸训诂所未及,以视陆玑之疏《毛诗》[六],罗愿之翼《尔雅》[七],可以方轨并驾,争骛后先,故博物者恒资焉。迹其赅洽,亦考证之林也。此本为影宋旧钞[八],末有庆元庚申方灿跋,又有校正姓氏三行,盖仁杰官国子学录时,属灿刊于罗田者[九]。旧板散佚,流传颇罕,写本仅存[一〇],亦可谓艺林之珍笈矣。卷一百四十八

〔笺注〕

〔一〕《天禄琳琅书目·离骚草木疏》:"仁杰《宋史》无传,按朱彝尊《曝书亭集》有《吴氏两汉刊误补遗跋》,称仁杰字斗南,别号蠹隐居士,本崑山人,其称河南者,举郡望而然。登淳熙进士,历官国子学录。今书中于结衔下亦署河南,其衔为国子录,俱与彝尊所言相符。"(卷四)

〔二〕按此语误。《总目》所著录之《古周易》,为吕祖谦著,非吴书也;所著录之吴氏书,为《易图说》,但吴氏确著有《古周易》。《四库全书总目·易图说》:"《易图说》三卷,宋吴仁杰撰。仁杰字斗南,崑山人。《宋史·艺文志》载仁杰《古周易》十二卷、《易图说》三卷、《集古易》一卷。今《古

周易》世罕传本,仅《永乐大典》尚有全文,此书其图说也。"(卷三)

〔三〕《离骚草木疏后序》:"昔刘杳为《草木疏》二卷,见于本传,其书今亡矣。杳疏凡王逸所集者皆在焉,而仁杰独取诸二十篇之文,故命曰《离骚草木疏》。"又:"《离骚》之文,多怪怪奇奇,亦非凿空置辞,实本之《山经》。"(《古逸丛书三编》本)杳字士深,平原人,著《要雅》、《楚辞草木疏》、《高士传》、《古今四部书目》。传见《梁书》卷五十。

〔四〕《离骚草木疏》卷三"莽草"条:"夕揽洲之宿莽。仁杰按:《山海经》:'朝歌之山有莽草焉,可以毒鱼。'(中略)三闾所称草木,多出于《山海经》,此为莽草无疑。王逸不见《山海经》,以意言之,云'草冬生不死者,楚人名曰宿莽',非也。"

〔五〕按指《山海经》,云伯益作者,为汉刘秀《校上山海经表》(见《山海经》卷首,又《玉海》卷十五亦引此表)。刘秀即刘歆。《四库全书总目·山海经》:"卷首有刘秀校上奏,称为伯益所作。案《山海经》之名,始见《史记·大宛传》,司马迁但云'《禹本纪》、《山海经》所言怪物,余不敢道',而未言为何人所作。《列子》称'大禹行而见之,伯益知而名之,夷坚闻而志之',似乎即指此书,而不言其名《山海经》。王充《论衡·别通篇》曰:'禹主行水,益主记异物,海外山表,无所不至,以所见闻,作《山海经》。'赵煜《吴越春秋》所说亦同。"(卷一百四十二)

〔六〕《毛诗草木鸟兽虫鱼疏》,凡二卷,吴陆玑撰。玑字元恪,吴郡人,吴太子中庶子,乌程令。见陆德明《经典释文·序录》。李匡乂《资暇集》卷上云:"陆玑字从玉旁,非士衡也。"钱大昕《潜研堂文集》卷二十七《跋尔雅疏单行本》云:"此书引陆氏《草木疏》,其名皆从木旁,与今本异。考古书'机'与'玑'通,马、郑《尚书》'璿玑'字皆作'机'。《隋书·经籍志》'乌程令吴郡陆机',本从木旁。元恪与士衡同时,又同姓名,古人不以为嫌也。自李济翁强作解事,谓元恪名当从玉旁,晁氏《读书志》承其说,以或题陆机者为非,(中略)予谓考古者但当定《草木疏》为元恪作,非士衡作,若其名则皆从木旁,而士衡名字尤与《尚书》相应;果欲示别,何不改士衡名耶?即此可徵邢叔明诸人,识字犹胜于李济翁也。"阮元《毛诗校勘记》于《正义》引陆机疏条下,辩说亦同。

〔七〕《尔雅翼》凡三十二卷,宋罗愿撰。《四库全书总目·尔雅翼》:"愿字端良,号存斋,歙县人。以荫补承务郎。乾道二年登进士第,通判赣州。淳熙中知南剑州事,迁知鄂州,卒于官。事迹附载《宋史·罗汝楫传》。"(卷四十)汝楫传见《宋史》卷三百八十。

〔八〕此书收入《天禄琳琅书目》,在"影宋钞集部";《天禄琳琅书目·离骚草木疏》云:"影钞字画结体在欧、柳之间,非工书者不能得此。"后录乾隆御题诗云:"疏传草木异刘(杳)王(逸),特重离骚廿五章。岂为春园问桃李,独存古道吊沅湘。辨精鱼鲁篇篇核,义寓兴观字字芳。虽是罗田版亡矣,步兵从可识中郎。"(卷四;诗题为《题影宋钞吴仁杰离骚草木疏》,见《御制诗四集》卷三十一)

〔九〕《离骚草木疏跋》:"国录吴先生以淹该之学,从政之暇,训释诸书,譬引后进,不为不多。比以《离骚草木疏》见属,刊于罗田县庠。吁,远矣哉。庆元庚申中秋日河南方灿敬识。"又卷末题记:"州学生张师尹校对、罗田县县学长杜醇同校正、免解进士蕲州学正充罗田县县学讲书吴世杰校正。"《天禄琳琅书目·离骚草木疏》:"书末结衔称'免解进士蕲州学正充罗田县县学讲书吴仁杰校正',意仁杰是书既成,刊行之日,乃在罗田也。"(卷四)按"仁杰"当作"世杰",《书目》误。

〔一〇〕按,"写本仅存"云云,实不然。此书凡有数本:一、《天禄琳琅书目》所著录虞山席鉴之影宋本;二、两淮盐政李质颖购得而为祝德麟录副之影宋抄本;三、聊城杨氏海源阁所藏宋庆元六年(1200)罗田县庠刊本;四、鲍廷博所得邵晋涵藏宋刊本(后刊入《知不足斋丛书》);五、明抄本(今国家图书馆藏)。参观《四库提要补正》453页。

《天禄琳琅书目·离骚草木疏》:"《离骚草木疏》,一函二册。宋吴仁杰撰。四卷。后仁杰自记,宋方灿跋。《宋史·艺文志》及晁公武、陈振孙、马端临诸人所纂书目,皆不载是书。惟明焦竑《经籍志》有吴仁杰《离骚草木虫鱼疏》二卷。今观是书标题为'草木疏',而书中亦不及虫鱼,且仁杰后记称《离骚》以芳草为忠正,薋菉为小人;荪、芙蓉以下凡四十有四种,犹青史氏忠义独行之有全传也;薋菉施之类十一种传诸卷末,犹佞幸奸臣传也。云云。是仁杰之疏草木,正以沅湘香草,《骚》之寄托，故作此以逆灵均之意耳。焦竑所载祇二卷，此为四卷，亦不相符。钱曾《读书敏求记》载此书，亦为《草木疏》。其称《草木虫鱼疏》者，乃甬东屠本畯所撰，则知焦竑所载，并未加考也。"（卷四）

山带阁注楚辞六卷楚辞馀论二卷楚辞说韵一卷_{通行本}

国朝蒋骥撰。骥字涑塍，武进人[一]。是书自序题康熙癸巳，而《馀论》上卷有"庚子以后，复见安溪李氏《离骚解义》"之语，盖《馀论》又成于注后也[二]。注前冠以《史记·屈原列传》、沈亚之《屈原外传》、《楚世家节略》[三]，以考原事迹之本末。次以《楚辞》地理，列为五图，以考原涉历之后先[四]。所注即据事迹之年月，道里之远近，以定所作之时地，虽穿凿附会，所不能无，而徵实之谈，终胜悬断。《馀论》二卷，驳正注释之得失，考证典故之同异，其间诋诃旧说，颇涉轻薄。如以少司命为月下老人之类，亦几同戏剧[五]，皆乖著书之体。而汰其冗芜，简其精要，亦自瑕不掩瑜。《说韵》一卷，分以字母，通以方音，又博引古音之同异，每部列通韵、叶韵、同母叶韵三例，以攻顾炎武、毛奇龄之说[六]。夫双声互转、四声递转之二例，沙随程迥已言之[七]，非骥之创论。然实不知先有声韵，后有字母，声韵为古法，字母为梵学[八]，而执末以绳其本。至于五方音异，自古已然，不能谓之不协，亦不能执以为例。黄庭坚词用蜀音，以笛韵竹[九]；林外词用闽音，以扫韵锁[一〇]。是可据为典要，谓宋韵尽如是乎？又古音一字而数叶，亦如今韵一字而重音，佳字佳、麻并收，寅字支、真并见[一一]，是即其例。使非韵书俱在，亦将执其别音，攻今韵之部分乎。盖古音本无成书，不过后人参互比校，择其相通之多者，区为界限，犹之九州列国，今但能约指其地，而不能一一稽其犬牙相错之形。骥不究同异之由，但执

一二小节,遽欲变乱其大纲,亦非通论。以其引证浩博,中亦间有可采者,故仍从原本,与《馀论》并附录焉。卷一百四十八

〔笺注〕

〔一〕蒋骥生平,见韩国金渊珠《蒋骥家世与生平考略》(《苏州大学学报》1998年第3期)。

〔二〕癸巳为康熙五十二年(1713),庚子为五十九年(1720)。按蒋氏此注,始于康熙戊子(1708),成于癸巳(1713),刊于雍正五年(1727),即《提要》所云"通行本"也。参观《四库提要补正》457页。《楚辞馀论》卷上:"庚子以后,复见相国安溪李公《离骚解义》、吴郡朱天闲《离骚辨》、无锡王贻六《离骚汇订》三种。朱氏最好议论,纰缪尤多,其馀或袭旧以传讹,或创新而失当,往往而有。"安溪李氏指李光地,《离骚解义》即《离骚经九歌解义》,在清光绪四年李光廷刻《榕园丛书》中。

〔三〕《楚世家节略》,为蒋骥作,其小序云:"孟子曰:'诵其诗,读其书,不知其人,可乎?'是以论其世也。汉史传原,既多略而不详,余仿林西仲本,复辑《楚世家》怀襄二王事迹著于篇,因兼采诸书,附以所见,将使读屈子之文者,有所参考。又以知楚之治乱存亡,系于屈子一人,而为万世逆忠远德者大戒也。若林氏取原赋二十五篇,凿空而分注之,则吾岂敢。"西仲为林雲铭字,号损斋,闽县人。顺治十五年(1658)进士。授徽州府通判。后隐居建溪,著书立说。林书,指《楚辞灯》。

〔四〕《楚辞地图》小序:"余所考订《楚辞》地理,与屈子两朝迁谪行踪,既散著于诸篇,犹恐览者之未察其详也,次为图如左。"其五图名为:《楚辞地理总图》、《抽思思美人路图》、《哀郢路图》、《涉江路图》、《渔父怀沙路图》。

〔五〕《楚辞馀论》卷上:"《少司命》云:'夫人兮自有美子。'罗愿遂谓少司命主人子孙,傅会兰为生子之祥,芜为无子之药,荪为子孙之义。尝与三兄读而笑之。三兄因扣予少司命所主,予曰:大司命主寿,故以寿夭壮老为言;少司命主缘,故以男女离合为说,殆月老之类也。夫君臣遇合

之间,其缘亦大矣,故于此三致意云。一时为之破颜。此虽谑词,然《离骚》《九章》,屡寄慨于媒理,或亦未必无当也。"

〔六〕《楚辞说韵》:"近世考校古音,最称精博者,莫若顾宁人《音学五书》。凡一字出入,靡不研悉源流,其大要主陈季立'古无叶音'之说,于古韵有异者,辄云'古音某,今人误从某部'。遂致天(汀)、地(沱)、马(姥)、牛(疑),言言变叶,如毛大可所讥,盖亦智者之凿也。"又:"余以为后人之改古字,诚昧古而妄作,而顾氏之斥今音,亦泥古而失真也。且顾氏谓十八忧部,俱通萧肴豪而不必改音,何独于他部之今音,而尽斥为误耶。"又:"顾氏乃谓天之生物,使之一本,而削去东江诸部之入,于鱼尤诸部之入,又每字而分属之,未识夫韵之源流也。"又:"顾《韵补正》讥吴才老庚耕清青蒸登侵七韵皆通真,以为长于采收,短于甄别。不知才老所短,在未审古人常用偶用之分,而槩以为通,且唐宋诗文,一例采收,驳杂无据,若《诗》《易》《楚辞》七韵通叶,见于前所列者,不一而足,而强甄别为非韵,正恐才老欲轩渠地下耳。毛氏于顾,掊击殆无馀力,而所考覈或疏而未密,或混而难凭,甚者割裂散文以为韵,且引据者滥及魏晋隋唐,顾氏有知,应更为齿冷也。"

〔七〕《宋史·程迥传》:"程迥字可久,应天府宁陵人,家于沙随。靖康之乱,徙绍兴之馀姚。""所著有《古易考》《古易章句》《古占法》《易传外编》《春秋传显微例目》《论语传》《孟子章句》《文史评》《经史说诸论辨》《太玄补赞》《户口田赋贡赋书》《乾道振济录》《医经正本书》《条具乾道新书》《度量权三器图义》《四声韵》《淳熙杂志》《南斋小集》。"(卷四百三十七)《四库全书总目·韵补》:"自宋以来,著一书以明古音者,实自棫始。而程迥之《韵式》继之,迥书以三声通用、双声互转为说,所见较棫差的,今已不传。"(卷四十二)《韵式》即《古韵通式》。又,云"应天府宁陵人,家于沙随",实误,沙随即宁陵之古名,见钱大昕《跋程氏周易古占法》(《潜研堂文集》卷二十七)。

〔八〕字母之名出佛经,又所谓"三十六字母",亦传为唐沙门守温定,故馆臣云云。《玉海》卷四十四:"《三十六字母图》一卷,僧守温。"而据近人考证,守温只"三十字母","三十六字母"为宋人所增。参观赵荫棠《等韵源流》47—50页、57—65页(商务印书馆本)。

〔九〕《老学庵笔记》卷二:"鲁直在戎州,作乐府曰:'老子平生,江南江北,爱听临风笛。孙郎微笑,坐来声喷霜竹。'予在蜀见其稿。今俗本改'笛'为'曲'以协韵,非也。然亦疑'笛'字太不入韵,及居蜀久,习其语音,乃知泸戎间谓'笛'为'独'。故鲁直得借用,亦因以戏之耳。"

〔一〇〕叶绍翁《四朝闻见录》丙集"洞仙歌"条:"绍兴间,有题《洞仙歌》于垂虹者,不系其姓名,龙蛇飞动,真若不烟火食者。时皆喧传,以为洞宾所为书。浸达于高宗,天颜辴然而笑,曰:'是福州秀才云尔。'左右请圣谕所以然,上曰:'以其用韵,盖闽音云。'其词曰:'飞梁压水,虹影澄清晓。橘里渔村半烟草。(叹)今来古往,物是人非,天地里,惟有江山不老。　雨巾风帽,四海谁知我?一剑横空几番过。按玉龙、嘶未断,月冷波寒,归去也、林屋洞天无锁。认雲屏烟障是吾庐,任满地苍苔,年年不扫。'久而知为闽士林外所为,圣见异矣。盖林以巨舟仰书桥梁,水天渺然,旁无来迹,故人益神之。"

〔一一〕按,此云"佳字佳、麻并收",据《佩文韵府》,佳字仅见九佳韵。《佩文韵府》卷九之一"九佳":"佳,古膎切。善也,大也,好也。"宋《增修互注礼部韵略》则确是十三佳、九麻并收。云"寅字支、真并见",是也。《佩文韵府》卷四之十"四支":"寅,以脂切。《广韵》:敬也。亦辰名。又真韵。"卷十一之六"十一真":"寅,翼真切。辰名。又支韵。"

别　集　类

　　集始于东汉，荀况诸集，后人追题也。其自制名者，则始张融《玉海集》。其区分部帙，则江淹有前集、有后集，梁武帝有诗赋集、有文集、有别集，梁元帝有集、有小集，谢朓有集、有逸集，与王筠之一官一集，沈约之正集百卷，又别选《集略》三十卷者，其体例均始于齐、梁。盖集之盛，自是始也。唐宋以后，名目益繁。然隋、唐《志》所著录，《宋志》十不存一，《宋志》所著录，今又十不存一。新刻日增，旧编日减，岂数有乘除欤。文章公论，历久乃明，天地英华所聚，卓然不可磨灭者，一代不过数十人，其馀可传可不传者，则系乎有幸有不幸，存佚靡恒，不足异也。今于元代以前，凡论定诸编，多加甄录，有明以后，篇章弥富，则删薙弥严。非曰沿袭恒情，贵远贱近，盖阅时未久，珠砾并存，去取之间，尤不敢不慎云尔。

蔡中郎集六卷　江苏巡抚采进本

　　汉蔡邕撰[一]。《隋志》载"后汉左中郎将蔡邕集十二卷"，注曰："梁有二十卷，录一卷。"[二]则其集至隋已非完本。《旧唐志》乃仍作二十卷[三]，当由官书佚脱，而民间传本未亡，故复出也。《宋志》著录仅十卷[四]，则又经散亡，非其旧本矣。此本为雍正中陈留所刊[五]，文与诗共得九十四首，证以张溥《百三家集》刻本[六]，多寡增损，互有出入。卷首欧静序论姜伯淮、刘镇南碑断非邕作，以年月考之，其说良是[七]。张本删去刘碑，不为无见。然以伯淮为邕前辈，宜有邕文，遂改建安二年为熹平二年，则近于武断矣[八]。张本又载《荐董卓表》，而陈留本无之[九]，其事范《书》不载，或疑为后人赝作。然刘克庄《后村诗话》已排诋此表，与扬雄《剧秦美新》同称[一〇]，则宋本实有此文，不自张本始载。后汉诸史，自袁、范二家以外，尚有谢承、薛莹、张璠、华峤、谢沈、袁崧、司马彪诸家[一一]，今皆散佚，亦难以史所未载，断其事之必无。或新本刊于陈留，以桑梓之情，欲为隐讳，故削之以灭其迹欤。卷一百四十八

〔笺注〕

〔一〕邕传见《后汉书·蔡邕传》（卷六十下，中华书局本）。
〔二〕见《隋书·经籍四》（卷三十五）。
〔三〕见《旧唐书·经籍下》（卷四十七）。
〔四〕见《宋史·艺文七》（卷二百八）。《蔡中郎集原序》："按《唐书·艺文志》洎吴氏《西斋书目》，并云邕集十五卷，今之所传，才十卷六十四篇。"（《四部备要》本）
〔五〕《四库全书简明目录·蔡中郎集》："邕集久佚，今因裒辑而成者，凡有二本：一为张溥《百三家集》本，一为陈留新刻本。此即陈留本也。凡诗文九十四首，与张本互有增损。"（卷十五）
〔六〕《汉魏六朝百三家集》中凡两卷，在第十八、十九卷（《四库全书》本）。
〔七〕《彭城姜伯淮碑》、《刘镇南碑》，均见《蔡中郎集》卷六。镇南即刘表。欧静《蔡中郎集原序》："又《姜伯淮碑》称建安二年卒，《刘镇南碑》建安十三年薨，太和二年葬。按邕传，董卓被诛，邕为王允所害，时年六十一。据邕金商门答灾异被收表云：'臣今年四十八。'灵帝光和元年也。董卓被诛，献帝初平三年也。光和元年戊子至初平三年壬申，邕正六十一矣。（中略）其姜伯淮、刘镇南薨葬，先后年代差远，邕安得纪述耶。"按，"臣今年四十八"，据《蔡中郎集》卷二《被收时表》，"八"作"六"，《后汉书·蔡邕传》所引邕此表，亦为"六"，欧序作"八"，必传写之误。因欧序计算邕年云"正六十一"，亦与四十六合，若为四十八，则当云"六十二矣"。建安二年为197年，建安十三年为208年，太和二年为228年，光

和元年为178年,初平三年为192年。又光和元年为戊午,非戊子,欧序亦误。

〔八〕《彭城姜伯淮碑》篇末按语云:"旧本《蔡中郎集》载伯淮碑,误书'建安二年卒',宋人谓邕建安前已先逝,因疑此碑为伪。不知《后汉书》伯淮之没,盖熹平二年也,在邕为先辈大儒。此碑实出邕笔,今改正'建安'二字,为'熹平'可耳。"(《汉魏六朝百三家集》本)熹平二年,为173年。《后汉书·姜肱传》:"年七十七,熹平二年终于家。"可证。胡玉缙以张溥说为确,《提要》轻信欧序,未能详察耳。参观《四库全书总目提要补正》1171页(上海书店本)。

〔九〕《四库全书简明目录·蔡中郎集》:"张本《荐董卓表》一篇,此本删去。考刘克庄《后村诗话》已论邕此《表》,则宋本已有之,此本盖为乡曲讳也。"(卷十五)

〔一〇〕《后村诗话》续集卷三:"董卓上书辞疾,乞就国土,群臣表卓上解国家播迁之厄,下救兆民涂炭之祸,黜废顽凶,援立圣哲,谨案《汉书》萧何,以相国金印绿绶,位在公卿之上。卓功绩□□,参侔伊霍,宜以卓为相国,位在太傅上,带履上殿,入朝不趋。此《表》邕笔也,然其罪薄于子云。"(中华书局本)按,宋王楙《野客丛书》卷八"蔡邕"条、俞德邻《佩韦斋辑闻》卷一皆及此表,王书早于后村。《野客丛书》云:"传文谓献帝迁都长安,董卓宾客欲尊卓比太公,称尚父,邕以为宜须关东平定,然后议之。观集中有《表太尉董公为相国》一表,其词甚切,谓卓功参周、霍,而止于三事,无异于众,宜以为相国,位在太傅上,带剑履上殿,入朝不趋。亦传所不闻。乃知异时卓为相国,正邕之所启也。"

〔一一〕袁、范书,指袁宏《后汉纪》、范晔《后汉书》。其他诸家,为吴谢承《后汉书》一百三十卷、晋薛莹《后汉纪》一百卷、司马彪《续汉书》八十三卷、华峤《汉后书》九十七卷、谢沈《后汉书》一百二十二卷、张莹《后汉南记》五十五卷、袁山松(崧)《后汉书》一百卷、张璠《汉纪》三十卷(编年体)。今人周天游辑注《八家后汉书》(上海古籍出版社,1986)。别有二家,为刘义庆《后汉书》五十八卷、梁萧子显《后汉书》一百卷,俱佚。又清汪文台辑有《七家后汉书》(河北人民出版社,1987),无张莹,附失名一家。

曹子建集十卷 两江总督采进本

魏曹植撰[一]。案《魏志》植本传，景初中，撰录植所著赋颂诗铭杂论凡百馀篇，副藏内外[二]。《隋书·经籍志》载《陈思王集》三十卷，《唐书·艺文志》作二十卷，然复曰"又三十卷"。盖三十卷者隋时旧本，二十卷者为后来合并重编，实无两集[三]。郑樵作《通志略》，亦并载二本[四]。焦竑作《国史经籍志》，遂合二本卷数为一，称植集为五十卷，谬之甚矣[五]。陈振孙《书录解题》亦作二十卷，然振孙谓其间颇有采取《御览》、《书钞》、《类聚》中所有者，则捃摭而成，已非唐时二十卷之旧[六]。《文献通考》作十卷，又并非陈氏著录之旧[七]。此本目录后有"嘉定六年癸酉"字，犹从宋宁宗时本翻雕[八]，盖即《通考》所载也。凡赋四十四篇，诗七十四篇，杂文九十二篇，合计之得二百十篇，较《魏志》所称百馀篇者，其数转溢。然残篇断句，错出其间，如《鹖雀》、《蝙蝠》二赋，均采自《艺文类聚》[九]。《艺文类聚》之例，皆标某人某文曰云云，编是集者，遂以"曰"字为正文，连于赋之首句，殊为失考。又《七哀》诗，晋人采以入乐，增减其词，以就音律，见《宋书·乐志》中。此不载其本词，而载其入乐之本，亦为舛谬[一〇]。《弃妇篇》见《玉台新咏》，亦见《太平御览》[一一]；《镜铭》八字，反复颠倒，皆叶韵成文，实为回文之祖，见《艺文类聚》[一二]。皆弃不载。而《善哉行》一篇，诸本皆作古词，乃误为植作，不知其下所载《当来日大难》，即当此篇也[一三]。使此为植作，将自作之而自拟之乎。至于王宋妻诗，《艺文类聚》作魏文帝，邢凯《坦斋通编》据旧本《玉台新咏》称为植作，今本《玉台新咏》又作王宋自赋之诗[一四]，则众说异同，亦宜附载，以备参考，乃竟遗漏，亦为疏略。不得谓之善本。然唐以前旧本既佚，后来刻植集者，率以是编为祖，别无更古于斯者，录而存之，亦不得已而思其次也。卷一百四十八

〔笺注〕

〔一〕植传见《三国志·魏书·任城陈萧王传》(卷十九)。

〔二〕《三国志·魏书·任城陈萧王传》:"景初中诏曰:'陈思王昔虽有过失,既克己慎行,以补前阙,且自少至终,篇籍不离于手,诚难能也。其收黄初中诸奏植罪状,公卿已下议尚书、中书、秘书三府、大鸿胪者皆削除之。撰录植前后所著赋颂诗铭杂论凡百馀篇,副藏内外。'"(卷十九)景初(237—239),魏明帝年号。

〔三〕按,此以二十卷本为合并重编者,其说无据,见《四库提要辩证》(中华书局本)1239—1242页所驳。

〔四〕《通志·艺文略七》:"陈思王曹植集三十卷,又二十卷。"(卷六十九)

〔五〕《国史经籍志》:"陈思王二集五十卷。"(卷五)按,"二集五十卷",亦合二本言之,非即云植集五十卷。焦书固疏,而此处馆臣之责,则不免过当。又姚振宗亦极轻焦书,见《隋书经籍志考证》。

〔六〕《直斋书录解题·陈思王集》:"卷数与前志合,其间亦有采取《御览》、《书钞》、《类聚》诸书中所有者,意皆后人附益,然则亦非当时全书矣。其间或引挚虞《流别集》。此书国初已亡,犹是唐人旧传也。"(卷十六)

〔七〕《文献通考·经籍考五十七》:"按《魏志》:景初中,撰录植所著赋颂诗铭杂论凡百馀篇。《隋志》植集三十卷,《唐志》植集二十卷,今集十卷,比隋、唐本有亡逸者,而诗文近二百篇,反溢于本传所载,不晓其故。"(卷二百三十)按,《郡斋读书志》亦作"十卷",此节本是晁文,馆臣不引晁书,而转引马氏,实为粗疏。

〔八〕嘉定六年,即1213年,南宋宁宗年号。

〔九〕《鹍雀赋》见《艺文类聚》卷九十一鸟部中,《蝙蝠赋》见卷九十七虫豸部,均编入《曹子建集》卷四。

〔一〇〕即"明月东阿王词七解",见《宋书·乐志三》(卷二十一),编入《曹子建集》卷六,题作"怨歌行一首七解晋曲所奏"。《七哀》诗则见于《曹子建集》卷五,并非"不载本词",《提要》误也。

〔一一〕《弃妇篇》见《玉台新咏》卷二,"篇"作"诗"。《太平御览》卷九百七十作"弃妻诗",仅四句。按,《四库提要辨证》1243页云:"《弃妇诗》全篇,见《玉台新咏》卷二,而《太平御览》卷九百七十引其四句,则作《弃妻诗》。"(中华书局本)是也。然馆臣此数语,亦非自为之说,盖亦别有所袭。杨慎《丹铅总录》卷二十一"曹子建遗诗"条云:"曹子建《弃妇篇》云云,此诗郭茂倩《乐府》不载,近刻子建集亦遗焉。幸《玉台新咏》有之,遂以传。"《玉台新咏》本作"弃妇诗",杨记为"弃妇篇",馆臣遂袭之。一字之异,于升庵之撰述,固无关弘旨,而于校勘之家,则可考见所本。又《百三家集》本曹集则收此篇,明冯惟讷《古诗纪》卷二十三、梅鼎祚《古乐苑》卷三十四、陆时雍《古诗镜》卷五,亦皆收此诗,而俱题作"弃妇篇",是必亦本杨说。

〔一二〕《艺文类聚》中并无此《镜铭》,馆臣或误记。见《四库提要辨证》1243页所考。

〔一三〕《善哉行》见《曹子建集》卷六。

〔一四〕按,王宋为刘勋妻名,此云"王宋妻",误也。别见《玉台新咏》提要注二一。

嵇中散集十卷 两江总督采进本

旧本题晋嵇康撰〔一〕。案康为司马昭所害,时当涂之祚未终,则康当为魏人,不当为晋人〔二〕。《晋书》立传,实房乔等之舛误,本集因而题之,非也。《隋书·经籍志》载康文集十五卷,新、旧《唐书》并同,郑樵《通志略》所载卷数尚合〔三〕,至陈振孙《书录解题》,则已作十卷,且称"康所作文论六七万言,其存于世者仅如此"〔四〕,则宋时已无全本矣。疑郑樵所载,亦因仍旧史之文,未必真见十五卷之本也。王楙《野客丛书》云:"《嵇康传》曰:'康喜谈名理,能属文,撰《高士传赞》,作《太史(按,史字误,应作师字。《四库》本字不误,中华书局校点本却据浙本误字,改作史字,可怪极矣)箴》、《声无哀乐论》。'余得毗陵贺方回家所藏缮写《嵇康集》十卷,有诗六十八首,今《文选》所载才三数首。《选》惟载康《与山巨源绝交书》一首,不知又有《与吕长悌绝交》一书;《选》惟载《养生论》一篇,不知又有《与向子期论养生难答》一篇四千馀言,辨论甚悉。集又有《宅无吉凶》、《摄生论难》上中下三篇、《难张(按,此处敚叔字。严辑《全三国文》作"张辽叔",亦误,见戴明扬《嵇康集校注》卷七)辽自然好学论》一首、《管蔡论》、《释私论》、《明胆论》等文。《崇文总目》谓《嵇康集》十卷,正此本尔。《唐·艺文志》谓《嵇康集》十五卷,不知五卷谓何?"〔五〕观椉所言,则樵之妄载确矣。此本凡诗四十七篇,赋一篇,书二篇,杂著二篇,论九篇,箴一篇,家诫一篇,而杂著中《嵇荀录》一篇〔六〕,有录无书,实共诗文六十二篇,又非宋本之旧,盖明嘉靖乙酉吴县黄省曾所重辑也〔七〕。杨慎《丹铅录》尝辨阮籍卒于康后,而世传籍碑为康作〔八〕,此本不载此碑,则其考核犹为精审矣。卷一百四十八

〔笺注〕

〔一〕康传见《三国志·蜀书·王卫二刘傅传》裴松之注(卷二十一)、《晋书》卷四十九。

〔二〕康之卒,在魏景元中。《三国志·魏书·王卫二刘傅传》云:"时又有谯郡嵇康,文辞壮丽,好言老庄,而尚奇任侠。至景元中坐事诛。"(卷二十一)是也。而魏元帝禅位于晋,在咸熙二年(265),故云云。康卒年有数说:一、《资治通鉴》系之于景元三年(262),今人订康生卒年,多取此说;二、《三国志》裴松之注引干宝、孙盛、习凿齿等,云康之被杀,在魏高贵乡公正元二年(255);此并旧说也。三、近人刘汝霖《汉晋学术编年》559页、陆侃如《中古文学系年》612页皆系在景元四年(263),较之《资治通鉴》,亦仅差一年。又《世说新语·任诞》:"陈留阮籍、谯国嵇康、河内山涛三人年皆相比,康年少亚之。"徐震堮《校笺》云:"按《晋书·阮籍传》,籍以魏陈留王奂景元四年卒,年五十四,则其生当在汉献帝建安十四年。《山涛传》言卒于晋武帝太康四年,年七十九,则当生于建安十年

(205),长阮籍四岁。《嵇康传》但云死时年四十,不言死于何年,《通鉴》系其事于景元三年,则其生当在魏文帝黄初四年。"此取三年说者也。

〔三〕按,此稍不确。《隋书·经籍四》:"魏中散大夫嵇康集十三卷。"注云:"梁十五卷,录一卷。"(卷三十五)是《隋志》著录为十三卷,云十五卷者,为《七录》所著录也(钱大昕《廿二史考异》卷三十四云:"阮孝绪《七录》撰于梁普通中,《(隋)志》所云'梁'者,阮氏书也。")。参观鲁迅校本《嵇康集》附《嵇康集考》(《鲁迅辑录古籍丛编》第四卷,142—155页)。

〔四〕《直斋书录解题·嵇中散集》:"(康)本姓奚,自会稽徙谯之铚县嵇山,家其侧,遂氏焉。取稽字之上,志其本也。所著文论六七万言,今存于世者,仅如此。《唐志》犹有十五卷。"(卷十六)

〔五〕见《野客丛书》卷八"嵇康集"条。"崇文总目"前,已略去数句。樵卒于1162年,楸卒于1213年,振孙卒于1261年,振孙、楸俱在樵后,《提要》云云,似不足凭。

〔六〕《嵇荀录》,目见《嵇中散集》卷三,注云"缺"。鲁迅校本、戴明扬《校注》本注云"亡"。

〔七〕鲁迅《嵇康集跋》:"黄刻帅意妄改。"鲁迅校本,据明吴宽丛书堂抄本,云:"中散遗文,世间已无更善于此者矣。"

〔八〕《丹铅总录》卷十四"广文选"条:"近阅《广文选》,阮嗣宗碑乃东平太守嵇叔良撰,而妄改良作夜,不知叔夜之死,先于阮也。"《广文选》在明凡二种,一刘节辑、八十二卷(《四库全书总目》作六十卷),一马继铭辑、二十五卷;见《千顷堂书目》卷三十一、《明史·艺文四》(卷九十九)。杨慎所指为刘书,明邓伯羔《艺彀》卷中"樊君碑"条云:"刘中丞《广文选》收阮嗣宗碑乃嵇叔良撰,而以为嵇叔夜。"可证。

陶渊明集八卷 内府藏本

晋陶潜撰〔一〕。案北齐阳休之序录潜集行世凡三本:一本八卷,无序;一本六卷,有序目,而编比颠乱,兼复阙少;一本为萧统所撰",案古人编录之书,亦谓之撰,故《文选》旧本皆题"梁昭明太子撰",而徐陵《玉台新咏序》亦称"撰录艳歌,凡为十卷"。休之称潜集为统撰,盖沿当日之称,今亦仍其旧文。亦八卷,而少《五孝传》及《四八目》,《四八目》即《圣贤群辅录》也。休之参合三本,定为十卷,已非昭明之旧〔二〕。又宋庠《私记》称《隋·经籍志》潜集九卷,又云梁有五卷、录一卷,《唐志》作五卷。庠时所行,一为萧统八卷本,以文列诗前;一为阳休之十卷本。其他又数十本,终不知何者为是。晚乃得江左旧本,次第最为伦贯〔三〕。今世所行,即庠称江左本也。然昭明太子去潜世近,已不见《五孝传》、《四八目》,不以入集,阳休之何出续得?且《五孝传》及《四八目》所引《尚书》,自相矛盾,决不出于一手〔四〕,当必依托之文,休之误信而增之。以后诸本,虽卷帙多少、次第先后各有不同,其窜入伪作则同一辙,实自休之所编始。庠《私记》但疑"八儒"、"三墨"二条之误〔五〕,亦考之不审矣。今《四八目》已经睿鉴指示,灼知其赝,别著录于子部类书而详辨之。其《五孝传》文义庸浅,决非潜作,既与《四八目》一时同出,其赝亦不待言〔六〕。今并删除。惟编潜诗文仍从昭明太子为八卷,虽梁时旧第今不可考,而黜伪存真,庶几犹为近古焉。卷一百四十八

〔笺注〕

〔一〕潜传见《宋书》卷九十三、《南史》卷七十五。

〔二〕阳休之《陶潜集序录》:"余览陶潜之文,辞采虽未优,而往往有奇绝异语,放逸之致,栖托仍高。其集先有两本行于世,一本八卷无序;一本六卷并序目,编比颠乱,兼复阙少。萧统所譔八卷,合序目传诔,而少《五孝传》及《四八目》,然编次有体,次第可寻。余颇赏潜文,以为三本不同,恐终致忘失,今录统所阙并序目等,合为一帙十卷,以遗好事君子。"(《全隋文》卷九,《全上古三代秦汉三国六朝文》第四册)

〔三〕宋庠《私记》:"右集,按《隋·经籍志》:'宋徵士《陶潜集》九卷。'又云:

'梁有五卷,录一卷。'《唐志》:'《陶泉明集》五卷。'今官私所行本凡数种,与二《志》不同。有八卷者,即梁昭明太子所撰,合序传诔等在集前为一卷,正集次之,亡其录。有十卷者,即阳休射所撰。按吴氏《西斋录》,有宋彭泽令《陶潜集》十卷,疑即此也。其序并昭明旧序诔传等合为一卷,或题曰第一,或题曰第十,或不署于集端。别分《四八目》,自《甄表状》杜乔以下为第十卷,然亦无录。余前后所得本,仅数十家,卒不知何者为是。晚获此本,云出于江左旧书,其次第最若伦贯。"(据陶澍集注《靖节先生集》卷首)按"吴氏西斋录",即《吴氏西斋书目》也,唐吴兢撰,见《新唐书·艺文二》(卷五十七)。又《旧唐书·吴兢传》:"兢家聚书颇多,尝目录其卷第,号《吴氏西斋书目》。"(卷一百二)

〔四〕《四库全书总目·圣贤群辅录》:"集中《与子俨等疏》称子夏为孔子四友,而此录四友乃为颜回、子贡、子路、子张。又《五孝传》引'孝乎惟孝友于兄弟'之文,句读尚从包咸注,知未见《古文尚书》。而此录'四岳'一条,乃引孔安国传,其出两手,尤自显然。至书以《圣贤群辅》为名,而鲁三桓、郑七穆、晋六卿、魏四友以及仕莽之唐林、唐遵,叛晋之王敦,并列简编,名实相连,理乖风教,亦决非潜之所为。"(卷一百三十七)但此一公案,近人有不以为然者,见潘重规《圣贤群辅录真伪辨》(《大陆杂志》第二九卷第十一、十二期合刊)。又潘氏撰《圣贤群辅新笺》,在《新亚书院学术年刊》第七期,可参观。

〔五〕宋庠《私记》:"又《五孝传》以下至《四八目》,子注详密,广于他集。惟篇后'八儒'、'三墨'二条,此似后人妄加,非陶公本意。且《四八目》之末,陶自为说曰:'书籍所载,及故老所传,善恶闻于世者,盖尽于此。'即知其后无馀事矣。故今不著,辄别存之,以俟博闻者。"

〔六〕《四库全书总目·圣贤群辅录》:"一名《四八目》,旧附载陶潜集中,唐宋以来相沿引用,承讹踵谬,莫悟其非。迩以编录遗书,始蒙睿鉴高深,断为伪托,臣等仰承圣训,详悉推求,乃知今本潜集,为北齐仆射阳休之之编。休之序录称其集先有两本,一本六卷,排比颠乱,兼复阙少;萧统所撰八卷,又少《五孝传》及《四八目》。今录统所阙并序目等,合为十卷。是《五孝传》及《四八目》,实休之所增,萧统旧本无是也。统序称深爱其文,故加搜校,则八卷以外,不应更有佚篇。其为晚出伪书,已无疑义。(中略)昔宋庠校正斯集,仅知'八儒'、'三墨'二条,为后人所窜入,而全书之赝,竟不能明。潜之受诬,已逾千载。今逢右文圣世,得以辨别而表章之,使白璧无瑕,流光奕叶,是亦潜之至幸矣。"

鲍参军集十卷 安徽巡抚采进本

宋鲍照撰。照字明远,东海人〔一〕。晁公武《读书志》作"上党人",盖误读虞炎序中"本上党人"之语〔二〕。照或作昭,盖唐人避武后讳所改〔三〕。韦庄诗有"欲将张翰松江雨,画作屏风寄鲍昭"句,押入平声〔四〕,殊失其实。案宋礼部贡举条式,齐桓避讳作齐威,可用于句中,不可押入微韵。〔五〕沈约《宋书》、李延寿《南、北史》作于武后称制前者,实皆作照,不作昭也〔六〕。照为临川王子顼参军,没于乱兵,遗文零落,齐散骑侍郎虞炎始编次成集〔七〕。《隋书·经籍志》著录十卷,而注曰"梁六卷",然则后人又续增矣。此本为明正德庚午朱应登所刊,云得自都穆家〔八〕,卷数与《隋志》合,而冠以炎序,未审即《隋志》旧本否。考其编次,既以乐府别为一卷,而《采桑》、《梅花落》、《行路难》亦皆乐府,乃列入诗中〔九〕,唐以前人皆解声律,不应舛互若此。又《行路难》第七首"蹲蹲"字下注曰"集作樽樽","啄"字下注曰"集作逐"〔一〇〕,使果原集,何得又称"集作"? 此为后人重辑之明验矣。然文章皆有首尾,诗赋亦往往有自序自注,与六朝他集从类书采出者不同,殆因相传旧本,而稍为窜乱欤。锺嵘《诗品》云:"学鲍照才能'日中市朝满',学谢朓劣得'黄鸟度青枝'。"今集中无此一句〔一一〕,益知非梁时本也。卷一百四十八

〔笺注〕

〔一〕照传见《宋书》卷五十一、《南史》卷十三。

〔二〕见《郡斋读书志·鲍参军集》（卷十七）。虞炎序："鲍照字明远，本上党人。家世贫贱，少有文思。"（《鲍参军集注》卷首）按，虞序云上党，亦不误，见丁福林《鲍照年谱》（上海古籍出版社）所辨。

〔三〕宋钱易《南部新书》壬："鲍照字明远，至唐武后讳减为昭，后来皆曰鲍昭。惟李商隐诗云：'嫩割周颙韭，肥烹鲍照葵。'又元稹诗云：'乐章轻鲍照，碑版笑颜竣。'今人家有收得隋末唐初《文选》，并鲍照尔。"张淏《云谷杂纪》卷二："鲍昭本名照，避武后讳，唐人书之，去火只用昭字，后遂以鲍昭、鲍照为二人。"（张宗祥校本，中华书局1958年版）《郡斋读书志·鲍参军集》："唐人避武后讳，改照为昭。"参观王观国《学林》卷三"名讳"条、王楙《野客丛书》卷九"古人避讳"条、周密《齐东野语》卷四"避讳"条、王士禛《池北偶谈》卷十九"避讳当改正"条。

〔四〕韦庄《江行西望》："西望长安白日遥，半年无事驻兰桡。欲将张翰秋江雨，画作屏风寄鲍昭。"（《浣花集》卷六）《苕溪渔隐丛话》前集卷二："宋子京《笔记》云：'今人多误鲍照为鲍昭。李商隐有诗云：浓烹鲍照葵。又金陵有人得地中石刻，作"鲍照"字。'《潘子真诗话》云：'景文殊不知武后时讳照，唐人因以昭名之。事具《昭祠堂记》。'苕溪渔隐曰：《南史》本传：鲍照字明远。"按，宋语见《宋景文笔记》卷下（《学海类编》本）。又《古诗纪》卷一百五十五《辨证》、吴景旭《历代诗话》卷五十三"鲍昭"条，并袭此。

〔五〕宋欧阳德隆撰、郭守正增修《增修校正押韵释疑》卷一上"八微"威字："绍兴指挥以威字代桓字讳，如齐威、鲁威之类，可用不可押。丁丑福州解试《圣王独化陶钧之上赋》，士人七押齐威字，并榜黜。"《四库全书总目·增修校正押韵释疑》："别本首载淳熙文书式数条，列当时避讳之例甚详，此本无之。然如庆元中议宏字、殷字已祧不讳，可押韵不可命题，绍兴中指挥以威字代桓字，如齐威、鲁威之类，可用不可押，丁丑福州补试士人押齐威字见黜诸条，又较淳熙诸式为详备。名曰《释疑》，可谓不悉其名矣。"（卷四十二）

〔六〕《直斋书录解题·鲍参军集》："世多云鲍昭，以避唐武后讳也。沈约《宋书》、李延寿《南史》皆作鲍照，而《馆阁书目》直以为鲍昭，且云上党

人,非也。"(卷十六)

〔七〕虞炎序:"宋临川王爱其才,以为国侍郎。王薨,始兴王濬又引为侍郎。孝武初,除海虞令,迁太学博士,兼中书舍人,出为秣陵令,又转永嘉令。大明五年,除前军行参军,侍临海王镇荆州,掌知内命,寻迁前军刑狱参军事。宋明帝初,江外拒命。及义嘉败,荆土震扰,江陵人宋景因乱掠城,为景所杀,时年五十馀。身既遇难,篇章无遗。流迁人间者,往往见在。储皇博采群言,游好文艺,片辞只韵,罔不收集。照所赋述,虽乏精典,而有超丽,爰命陪趋,备加研访。年代稍远,零落者多,今所存者,傥能半焉。"(《鲍参军集注》卷首)

〔八〕朱应登《后跋》:"近过吴中,友人都君玄敬出示此本,方以得见其全为快。因刻之郡斋,以诒同志。正德庚午秋七月延平知府维扬朱应登记。"(《鲍明远集》附,早稻田大学藏本)庚午为正德五年(1510)。朱应登有《凌谿集》,在《存目》中,《四库全书总目·凌谿集》:"应登字升之,宝应人。弘治己未进士,官至雲南布政司参政。弘治七子之一也。《明史·文苑传》附见《顾璘传》中。"(卷一百七十六)

〔九〕《咏采桑》见《鲍明远集》卷五,《梅花落》见卷七,《拟行路难十八首》见卷八。

〔一〇〕《拟行路难十八首》之七:"荆棘郁蹲蹲。"注:"集作撙撙。"又:"飞走树间啄虫蚁。"注:"集作逐。"见《鲍明远集》卷八。

〔一一〕按,《提要》此语失检,句实见《代结客少年场行》,在《鲍明远集》卷三(《鲍参军集注》同)。《诗品序》:"次有轻薄之徒,笑曹刘为古拙,谓鲍照羲皇上人,谢朓今古独步。而师鲍照终不及'日中市朝满',学谢朓劣得'黄鸟度金枝'。"(《历代诗话》本)参观杨武泉《四库全书总目辩误》196—197页。

谢宣城集五卷 内府藏本

齐谢朓撰。朓字元晖,陈郡阳夏人。事迹具《齐书》本传〔一〕。

案朓以中书郎出为宣城太守，以选复为中书郎，又出为晋安王镇北谘议、南东海太守，行南徐州事，迁尚书吏部郎，被诛。其官实不止于宣城太守，然诗家皆称谢宣城，殆以北楼吟咏为世盛传耶[二]。据陈振孙《书录解题》称，朓"集本十卷，楼炤知宣州，止以上五卷赋与诗刊之，下五卷皆当时应用之文，衰世之事，可采者已见本传及《文选》，馀视诗劣焉，无传可也"[三]。考锺嵘《诗品》称"朓极与予论诗，感激顿挫过其文"[四]，则振孙之言审矣。张溥刻《百三家集》，合朓诗赋五卷为一卷[五]。此本五卷，即绍兴二十八年楼炤所刻，前有炤序，犹南宋佳本也[六]。本传称朓长于五言诗，沈约尝云"二百年来无此诗"[七]，锺嵘《诗品》乃称其"微伤细密，颇在不伦，一章之中，自有玉石"，又称其"善自发端，而末篇多踬"[八]，过毁过誉，皆失其真。赵紫芝诗曰："辅嗣易行无汉学，元晖诗变有唐风。"[九]斯于文质升降之间，为得其平矣。卷一百四十八

〔笺注〕

〔一〕朓传见《南齐书》卷四十七、《南史》卷十九。

〔二〕《谢宣城集》卷首楼炤序云："南齐吏部郎谢朓，长五言诗，其在宣城所赋，藻缋尤精。故李太白咏'澄江'之句，而思其人，杜少陵亦曰'诗接谢宣城'也。"（《四部备要》本）又李白有《秋登宣城谢朓北楼》、《宣州谢朓楼饯别校书叔云》等诗。白诗称小谢者多，所谓"一生低首谢宣城"（王士禛语）者是也。殷孟伦《汉魏六朝百三名家集题辞注》（中华书局本）谢宣城集篇注三举之甚详，可参观。

〔三〕见《直斋书录解题·谢宣城集》（卷十六）。按：陈语亦本楼序，见注六引。《天禄琳琅书目·谢宣城诗集》："陈振孙《书录解题》云云，所言皆本于炤序。"（卷三）又，《郡斋读书志·谢朓集》："右齐谢朓玄晖也。阳夏人。明帝初，自中书郎出为东海太守。东昏时，为江祏党谮害之。朓少好学，有美名，文章清丽，善草隶，尤长五言诗。沈约尝云：二百年来无此诗也。《文选》所录朓诗仅二十首，集中多不载，今附入。"（卷十七）

〔四〕见注八引。

〔五〕见《四库全书》本《汉魏六朝百三家集》卷七十七。

〔六〕按此说误。绍兴二十八年,为1158年;楼序作于丁丑七月,则绍兴二十七年(1157)也。楼序云:"余至郡视事之暇,裒取郡舍石刻并《宣城集》所载谢诗,才得二十馀首。继得蒋公之奇所集小谢诗,以昭亭庙、叠嶂楼、绮霞阁所刻,及《文选》、《玉台新咏》、本集所有,合成一编,共五十八篇,自谓备矣。然小谢自有全集十卷,但世所罕传。如《宋海陵王墓志》(按,宋应作齐,《谢宣城集校注》426页已指出),集中有之,而《笔谈》乃曰'此铭集中不载',盖虽存中之博,亦未之见也。而余家旧藏偶有之。考其上五卷赋与乐章之外,诗乃百有二首,而唱和联句、他人所附见者不与焉,以是知蒋公所谓本集者非全集矣。于是属之僚士,参校谬误,虽是正已多,而有无他本可证者,故犹有阙文。锓版传之,目曰《谢宣城诗集》。其下五卷,则皆当时应用之文,衰世之事,其可采者已载于本传、《文选》,馀视诗劣焉,无传可也,遂置之。绍兴丁丑秋七月朔,东阳楼炤题。"洪伋《识语》:"谢公诗名重天下,在宣城所赋为多,故杜少陵以'谢宣城'称之。在宣城宜有公之集矣。后公六百五十馀年,枢密楼公始克锓之木,距今又六十四年,字画漫毁,几不可读,是用再刻于郡斋,以永其传。嘉定庚辰冬十二月望,鄱阳洪伋识。"嘉定庚辰,为宁宗嘉定十三年(1220),其上距绍兴二十七年(1157),正六十四年。若如馆臣云在绍兴二十八年(1158),乃相距六十三年,年数不合矣。

《天禄琳琅书目·谢宣城诗集》:"宋楼炤序,序后有宋洪伋识。《宋史》:楼炤字仲晖,婺州永康人。登政和五年进士第。历官至金书枢密院事兼权参知政事。为李文会、詹大方所劾,与祠。久之,除知宣州。此书序中称,至郡视事之暇,锓版传之云云,盖即知宣州时所定。考其年月,系宋高宗绍兴二十八年。(中略)序后有嘉定庚辰鄱阳洪伋识。庚辰为宋宁宗嘉定十三年,故伋称'枢密楼公锓木,距今六十四年,字画漫毁,几不可读,用再刻于郡斋'。又考宋周必大《洪文惠公神道碑铭》载适孙十人,伋奉议郎、荆湖南路提举茶盐司干办公事,未载其知宣州。盖必大为其祖适作碑铭时,尚在伋守郡前耳。"(卷三)

〔七〕《南齐书·谢朓传》："朓善草隶,长五言诗,沈约常云:'二百年来无此诗也。'"(卷四十七,又《南史·谢裕传》附并同)此事因欧阳修用过,宋人颇喜说之,如吴开《优古堂诗话》"吏部文章二百年"条云:"韩子苍言欧阳文忠公寄荆公诗云:'翰林风月三千首,吏部文章二百年。'吏部盖谓《南史》谢朓,于宋明帝朝为尚书吏部郎,长五言诗。沈约尝云:'二百年来无此诗也。'文忠之意,直使谢朓事,而荆公答之曰:'他日若能窥孟子,终身安敢望韩公。'则荆公之意,竟指吏部为退之矣。"(《历代诗话续编》本)朱翌《猗觉寮杂记》卷上云:"欧阳永叔赠介甫云:'翰林风月三千首,吏部文章二百年。'介甫答云:'他日若能窥孟子,终身何敢望韩公。'议者谓介甫怒永叔以退之相比,介甫不知二百年事乃《南史》谢朓吏部也,沈约见其诗云:'二百年来无此诗。'以介甫为误。以余考之,欧公必不以谢比介甫,介甫不应误以谢为韩也。孙樵《与高锡望书》曰:'唐朝以来,索士二百年间,作者数十辈,独高韩吏部。'欧公用此耳,介甫未尝误认事也。见樵集。"(《知不足斋丛书》本)皆是。

〔八〕《诗品》卷中:"齐吏部谢朓诗,其源出于谢混,微伤细密,颇在不伦。一章之中,自有玉石,然奇章秀句,往往警遒,足使叔源失步,明远变色。善自发诗端,而末篇多踬,此意锐而才弱也。至为后进士子之所嗟慕。朓极与余论诗,感激顿挫过其文。"(《历代诗话》本)

〔九〕句见《秋夜偶书》(《清苑斋诗集》,《永嘉四灵诗集》本)。赵师秀字紫芝。

庾开府集笺注十卷 少詹事陆费墀家藏本

周庾信撰,国朝吴兆宜注。信,《周书》有传〔一〕。然考集中《辛成碑》文,称开皇元年七月某日,反葬河州,则入隋几一载矣〔二〕。信为梁元帝守朱雀舫,望敌先奔,厥后历仕诸朝,如更传舍,其立身本不足重。其骈偶之文,则集六朝之大成,而导四杰之先路,自古迄今,屹然为四六宗匠。初在南朝,与徐陵齐名,故李延寿《北史·

文苑传序》称:"徐陵、庾信,其意浅而繁,其文匿而采,词尚轻险,情多哀思。"〔三〕王通《中说》亦曰:"徐陵、庾信,古之夸人也,其文诞。"〔四〕令狐德棻作《周书》,至诋其"夸目侈于红紫,荡心逾于郑卫",斥为"词赋之罪人"〔五〕。然此自指台城应教之日,二人以宫体相高耳。至信北迁以后,阅历既久,学问弥深,所作皆华实相扶,情文兼至,抽黄对白之中,灏气舒卷,变化自如,则断非陵之所能及矣〔六〕。张说诗曰:"兰成追宋玉,旧宅偶词人。笔涌江山气,文骄雲雨神。"〔七〕其推挹甚至。杜甫诗曰:"庾信文章老更成,凌雲健笔意纵横。后来嗤点流传赋,不觉前贤畏后生。"〔八〕则诸家之论,甫固不以为然矣。《北史》本传称有集二十卷,与周滕王逌之序合。《隋书·经籍志》作二十一卷,皆已久佚〔九〕。倪瓒《清閟阁集》有《与彝斋学士书》曰:"闻执事新收得《庾子山集》,在州郭时欲借以示仆,不时也。兹专一力致左右,千万暂借一观。"云云〔一〇〕。则元末明初,尚有重编之本,今亦未见。此本虽冠以滕王逌序,实由诸书抄撮而成,非其原帙也。《隋书·魏澹传》称废太子勇令澹注庾信集,其书不传〔一一〕。《唐志》载张廷芳等三家尝注《哀江南赋》,《宋志》已不著录〔一二〕。近代胡渭始为作注,而未及成帙。兆宜采辑其说,复与昆山徐树毂等补缀成编,粗得梗概〔一三〕。然六朝人所见之书,今已十不存一,兆宜捃摭残文,补苴求合,势不能尽详所出。如注《哀江南赋》"经邦佐汉"一事,引《史记索隐》误本,以园公为姓庾,以四皓为汉相,殊不免附会牵合〔一四〕。后钱塘倪璠别为笺注〔一五〕,而此本遂不甚行。然其经营创始之功,终不可没,与倪注并录存之,亦言杜诗者不尽废千家注意也。兆宜字显令,吴江人,康熙中诸生。尝注徐、庾二集,又注《玉台新咏》、《才调集》、韩偓诗集〔一六〕。今惟徐、庾二集刊板行世,馀惟钞本仅存云。 卷一百四十八

〔笺注〕

〔一〕信传见《周书》卷四十一、《北史》卷八十三。

〔二〕按,《辛成碑》当作《辛威碑》,即《周上柱国宿国公河州都督辛威神道碑》,见《庾开府集笺注》卷九。倪璠注《庾子山集》卷十四题为《普屯威神道碑》,与吴注本异。威"旧姓辛,陇西人","赐姓普屯氏"(见《北史》第七册第2311页。"普屯氏",《周书》作"普毛氏",误;见《周书》第二册第460页校勘记一八引张森楷说),《周书》卷二十七、《北史》六十五皆有传。开皇元年,为581年。

〔三〕《北史·文苑传序》:"梁自大同之后,雅道沦缺,渐乖典则,争驰新巧。简文、湘东,启其淫放;徐陵、庾信,分路扬镳。其意浅而繁,其文匿而彩。词尚轻险,情多哀思。格以延陵之听,盖亦亡国之音也。"(卷八十三)亦见《隋书·文学传序》(卷七十六)。

〔四〕见《中说·事君篇》(《二十二子》本)。

〔五〕《周书·庾信传》:"然则子山之文,发源于宋末,盛行于梁季。其体以淫放为本,其词以轻险为宗,故能夸目侈于红紫,荡心逾于郑卫。昔杨子云有言:'诗人之赋丽以则,词人之赋丽以淫。'若以庾氏方之,斯又词赋之罪人也。"(卷四十一)

〔六〕《北史·庾信传》:"父肩吾,为梁太子中庶子,掌管记。东海徐摛为右卫率,摛子陵及信,并为抄撰学士。父子在东宫,出入禁闼,恩礼莫与比隆。既文并绮艳,故世号为'徐庾体'焉。"(卷八十三)参观钱锺书《谈艺录》(补订本)九十"庾子山诗"。

〔七〕句见《庾信宅作》(《张说之文集》卷八,《四部丛刊》本)。

〔八〕句见《戏为六绝句》之一(《杜诗详注》卷十一)。

〔九〕周滕王逌序:"昔在扬都,有集十四卷。值太清罹乱,百不一存。及到江陵,又有三卷,即重遭军火,一字无遗。今之所撰,止入魏已来,爰泊皇代。凡所著述,合二十卷,分成两帙,附之后尔。"倪璠注:"按此及《北史》皆云'文集二十卷',惟《隋书·经籍志》称二十一卷。集中诗赋,多杂梁时旧作,疑是平陈后所得,增多一卷。且今所贻留,亦非滕王故本。大抵建业之文,犹有存者,而江陵军火,无遗一字矣。"又:"滕王逌,周文帝子也。《周书》列传曰:'滕闻王逌,字尔固突。少好经史,解属文。武成初,封滕国公。建德三年,进爵为王。(中略)为隋文帝所害。国除。逌所著文章,颇行于世。'按此序大象元年滕王在新野时作,所撰止魏、周著述,不及梁时,盖以太清罹乱,江陵兵燹之故。今集中多杂南朝旧作,又非滕王故本矣。序出《文苑英华》。今录为弁首,加注释焉。"(《庾子山集注》卷首)滕王逌序,见《文苑英华》卷六百九十九。

〔一〇〕见《与彝斋学士先生书》(《清閟阁全集》卷十)。"庾子山集",作"庾子山诗集"。

〔一一〕《隋书·魏澹传》:"废太子勇深礼遇之,屡加优锡,令注庾信集。"(卷五十八)澹字彦深,即《通志》所云"魏彦渊",见注十二。

〔一二〕按此说误。《唐志》载两家注,《宋志》亦有二家注。《新唐书·艺文四》:"张庭芳注《庾信哀江南赋》一卷,崔令钦注一卷。"(卷六十)《宋史·艺文七》:"王道珪注《哀江南赋》一卷,张庭芳注《哀江南赋》一卷。"(卷二百八)宋人之书,亦别有著录者,合而记之盖四家(张庭芳、张廷秀或为一人)。《通志·艺文略八》:"庾信《哀江南赋》一卷,唐张庭芳注;又一卷,崔令钦注;又一卷,魏彦渊注。"(卷七十)《崇文总目·别集四》:"《哀江南赋》一卷,王道珪注;《哀江南赋》一卷,张廷秀注。"(卷十二)

〔一三〕按,此说不然。吴笺引胡说,仅卷一《劝进梁元帝表》有三条(见《蛾术轩箧存善本书录》218页)。胡渭《吴靖誉先生墓志铭》:"少学为诗,有中唐风格,已而谢华就实,益肆力于古书。尤爱六朝骈俪之文,乃取徐庾二集,句梳而字栉之,为笺注。齐梁之世,去今已远,当时所用之书,今多散亡,君旁搜广辑,徵事释意,必毫发无憾而后已。余向亦有事于此,见君之作,俯首叹绝,遂辍笔焉。"(《吴氏族谱》卷十一)

〔一四〕《哀江南赋》:"我之掌庾承周,以世功而为族;经邦佐汉,用论道而当官。"吴兆宜注:"汲古阁本小司马《史记索隐》留侯系家四皓注:《陈留志》云:园公姓庾,字宣明,居园中,因以为号。今俗本《史记》庾字误作唐字。按毛本自言系北宋秘书,大字刊本,校订自应可据。又按唐徐坚《初学记》引《陈留志》,亦作园庾,襄邑人。其为庾姓无疑也。"

按,《四库全书》本《史记》卷五十五张照《考证》云:"按《汉书·王贡传序》曰:'汉兴有园公、绮里季、夏黄公、甪里先生。'颜师古注曰:'四皓称号,本起于此,更无姓名可称。盖隐居之人,匿迹远害,不自摽显,秘其氏族,故史传无得而详。至于后代皇甫谧之徒及诸地理书说,竞为四人施安姓氏,自相错互,语又不经。班氏不载于书,诸家皆臆说,今并弃略,一无取焉。'臣谓师古之见卓矣。《索隐》所引《陈留志》有姓名者又止三人,无绮里季名字,盖有脱文。而今《陈留志》无其书,莫可考也。"(武英殿本同)

〔一五〕按,此语大误,倪注刻于吴注前,固未见吴注也。倪注初刊于康熙二十六年(1687),钱塘崇岫楼镌版;吴注刊于康熙二十七年(1688),吴郡宝翰楼刻本。倪璠注本,已收于《四库全书》。《四库全书总目·庾子山集注》:"璠字鲁玉,钱塘人。康熙乙酉举人。官内阁中书舍人。是编以吴兆宜所笺《庾开府集》合众手以成之,颇伤漏略,乃详考诸史,作《年谱》冠于集首。(中略)比核史传,实较吴本为详。《哀江南赋》一篇,引据时事,尤为典核。"(卷一百四十八)所误并同。

前人记此二注,亦多欠确。杨守敬《日本访书志补》:"倪注《庾开府全集》十六卷,原刊本。《四库提要》称鲁玉钱塘人,康熙乙酉举人,官内阁中书舍人。是编以吴兆宜所笺《庾开府集》合众手以成之,颇伤漏略,乃详考诸史。云云。今观此书题辞及后跋,皆不著年月,大抵此书之刻在康熙末年,吴注之刻,则在康熙戊辰,鲁玉不容不见吴本,而鲁玉书首仅载张溥一序,并不及有吴注本,又似未见吴注者。"此误与《提要》同。戊辰为康熙二十七年(1688)。《邓之诚文史札记》1947年3月27日:"倪璠注《庾子山集》,刻于康熙二十六年。吴兆宜注庾集,例言有'康熙己巳'字样,为康熙二十八年。是倪注在前,吴注在后也。《提要》乃谓倪因不满吴注而作,可为喷饭。"(凤凰出版社)

〔一六〕兆宜字显令,吴江人。吴兆骞弟。生平著述弘富,多失传。见胡渭《吴靖誉先生墓志铭》。

王子安集十六卷 山东巡抚采进本

唐王勃撰[一]。《唐书·文苑传》称其"文集三十卷",而杨炯集《序》则谓"分为二十卷,具诸篇目"[二]。洪迈《容斋随笔》亦称今存者二十卷,盖犹旧本[三]。明以来其集已佚,原目遂不可考。世所传《初唐十二家集》,仅载勃诗赋二卷[四],阙略殊甚。故皇甫汸作杨炯集《序》,称王诗赋之馀,未睹他制[五]。此本乃明崇祯中闽人张燮搜缉《文苑英华》诸书,编为一十六卷,虽非唐宋之旧,而以视别本,则较为完善矣[六]。勃文为四杰之冠,儒者颇病其浮艳。案段成式《酉阳杂俎》曰:张燕公尝读勃《夫子学堂碑颂》'帝车南指,遁七曜于中阶;华盖西临,高五云于太甲'四句,悉不解,访之一公,案—公谓僧—行也。一公言北斗建午,七曜在南方,有是之祥,无位圣人当出。"华盖"以下,卒不可悉。[七]洪迈《容斋随笔》亦曰:"王勃等四子之文,皆精切有本原,其用骈丽作记序碑碣,盖一时体格如此,而后来颇议之。杜诗云:'王杨卢骆当时体,轻薄为文哂未休。尔曹身与名俱灭,不废江河万古流。'正谓此耳。身名俱灭,以责轻薄子;江河万古,指四子也。韩公《滕王阁记》云:'江南多游观之美,而滕王阁独为第一,及得三王为序赋记等,壮其文词。'注谓'王勃作游阁序'。又云:中丞命为记,'窃喜载名其上,词列三王之次,有荣耀焉。'则韩之所以推勃,亦为不浅矣。"[八]夫一行、段成式,博洽冠绝古今,杜甫、韩愈,诗文亦冠绝古今,而其推勃如是,枵腹白战之徒,掇拾语录之糟粕,乃沾沾焉而动其喙,殆所谓蚍蜉撼树者欤[九]。今录勃集,并录成式及迈之所记,庶耳食者无轻诋焉。

卷一百四十九

〔笺注〕

〔一〕勃传见《旧唐书》卷一百九十上、《新唐书》卷二百一。

〔二〕见《旧唐书》卷一百九十上、《新唐书》卷二百一。又杨语见《王勃集序》(《王子安集》卷首、又《盈川集》卷三)。又《崇文总目》、《宋史·艺文志》均作三十卷,与《唐书》同;《郡斋读书志》作二十卷。

〔三〕按此说误。《容斋四笔》卷五"王勃文章"条云:"勃之文,今存者二十七卷云。"称"二十卷"者,见《文献通考·经籍考五十八》(卷二百三十一)所引《容斋随笔》,或偶尔脱文,未可知也,而馆臣所据殆为张燮《识语》(见注四引),不复检《随笔》,殊为粗疏。

〔四〕张燮《识语》:"王勃集至《文献通考》时,尚存二十卷,近世永嘉仅行其诗赋,作二卷。今为并录诸篇,得十六卷。"(《四部丛刊》本)《唐十二家集》有三种,一嘉靖壬子(1552)永嘉张逊业本,一晋安郑能本,一万历甲申(1584)杨一统本,三家所选十二家,名目皆相同(据郑振铎《西谛书跋》下册282页,文物出版社),此不知何所指。

〔五〕明皇甫汸《杨盈川集序》:"马氏云:王集二十卷,刘元济为之序;骆集十卷,郝雲卿为之序。然王诗赋之馀,未睹他撰。"(《杨盈川集》卷首,《四部丛刊》本)

〔六〕即《四部丛刊》影印之本。张字绍和,又刊有《汉魏七十二家集》,其刻唐人集,仅成《初唐四子集》。参观万曼《唐集叙录》14—15页。

〔七〕《酉阳杂俎》卷十二:"王勃每为碑颂,先墨磨数升,引被覆面而卧。忽起一笔书之,初不窜点,时人谓之腹藁。少梦人遗以丸墨盈袖。燕公常读其《夫子学堂碑颂》,头自'帝车'至'太甲'四句,悉不解。访之一公,一公言北斗建午,七曜在南方,有是之祥,无位圣人当出。'华盖'已下,卒不可悉。"(许逸民校笺本)《夫子学堂碑颂》即《益州夫子庙碑》,见蒋清翊《王子安集注》卷十五。又王应麟《困学纪闻》卷十八:"《出瞿唐峡》诗:'五雲高太甲,六月旷抟扶。'注:不解'五雲'之义。尝观王勃《益州夫子庙碑》云:'帝车南指,遁七曜于中阶;华盖西临,藏五雲于太甲。'《酉阳杂俎》云云。愚谓老杜读书破万卷,必自有所据,或入蜀见此碑,而用其语也。《晋·天文志》:'华盖杠旁六星曰六甲,分阴阳而配节候。'太甲恐是六甲一星之名,然未有考证。以一行之邃于星历,张燕公、段柯古之殚见洽闻,而犹未知焉,姑阙疑以俟博识。"注:"若璩按:以

《隋书·天文志》'天子欲有所游往,其地先发天子气,或如华盖在雾气中,或有五色。苍帝起,青雲扶日;赤帝起,赤雲扶日;黄帝起,黄雲扶日;白帝起,白雲扶日;黑帝起,黑雲扶日。'以证华盖、五雲,亦一解。而太甲终当阙疑。"

徐文靖《管城硕记》卷二十五:"老杜诗:'五雲高太甲。'严沧浪云:'太甲之义,殆不可晓,得非高太一耶?'按班固《武帝内传》曰:'伏见广扶山青真小童授《六甲灵飞》于太甲中元,凡十二事。'又《雲气干犯占》曰:'黄雲气入六甲,术士用。黄白气入,太史受爵赐。盖太甲者,主司六甲之神也。五色雲气入,则有贤人利见之祥。'王勃《益州夫子庙碑》曰:'华盖西临,高五雲于太甲;帝车南指,遁七曜于中阶。'杜句本此。"

〔八〕见《容斋四笔》卷五"王勃文章"条。杜诗见《戏为六绝句》(《杜诗详注》卷十一),诸本皆作"杨王",独上图藏宋本有小字注云"一云'王杨'",而《万首唐人绝句》亦作"王杨",盖洪所见本如是。《新修滕王阁记》:"及得三王所为序赋记等。"小注:"注或云:王勃作游阁序,王绪作赋,今中丞王公为从事日作修阁记。或并无。"(《东雅堂昌黎集注》卷十三)又《五百家注昌黎文集》卷十三此句下注云:"韩曰:王勃字子安,为《滕王阁序》;王绪为赋;贞元元年,王仲舒为连州司户,为《修阁记》。"

〔九〕《调张籍》:"李杜文章在,光焰万丈长。不知群儿愚,那用故谤伤。蚍蜉撼大树,可笑不自量。"(《东雅堂昌黎集注》卷五)

陈拾遗集十卷 内府藏本

唐陈子昂撰。子昂事迹,具《唐书》本传及卢藏用所为《别传》〔一〕。唐初文章,不脱陈、隋旧习,子昂始奋发自为,追古作者。韩愈诗云:"国朝盛文章,子昂始高蹈。"〔二〕柳宗元亦谓张说工著述,张九龄善比兴,兼备者子昂而已〔三〕。马端临《文献通考》乃谓子昂惟诗语高妙,其他文则不脱偶俪卑弱之体,韩、柳之论不专称其诗,皆所未喻〔四〕。今观其集,惟诸表序犹沿排俪之习,若论事书疏之类,实疏朴近古,韩、柳之论未为非也。子昂尝上书武后,请兴明堂、太学,宋祁《新唐书》传赞以为"荐圭璧于房闼,以脂泽污漫之",其文今载集中[五]。王士禛《香祖笔记》又举其《大周受命颂》四章、《进表》一篇,请追上太原王帝号表一篇,以为视《剧秦美新》殆又过之,其下笔时,不复知世有节义廉耻事。今亦载集中[六]。然则是集之传,特以词采见珍,譬诸荡姬佚女,以色艺冠一世,而不可以礼法绳之者也。此本传写多讹脱,第七卷阙两叶,据目录寻之,《祸牙文》、《禜海文》在《文苑英华》九百九十五卷,《吊塞上翁文》在九百九十九卷,《祭孙府君文》在九百七十九卷。又送崔融等序之后,据目录尚有《饯陈少府序》一篇,此本亦佚,《英华》七百十九卷有此文,今并葺补,俾成完本[七]。《英华》八百二十二卷收子昂《大崇福观记》一篇,称武士彠为太祖孝明皇帝,此集不载其目,殆偶佚脱[八]。今并补入,俾操觚挥翰之士,知立身一败,遗诟万年,有求其不传而不能者焉。卷一百四十九

〔笺注〕

〔一〕见《旧唐书》卷一百九十中、《新唐书》卷一百七。卢藏用《陈子昂别传》,见《文苑英华》卷七百九十三。

〔二〕句见韩愈《荐士》。其诗略云:"齐梁及陈隋,众作等蝉噪。搜春摘花卉,沿袭伤剽盗。国朝盛文章,子昂始高蹈。勃兴得李杜,万类困陵暴。后来相继生,亦各臻阃奥。"(《韩昌黎诗系年集释》卷五)韩愈《送孟东野序》:"唐之有天下,陈子昂、苏源明、元结、李白、杜甫、李观皆以其所能鸣。"(《韩昌黎文集校注》卷四)

〔三〕柳宗元《杨评事文集后序》:"秉笔之士,恒偏胜独得,而罕有兼者焉。厥有能而专美,命之曰艺成。虽古文雅之盛世,不能并肩而生。唐兴以来,称是选而不作者,梓潼陈拾遗。其后燕文贞以著述之馀,攻比兴而莫能极;张曲江以比兴之馀(与隙同),穷著述而不克备。其馀各探一隅,相与背驰于道者,其去弥远。文之难兼,斯亦甚矣。"(《柳河东集》卷

二十一）

〔四〕《文献通考·经籍考五十八》："按陈拾遗诗语高妙,绝出齐梁,诚如先儒之论。至其他文,则不脱偶俪卑弱之体,未见其有以异于王杨沈宋也。然韩吏部、柳仪曹盛有推许,韩言'国朝盛文章,子昂始高蹈',柳言备比兴、著述二者而不作,则不特称其诗而已。二公非轻以文许人者,此论所未谕。"(卷二百三十一)

〔五〕《文献通考·经籍考五十八》："本传载其兴明堂、建太学等疏,其言虽美,而陈之于牝朝,则非所宜。史赞所谓'荐珪璧于房闼,以脂泽污漫之',信矣。"《新唐书·陈子昂传》："赞曰:子昂说武后兴明堂太学,其言甚高,殊可怪笑。后窃威柄,诛大臣、宗室,胁逼长君而夺之权。子昂乃以王者之术勉之,卒为妇人讪侮不用,可谓荐圭璧于房闼,以脂泽污漫之也。瞽者不见泰山,聋者不闻震霆,子昂之于言,其聋聋欤。"(卷一百七)兴明堂太学,说见《谏政理书》(《陈拾遗集》卷九)。又,叶适《习学记言序目》卷四十一:"《旧史》陈子昂入《文苑传》,止载《谏返葬长安》、《蒭雅州生羌》二书;而《新史》别为传,所载甚多,及言'变徐庾体,始追雅正',又言'学堂至今犹存',盖用韩愈辈语,以唐古文所起尊异之也。然与傅弈、吕才同列,则不伦甚矣。又嗤其劝武后兴明堂太学,'荐圭璧于房闼,以脂泽污漫之',则轻侮甚矣。惟圣贤自为出处,馀则因时各系其所逢,如子昂终始一武后尔,吐其所怀,信其所学,不得不然,可无訾也。"参观杨澄《陈伯玉先生文集后序》(《陈伯玉文集》附,《四部丛刊》本)。

〔六〕《香祖笔记》卷三:"子昂五言诗力变齐梁,不须言,其表序碑记等作,沿袭颓波,无可观者。第七卷《上大周受命颂表》一篇,《大周受命颂》四章,曰《神凤》,曰《赤雀》、《庆云》、《吨颂》,其辞诐诞不经。(中略)集中又有请追上太原王帝号表,太原王者,士蒦也。此与扬雄《剧秦美新》无异,殆又过之,其下笔时,不知世有节义廉耻事矣。子昂真无忌惮之小人哉。诗虽美,吾不欲观之矣。"(康熙刻本)按:《大周受命颂四章并序》、《上大周受命颂表》(天授九年),见《陈子昂集》(上海古籍出版社)卷七。请追上太原王帝号表,即《为永昌父老劝追尊中山王表》,见《陈子昂集》卷三。

按，王氏之诋子昂，亦有不以为然，而为之辩者。张宗泰《鲁岩所学集》卷二"武韦之祸"条云："温公编《通鉴》，采陈子昂上天后疏凡三：一则曰'诸方告密，囚累百千，及其穷竟，百无一实'；一则曰'宜缓刑崇德，抚慰宗室，各使自安'；一则曰'太平之朝，上下乐化，不宜有乱臣贼子，日犯天诛者'。无非为天后当日，群小用事，搆陷无辜而发，原其进谏之意，亦不失为仁人君子之用心矣。乃新城王氏摘其《大周受命颂》等作，谓其下笔时，不复知世有廉耻节义事。考《新唐书》本传，子昂在天后朝，不见有所谓趋权附势、希荣邀宠之迹，则其歌功颂德于平日，用以结主上之知，遇事有可进言者，借为万一之补救，此其用意，亦正未可厚非也。王氏乃没其长而专摘其短，亦为不善论人者矣。"（《近代史料丛刊续编》本）

〔七〕《祃牙文》、《禜海文》、《吊塞上翁文》、《祭孙府君文》四篇，见《四库全书》本卷七。"送崔融序"指《送著作佐郎崔融等从梁王东征序》，及《饯陈少府从军序》，亦并见卷七。

《陈伯玉文集跋》："余得此书于文义堂钱步瀛，虽为明刻，而传本绝少。伏读《四库总目·陈拾遗集提要》云：'此本传写多讹脱，第七卷阙两叶，据目录寻之，《祃牙文》、《禜海文》在《文苑英华》九百九十五卷，《吊塞上翁文》在九百九十九卷，《祭孙府君文》在九百七十九卷。又送崔融等序之后，据目录尚有《饯陈少府序》一篇，此本亦佚，《英华》七百十九卷有此文，今并葺补，俾成完本。《英华》八百二十二卷收子昂《大崇福观记》一篇，称武士彟为太祖孝明皇帝，此集不载其目，殆偶佚脱。'云云。据此则《四库》未见刻本，张氏《爱日精庐藏书志》亦无此书名目，洵绝无仅有之秘册矣。其传写本所缺之文，此本中虽未能全备，而较为少缺，异日翻刻时，亦援《英华》补足可也。咸丰四年二月，琳琅主人胡珽识。"（《陈伯玉文集》附，《四部丛刊》本）

〔八〕《荆州大崇福观记》，今亦见卷七。其中有云："粤若无上太祖孝明皇帝，神明睿哲，龙德而隐，君子勿用。"《提要》语指此云。

张燕公集二十五卷 两淮马裕家藏本

唐张说撰。说事迹具《唐书》本传〔一〕。其文章典丽宏赡,当时与苏颋并称,朝廷大述作多出其手,号曰"燕许"〔二〕。《唐书·艺文志》载其集三十卷,今所传本止二十五卷,然自宋以后,诸家著录并同,则其五卷之佚久矣〔三〕。集中《元处士碣铭》称,序为处士子将作少监行冲撰,而《唐书》行冲传乃不载其为此官〔四〕。《为留守奏庆山醴泉表》称万年县令郑国忠(按,《四库全书》本《张燕公集》卷首提要作"郑固忠")状:"六月十四日,县界霸陵乡有庆山见、醴泉出。"而《唐书》武后传载此事,乃作新丰县〔五〕。皆与史传颇有异同。然说在当时,必无譌误,知《唐书》之疏舛多矣。此书所以贵旧本也。集首永乐七年伍德记一篇,称兵燹之后,散佚仅存,录而藏之,至嘉靖间,其子孙始为梓行,而譌舛特甚,又参考本传及《文粹》、《文苑英华》诸书,其文不载于集者尚多。今旁加搜辑,于集外得颂一首,箴一首,表十八首,疏二首,状六首,策三首,批答一首,序十一首,启一首,书二首,露布一首,碑四首,墓志九首,行状一首,凡六十一首,皆依类补入〔六〕。而原集目次错互者,亦诠次更定,仍厘为二十五卷,庶几复成完本焉。卷一百四十九

〔笺注〕

〔一〕见《旧唐书》卷九十七、《新唐书》卷一百二十五。又张九龄为作《墓志铭》,见《曲江集》卷十八。

〔二〕《新唐书·苏颋传》:"自景龙后,与张说以文章显,称望略等,故时号'燕许大手笔'。"(卷一百二十五)

〔三〕万曼《唐集叙录》:"《张说集》,《旧唐书·经籍志》不载。《崇文总目》、晁氏《郡斋读书志》、陈氏《书录解题》均作三十卷。《新唐书·艺文志》、殿本亦作三十卷,但宋本作二十卷,自然以作三十卷为是。但是这个三

十卷本,自宋迄于明代中叶,未尝覆梓,刊刻传世最古的,首推嘉靖丁酉(1537)椒郡伍氏龙池草堂的二十五卷本(按,见《铁琴铜剑楼藏书目录》卷十九)。"《四库全书》)重编本,后来用武英殿聚珍版刊行,百年以来,推为善本。"1934年,傅增湘忽获宋刻蜀本三十卷《张说之集》,又周叔弢藏一部,亦三十卷,为东武李氏研录山房校写本,为今存最足最精之本。

〔四〕即《唐故处士河南元公之碣铭》,题下注云:"其序,子将作少监行冲撰。"(《张燕公集》卷二十二,又《张说之文集》本在卷十九)元行冲,传见《旧唐书》卷一百二、《新唐书》卷一百九十九。

〔五〕文见《张燕公集》卷十四,其略云:"万年县令郑固忠状称,云六月十四日,县界霸陵乡有庆山见、醴泉出。"《张说之文集》此文在卷二十四,文字略异。

《新唐书纠谬》卷九"垂拱二年新丰庆山事纪志不同"条:"《武后纪》垂拱二年十月己巳,有山出于新丰县,改新丰为庆山。今案,《五行志》云:垂拱二年九月己巳,雍州新丰县露台乡,大风雨震电,有山涌出。《纪》以为十月己巳,而《志》以为九月己巳,二者必有一误。"卷十二"庆山"条:"《五行志》云:垂拱二年九月己巳,雍州新丰县露台乡,大风雨雷电,有山涌出,高二十丈。有池周三百亩,池中有龙凤之形,禾麦之异。武后以为休应,名曰庆山。荆州人俞文俊上言,后怒,流于岭南。《武后纪》云:垂拱二年十月己巳,有山出于新丰县,改新丰为庆山。赦囚,给复一年,赐酺三日。(《五行志》云九月己巳,与此不同。已有说见别篇。)《武后传》云:新丰有山因震突出,后以为美祥,赦其县,更名庆山。荆州人俞文俊上言,太后怒,投岭外。"(《四部丛刊》本)

〔六〕伍德序:"唐燕国公集二十五卷,盖吴元年手自抄录,以备一览者也。初以胜国兵燹之变,遗书散逸,仅存其集于敝箧中,犹多鱼鲁,复辍耕力以正之,遂为完物。亟欲梓之,而力不果。吾后世子孙,有能新之,以续有唐之文献者乎。唐去今千馀年,其相业随世消长,而文独存,然则世之所恃以为不朽计者,文焉尔,虽与天壤俱敝可也。燕公之文,岂曰雕龙如刘飀者为哉。若夫公之淳德茂烈,曲江公志文尽之矣,予何言哉。

特书此以识岁月云尔。时永乐七年夏六月廿又四日,濠上贞隐老人伍德记。"(《四部丛刊》本)题记:"嘉靖丁酉冬十月朔旦椒郡伍氏龙池草堂家藏本校刊。"(《张说之文集》卷首)永乐七年,为1409年。又光绪乙巳朱氏刊本,此序文字有异。

李太白集三十卷 安徽巡抚采进本

唐李白撰。《旧唐书》白传称山东人,《新唐书》则作陇西成纪人〔一〕。考杜甫作《崔端薛复筵醉歌》有"近来海内为长句,汝与山东李白好"句,杨慎《丹铅录》据魏颢《李翰林集序》有"世号为李东山"之文,谓杜集传写误倒其字〔二〕,似乎有理。然元稹作杜甫墓志,亦称与"山东人李白"〔三〕,其文凿然,如倒之作"东山人",则语不成文,又不得以魏序为解。检白集《寄东鲁二子诗》有"我家寄东鲁"句,颢序亦称"合于鲁一妇人,生子曰颇黎"〔四〕,盖居山东颇久,故人亦以是称之,实则非其本籍,刘昫等误也。至于陇西成纪,乃唐时李氏以郡望通称,故刘知几《史通·因习篇》自注曰:"近代史为王氏传云琅邪临沂人,为李氏传云陇西成纪人,非惟王、李二族久离本郡,亦自当时无此郡县,皆是魏晋以前旧名。"〔五〕今勘验《唐书·地理志》,果如所说,则宋祁等因袭旧文,亦不足据。惟李阳冰序称"凉武昭王暠之后,谪居条支。神龙之始,逃归于蜀,复指李树而生伯阳,惊姜之夕,长庚入梦",颢序称"白本陇西,乃因家于绵,身既生蜀"云云〔六〕,则白为蜀人,具有确证。二史所书,皆非其实也。阳冰序不言卷数,《新唐书·艺文志》则曰:"《草堂集》二十卷,李阳冰编"〔七〕。按宋敏求后序曰:"唐李阳冰序李白《草堂集》十卷,咸平中乐史别得白歌诗十卷,合为《李翰林集》二十卷。史又云杂著为别集十卷。"〔八〕然则《草堂集》原本十卷,《唐志》以阳冰所编为二十卷者,殊失之不考。今《草堂集》不传,乐史所编亦罕见。此本乃宋敏求得王溥及唐魏颢本,又裒集《唐类诗》诸编洎石刻所传,编为一集〔九〕。曾巩又考其先后而次第之,为三十卷〔一〇〕。首卷惟载诸序碑记,二卷以下乃为歌诗,为二十三卷,杂著六卷,流传颇少〔一一〕。国朝康熙中,吴县缪曰芑始重刊之,后有曰芑跋云:"得临川晏氏宋本,重加校正,较坊刻颇为近古。"〔一二〕然陈氏《书录解题》、晁氏《读书志》并题"李翰林集",而此乃云"太白全集",未审为宋本所改、曰芑所改,是则稍稍可疑耳。据王琦注本,是刻尚有《考异》一卷,而坊间印本,皆削去曰芑序目以赝宋本,遂并《考异》而削之。以其文已全载王琦本中,今亦不更补录焉。卷一百四十九

〔笺注〕

〔一〕白传见《旧唐书》卷一百九十下、《新唐书》卷二百二。
〔二〕按,此节暗袭钱谦益《钱注杜诗》卷二《苏端薛复筵简薛华醉歌》注。钱注云:"元微之作杜工部墓志,亦云'山东人李白',盖白隐于徂徕,时人皆以山东人称之,故杜诗亦曰'山东李白'。……近时杨慎据李阳冰、魏颢序,欲以为东山李白。阳冰云:歌咏之际,屡称东山。颢云:迹类谢康乐,世号为李东山。此亦偶然题目,岂可援据为称谓乎。杨好奇曲说,吾所不取。"所引杨慎之说,见《丹铅总录》卷十"东山李白"条:"杜子美诗:'近来海内为长句,汝与东山李白好。'流俗本妄改作'山东李白'。按乐史序李白集云:'白客游天下,以声妓自随,效谢安石风流,自号东山。时人遂以"东山李白"称之。'子美诗句,正因其自号而称之耳,流俗不知而妄改。近世作《大明一统志》,遂以李白入山东人物类,而引杜诗为证,近于郢书燕说矣。"又《总录》卷十四"晁公武读书志多误"条云:"晁公武《读书志》载人名、地里多误。如云李太白为山东人,不知乐史所序谓太白携妓游山,慕谢安之风,自称'东山李白',杜工部因有'汝与东山李白好'之句,而俗士不知,倒之为'山东'也。"

又按,杜甫《苏端薛复筵简薛华醉歌》,《提要》误"苏端"为"崔端"。杨慎云乐史序,亦误,实为魏颢《李翰林集序》,其略云:"间携昭阳、金陵之

妓,迹类谢康乐,世号为李东山。"钱注已改正之,故馆臣亦不误。

〔三〕元稹《唐故工部员外郎杜君墓系铭并序》:"苟以为能所不能,无可不可,则诗人以来,未有如子美者。时山东人李白亦以奇文取称,时人谓之李杜。"(《元氏长庆集》卷五十六,《四部丛刊》本)

〔四〕句见《寄东鲁二稚子》(在金陵作):"吴地桑叶绿,吴蚕已三眠。我家寄东鲁,谁种龟阴田。"(《李太白集注》卷十三)魏颢《李翰林集序》:"白始娶于许,生一女、一男曰明月奴。女既嫁而卒。又合于刘,刘诀。次合于鲁一妇人,生子曰颇黎。终娶于宋。"(《李太白集注》卷三十一)

〔五〕见《史通·邑里》,其略云:"而作者为人立传,每云某所人也,其地皆取旧号,施之于今(近代史为王氏传云琅邪临沂人、为李氏传曰陇西成纪人之类是也。非惟王、李二族久离本郡,亦自当时无此郡县,皆是魏晋已前旧名号)。欲求实录,不亦难乎。"(浦起龙《史通通释》)《邑里》篇题,或本又作《因习下》,故馆臣云云。《四库全书总目辨误》不知,乃以为误而订之,可发一噱。《提要》所引为自注,文字小异。又杨慎《李太白诗题辞》:"五代刘昫修《唐书》,以白为山东人,自元稹序杜诗而误。诗云:'汝与山东李白好。'乐史云:'李白慕谢安风流,自号东山李白。'杜子美所云,乃是'东山',后人倒读为'山东'。元稹之序,又由于倒读杜诗也。不然,则太白之诗云'学剑来山东',又云'我家寄东鲁',岂自诬乎?宋有晁公武者,孟浪人也,遂信《旧唐书》及元稹之误,乃曰太白自叙及诗皆不足信。噫,世安有己之族姓已自迷之,而傍取他证乎?《新唐书》知其误,乃更之为唐宗室,盖以陇西郡望为标也。善乎刘子玄之言曰:'作史者为人立传,皆取旧号,施之于今,为王氏传必曰琅邪临沂人,为李氏传必曰陇西成纪人。欲求实录,不亦难乎。'"(《升庵合集》卷十六,光绪八年刻本)

〔六〕李阳冰《草堂集序》:"李白字太白,陇西成纪人,凉武昭王暠九世孙。蝉联珪组,世为显著。中叶非罪,谪居条支,易姓与名。然自穷蝉至舜,五世为庶,累世不大曜,亦可叹焉。神龙之始,逃归于蜀,复指李树而生伯阳。惊姜之夕,长庚入梦,故生而名白,以太白字之。世称太白之精,得之矣。"王琦注:"唐世陇西郡,渭州也,无成纪县,而秦州天水郡乃有成纪。此云陇西成纪人,盖推其先世郡邑而云耳。"《汉书·李广传》言广为陇西成纪人。在汉初,成纪本属陇西,至武帝元鼎三年,分陇西置天水郡,于是成纪属天水,而不属陇西矣。唐李氏族望,推为广所出者,皆曰陇西成纪,盖本此也。"(《李太白集注》卷三十一)又宋曾巩《李白诗集后序》,已考白为蜀人,可参观。

〔七〕见《新唐书》卷六十。"编"作"录"。

〔八〕见宋敏求《李太白文集后序》,详注九引。王琦跋:"阳冰序中不言卷数,《旧唐书·李白列传》云:'有文集二十卷行于时。'《新唐书·艺文志》云:'李白《草堂集》二十卷,李阳冰录。'乃乐史作序则云'翰林歌诗,李阳冰纂为《草堂集》十卷'。岂其时草堂原本已有亡其半者,抑或未亡而后人为之十卷耶?"

〔九〕宋敏求《李太白文集后序》:"唐李阳冰序李白《草堂集》十卷,云'当时著述,十丧其九'。咸平中,乐史别得白歌诗十卷,合为《李翰林集》二十卷,凡七百七十六篇。史又纂杂著为《别集》十卷。治平元年,得王文献公溥家藏白诗集上中二帙,凡广一百四篇,惜遗其下帙。熙宁元年,得唐魏万所纂白诗集二卷,凡广四十四篇。因哀唐类诗诸编,泊刻石所传,别集所载者,又得七十七篇,无虑千篇,沿旧目而厘正其汇次,使各相从,以别集附于后,凡赋表书序碑颂记铭赞文六十五篇,合为三十卷。"(《李太白集注》卷三十一)

〔一〇〕曾巩《李白诗集后序》:"李白诗集二十卷,旧七百若干篇,今九百若干篇者,知制诰常山宋敏求(字次道)之所广也。次道既以类广白诗,自为序,而未考次其作之先后。余得其书,乃考其先后而次第之。"(《元丰类藁》卷十二,《四部丛刊》本)又《李太白集注》卷三十一载曾序云:"《李白集》三十卷,旧歌诗七百七十六篇,今千有一篇,杂著六十五篇者,知制诰常山宋敏求字次道之所广也。"与曾集文字不同。

〔一一〕毛渐跋:"临川晏公知止字处善,守苏之明年,政成暇日,出李翰林诗以授于渐曰:'白之诗历世浸久,所传之集率多讹缺。予得此本,最为完善,将欲镂板,以广其传。'渐切谓李诗为人所尚,以宋公编类之勤,而曾公考次之详,世虽甚好,不可得而悉见。今晏公又能镂板以传,使李诗复显于世,实三公相与成始而成终也。元丰三年夏四月,信安毛渐校正谨题。"(《李太白集注》卷三十一)元丰三年,为1080年。

〔一二〕缪曰芑字武子,吴县人。雍正癸卯(1723)进士,官翰林院编修。康熙五十二年(1713),缪得崑山徐氏所藏晏处善本,于五十六年(1717)重刊,即所谓缪本。参观陆心源《北宋李太白文集跋》(《仪顾堂集》卷二十)、万曼《唐集叙录》82—83页。

杜诗详注二十五卷附编二卷 内府藏本

国朝仇兆鳌撰。兆鳌字沧柱,鄞县人。康熙乙丑进士,官至吏部侍郎〔一〕。是书乃康熙三十二年兆鳌为编修时所奏进〔二〕,凡诗注二十三卷,杂文注二卷,后以逸杜、咏杜、补杜、论杜为附编上下二卷。其总目自二十八卷以下,尚有仿杜、集杜诸卷,皆有录无书,疑欲续为而未成也。每诗各分段落,先诠释文义于前,而徵引典故列于诗末。其中摭拾类书,小有舛误者,如注"忘机对芳草"句,引《高士传》"叶干忘机",今《高士传》无此文,即《太平御览》所载嵇康《高士传》几盈二卷,亦无此文〔三〕。又注"宵旰忧虞轸"句,不知二字本徐陵文,乃引《左传》注"旰食",引《仪礼》注"宵衣"〔四〕。考之郑注,"宵"乃同"绡"〔五〕,非宵旦之宵也。至《吟杜》卷中载徐增一诗,本出其《说唐诗》中,所谓"佛让王维作,才怜李白狂"者,盖以维诗杂禅趣,白诗多逸气,以互形甫之谨严。兆鳌乃改上句为"赋似相如逸",乖其本旨〔六〕。如此之类,往往有之,皆不可据为典要〔七〕。然援据繁富,而无千家诸注伪撰故实之陋习〔八〕,核其大局,可资考证者为多,亦未可竟废也。卷一百四十九

〔笺注〕

〔一〕仇字沧柱,号章溪老叟,浙江鄞县人。康熙二十四年(1685)进士。馆

选授编修。以迁葬乞归。寻转春坊,历官内阁学士,兼礼部侍郎。迁吏部右侍郎。以病乞休,致仕归。生平事迹,见《浙江通志》卷一百五十九、自订《尚友堂年谱》。

〔二〕见中华书局本《杜诗详注》附《进书表》,所进为缮写本。康熙三十二年,为1693年。康熙四十二年(1703),《详注》刻成于杭州,次年圣祖南巡,又于杭州进刊本二部,得御书"餐霞引年"四字绫匾。见方南生《海内罕见的仇兆鳌自订〈尚友堂年谱〉》(《文献》1988年第2期)。

〔三〕所引句见《遣兴三首》之三(《杜诗详注》卷七)。所谓"叶干忘机",明吴琯辑刻《古今逸史》本皇甫谧《高士传》卷中"老商氏"条有之,云:"眼耳都融,叶干忘机。"是篇末之《赞》。仇注当据此。馆臣仅索之《御览》,宜无所获,斥仇"摭拾类书",亦不足服之也。

又按,明黄省曾《五岳山人集》卷三《高士颂九十一首》之《老商氏》,有"叶干忘机"二句,知《逸史》本《高士传》所附之赞,即取之黄《颂》,而不标主名,或意在售欺,仇注引之,遂堕其术中,馆臣之诃,固亦无以辩。

〔四〕句见《秋日夔府咏怀奉寄郑监(审)李宾客(之芳)一百韵》(《杜诗详注》卷十九)。仇注:"《馈食礼》:纚笄宵衣。《左传》:楚君大夫,其旰食乎。"按:仇注"宵衣",见《仪礼·特牲馈食礼》,亦见《士昏礼》;"旰食",见《昭公二十年》。徐陵《陈文帝哀策文》:"勤民听政,旰食宵衣。"(《徐孝穆集笺注》卷五)

〔五〕《仪礼·士昏礼》:"姆纚笄宵衣,在其右。"郑注:"宵读为《诗》'素衣朱绡'之'绡'。《鲁诗》以绡为绮属也。"又:"夙兴,妇沐浴,纚笄宵衣,以俟见。"《特牲馈食礼》:"主妇纚笄宵衣,立于房中,南面。"郑注:"宵,绮属也。此衣染之以黑,其缯本名曰宵。《诗》有'素衣朱宵',《记》有'玄宵衣',凡妇人助祭者同服也。"

〔六〕徐增《读杜少陵诗》:"诗史春秋笔,大名垂草堂。二毛犹在蜀,一字不忘唐。赋羡相如逸,才怜太白狂。晚年律更细,独立自苍苍。"(《杜诗详注·补注》卷上)"赋似"应作"赋羡"。徐诗见金圣叹《叙第四才子书》(《杜诗解》卷首)引,除第五句外,"犹在蜀"作"反在蜀"。

〔七〕陈仅《竹林答问》:"曾忆先府君见予案头有《杜诗详注》,曰:'此书可焚。'当时幼稚,不知问也。今偶阅之,见其分段辑注,多不合诗意。且尊杜太过,凡律诗失调之句,必改易平仄以迁就之,有一句改至三四字,不复可读者。穿凿之病,殆所不免。"(《清诗话续编》本)此亦极轻仇氏《详注》者。

〔八〕明胡震亨《唐音癸籤》卷三十二:"宋人注杜诗者,王原叔、宋次道、崔德符、鲍钦止、王禹玉、王深父、薛梦符、薛苍舒、蔡天启、蔡致远、蔡伯世、王彦辅、苏东坡、徐居仁、谢任伯、吕祖谦、高元之、赵子栎、赵次翁、杜修可、杜立之、师古、师民瞻、蔡梦弼、郭知达,非一家,皆无可观,以诸注半出学究手,其托名人以行者皆伪也。杜集虽编自王原叔,而原叔实未尝注。(洪驹父云邓慎思撰,内以綮可为诗僧,虎头为僧像,可笑者不一。)东坡《杜诗故事》乃闽人郑印所为,造伪古人名、伪古人事,增减杜诗见句附合之,而不能言所自出之书。朱晦庵、洪容斋、严沧浪诸公皆详辨之。今行世千家注中,尚淘汰未尽。祝和父、陈晦伯类书中亦误引一二,流传乱真,盖最可恨者。(祝《事文类聚》如学士类萧梁之碧山学士,陈《天中记》如陶侃之海山使者胡奴,不一而足。又焦弱侯《笔乘》亦引阮孚看囊钱、崔浩诗瘦等,皆伪苏注所误也。)陆务观云:'近世注杜诗者数十家,无一字一义可取。欲注杜诗,须去少陵地位不大远,乃可下语。今诸家徒欲以口耳之学,揣摩得之,不如勿注可也。'此言诚然。但吾观诸家,并口耳之学尚未敢言耳。注杜律单行有元虞集注,实豫章张性所撰也,学究气正同宋人。(刘将孙曰:注杜者,谓少陵诗史,谓少陵一饭不忘君,因深求之字句间,强傅以时事曲折,第知肤引以为忠爱,不自知陷于险薄。凡注诗尚意者,易蹈此弊,而杜集为甚。诸后来忌诗、妒诗、疑诗开诗祸皆起此,而莫之悟。此不得不为少陵辨者。将孙,辰翁子也。)"

王右丞集笺注二十八卷附录二卷 江苏巡抚采进本

唐王维撰,国朝赵殿成注。殿成字松谷,仁和人〔一〕。王维集旧有顾起经分类注本[二]，但注诗而不及文，诗注亦间有舛漏。殿成是本，初定槀于雍正戊申，成书于乾隆丙辰[三]。钩稽考订，定为古体诗六卷，近体诗八卷，皆以元刘辰翁评本所载为断[四]。其别本所增及他书互见者，则为外编一卷。其杂文则厘为十三卷，并为笺注。又以王缙进表、代宗批答、《唐书》本传、世系、遗事及同时唱和、后人题咏为一卷，弁之于首；以诗评、画录、年谱为一卷，缀之于末。其《年谱》亦本传、世系之类，后人题咏亦诗评、画录之类，而一置于后，一置于前，编次殊为未协。又集外之诗既为外编，其论画诸篇亦集外之文，疑以传疑者，而混于文集，不复分别，体例亦未画一。然排比有绪，终较他本为精审。其笺注往往掇拾类书，不能深究出典。即以开卷而论，"闾阎"字见《楚词》，而引《三辅黄图》[五]；"八荒"字见《淮南子》，而引章怀太子《后汉书注》[六]；"胡床"字见《世说新语》桓伊、戴渊事，而引张端义《贵耳集》[七]；"朱门"字亦见《世说新语》支遁语，而引程大昌《演繁露》[八]；"双鹄"字自用古诗"愿为双黄鹄"语，而引谢维新《合璧事类》[九]；"绝迹"字见《庄子》，而引曹植《与杨修书》[一〇]。皆未免举末遗本。然于顾注多所订正，又维本精于佛典，顾注多未及详，殿成以王琦熟于三藏，属其助成[一一]，亦颇补所未备，核其品第，固犹在顾注上也。卷一百四十九

〔笺注〕

〔一〕赵殿成字武韩，号松谷，浙江仁和（今杭州）人。雍正初，举孝廉方正，不就。别著有《古今年谱》、《群书索隐》、《临民金镜录》。生平事迹，见《清史列传·倪璠传》（卷七十一）附、杭世骏《松谷赵君墓志铭》（《道古堂文集》卷四十四）。

〔二〕顾起经《类笺王右丞集》，诗集十卷、文集四卷。《天禄琳琅书目·类笺王右丞集》："前明顾起经序，次凡例，次开局氏里，次王集表敕，次王集列传，次王氏世系并图、目录，末载右丞诗画评一卷，后唐诸家同咏集

一卷,唐诸家赠题集一卷,右丞年谱一卷,外编一卷。外编后有起经识语。"又:"按此书凡例称诗集旧本系六卷,今析为十卷,文四卷编置末册。其开局氏里后,标'嘉靖三十四年十二月望授锓,三十五年六月朔完局'。每卷末俱记刊书之月,并校阅诸姓氏,可谓郑重经营者矣。版虽不能甚工,而字画清朗,尚称佳本。考《常州志》,顾起经字长济,无锡人。以国子生谒选,授广东盐课副提举兼署市舶。弟起纶,辑明诸家诗名《国雅》,为世所重。"(卷十)顾起经,字长济,又字符纬,号九霞,别号罗浮外史,无锡人。严嵩知其才,要置直庐,作应制之文,辞谢去。由诸生补国学上舍,选授广东盐课副提举,兼署市舶司。素负才气,著述甚富,有《易呓语》、《诗解颐》、《大学衍义补要》、《八阵图考》、《舞谱》等数十种。又曾助黄佐修《广东通志》、《广西通志》。其生平事迹,见王世贞《大宁都指挥使司都事九霞顾君暨配盛孺人合葬志铭》(《弇州四部稿·续稿》卷一百十六)

〔三〕按,此据赵殿成序及《笺注例略》言之,赵序末署"乾隆元年岁在丙辰正月望日",《笺注例略》第十三条云"戊申初夏,爰命儿子秉恕净写一遍"。戊申,为雍正六年(1728);丙辰,为乾隆元年(1736)。

〔四〕刘辰翁评点本为元刻,止诗集六卷,黄丕烈尝购得一部,见《黄荛圃藏书题识》卷七。此本即《四部丛刊》影印本。又明人有重刻本,题《唐王右丞诗刘须溪校本》六卷。弘治甲子(1504)吕夔重雕,前后有夔序跋,《天禄琳琅书目续编》卷十八著录。见万曼《唐集叙录》52页。

〔五〕见卷一《奉和圣制天长节赐宰臣歌应制》:"太阳升兮照万方,开阊阖兮临玉堂。"赵注:"《三辅黄图》:宫之正门曰阊阖。"《楚辞补注·离骚》:"倚阊阖而望予。"王逸注:"阊阖,天门也。言己求贤不得,疾谗恶佞,将上诉天帝,使阍人开关,又倚天门望而距我,使我不得入也。"又《远游》:"排阊阖而望予。"王逸注:"立排天门而须我也。阊阖,一作阖阊。"(《楚辞补注》卷一、卷五,中华书局本)

〔六〕见卷一《奉和圣制天长节赐宰臣歌应制》:"彤庭曙兮延八荒。"赵注:"章怀太子《后汉书注》:八荒,八方,荒忽极远之地。"按赵引《后汉书》注,固太晚,然馆臣谓出《淮南子·泰族训》("况登太山,履石封,以望八荒"),亦未得其朔,所谓"楚则失矣,齐亦未为得也"。实则"八荒"一词,早见于《史记·秦始皇本纪》引《过秦论》:"囊括四海之志,并吞八荒之心。"(亦见《新书·过秦上》)此亦无人不知之名篇,虽三尺童子,皆能讽诵,馆臣博讨穷搜,居然失之眉睫。

〔七〕见卷一《登楼歌》:"据胡床兮书空。"赵注:"《贵耳录》:今之交椅,古之胡床也。胡三省《通鉴注》:胡床,即今之交床。隋恶胡字,改曰交床,今之交椅是也。"按,"胡床"见于《世说新语》者,凡三次。《世说新语·任诞》:"王子猷出都,尚在渚下。旧闻桓子野善吹笛,而不相识。遇桓于岸上过,王在船中,客有识之者,云是桓子野,王便令人与相闻,云:'闻君善吹笛,试为我一奏。'桓时已贵显,素闻王名,即便回下车,踞胡床,为作三调。弄毕,便上车去。客主不交一言。"又《自新》:"戴渊少时游侠,不治行检,尝在江淮间攻掠商旅。陆机赴假还洛,辎重甚盛,渊使少年掠劫。渊在岸上,据胡床指麾左右,皆得其宜。"又《容止》:"庾太尉在武昌,秋夜气佳景清,使吏殷浩、王胡之之徒登南楼理咏,音调始遒,闻函道中有屐声甚厉,定是庾公。俄而率左右十许人步来,诸贤欲起避之,公徐云:'诸君少住,老子于此处兴复不浅。'因便据胡床与诸人咏谑,竟坐甚得任乐。"参观程大昌《演繁露》卷十四"交床"条所考。

〔八〕见卷二《同卢拾遗过韦给事东山别业二十韵,给事首春休沐,维已陪游,及乎是行,亦预闻命,会无车马,不果斯诺》:"岩端回绮槛,谷口开朱门。"赵注:"《演繁露》:后世诸侯王及达官所居之屋,皆饰以朱,故号曰朱门,又曰朱邸也。"《世说新语·言语》:"竺法深在简文坐,刘尹问:'道人何以游朱门?'答曰:'君自见其朱门,贫道如游蓬户。'"

〔九〕见卷一《双黄鹄歌送别》,赵注:"《合璧事类》:鹄,禽之大者,色白。又有黄者,善高翔,湖海江汉间有之。"《古诗》:"愿为双黄鹄,送子俱远飞。"(《文选》卷二十九)

《四库全书简明目录·古今合璧事类备要》:"前集六十九卷,后集八十一卷,续集五十六卷,别集九十四卷,外集六十六卷。宋谢维新撰。前集凡六十一门,后集凡四十八门,续集、别集各六门,外集十六门。采掇颇详,惟不载郡县山川名胜,以祝穆《方舆胜览》已备也。每门皆前为事

实,后为诗文。宋代轶事逸篇,往往而在。后集所列宋代官制,尤多史志所未详,远在《锦绣万花谷》之上。"(卷十四)

〔一〇〕见卷二《座上走笔赠薛璩慕容损》:"希世无高节,绝迹有卑栖。"赵注:"曹植《与杨德祖书》:然此数子,犹复不能飞骞绝迹,一举千里也。"《庄子·人间世》:"绝迹易,无行地难。"郭象注:"不行则易,欲行而不践地,不可能也。"(《二十二子》本)

〔一一〕赵殿成《笺注例略》:"至于竺乾氏之书,素未泛览,即同人中亦鲜有旁通。惟王友琢崖时见其游目此中,每有所注,辄就访问,多检出本处示余。今注中所载,龙藏贝叶之故实,一花五叶之源流,皆其所寻章摘句以襄助者也。因条数繁多,故姓字不及广载。"(《王右丞集笺注》卷首)

孟浩然集四卷江苏蒋曾莹家藏本

　　唐孟浩然撰。浩然事迹具《新唐书·文艺传》〔一〕。前有天宝四载宜城王士源序,案:士源即补《亢仓子》之王士元,其事亦见序中,此作"源"字,盖传写异文。〔二〕又有天宝九载韦滔序〔三〕。士源序称浩然卒于开元二十八年,年五十有二。凡所属缀,就辄毁弃,无复编录,乡里购采,不有其半,敷求四方,往往而获。今集其诗二百一十七首,分为四卷。此本四卷之数,虽与序合,而诗乃二百六十三首,较原本多四十五首〔四〕。洪迈《容斋随笔》尝疑其《示孟郊诗》,时代不能相及〔五〕。今考《长安早春》一首,《文苑英华》作张子容〔六〕;而《同张将军蓟门看灯》一首,亦非浩然游迹之所及〔七〕,则后人窜入者多矣。士源序又称:"诗或缺逸未成,而制思清美,及他人酬赠,咸次而不弃。"而此本无不完之篇,亦无唱和之作,其非原本,尤有明徵。排律之名,始于杨宏《唐音》,古无此称〔八〕,此本乃标"排律"为一体。其中《田家元日》一首,《晚泊浔阳望香炉峰》一首,《万山潭》一首,

《渭南园即事贻皎上人》一首〔九〕，皆五言近体，而编入古诗。《临洞庭》诗旧本题下有"献张相公"四字，见方回《瀛奎律髓》〔一〇〕，此本亦无之，显然为明代重刻，有所移改。至序中"丞相范阳张九龄等与浩然为忘形之交"语，考《唐书》张说尝谪岳州司马，集中称张相公、张丞相者凡五首，皆为说作，若九龄则籍隶岭南，以曲江著号，安得署曰"范阳"，亦明人以意妄改也〔一一〕。以今世所行别无他本，姑仍其旧录之，而附订其舛互如右。卷一百四十九

〔笺注〕

〔一〕见《旧唐书》卷一百九十下、《新唐书》卷二百三。

〔二〕王士源《孟浩然集序》："士源幼好名山，行年十八，首事陵山，践止恒岳，咨求通玄丈人。又过苏门，问道隐者元知运，太行采药，经王屋小有洞，太白习隐诀，终南修《亢仓子》九篇。"韦滔序："宜城王士源者，藻思清远，深鉴文理，常游山水，不在人间。著《亢仓子》数篇，传之于代。"（《孟浩然集》卷首）《新唐书·艺文三》："王士元《亢仓子》二卷。"注："天宝元年，诏号《庄子》为《南华真经》，《列子》为《冲虚真经》，《文子》为《通玄真经》，《亢桑子》为《洞灵真经》。然《亢桑子》求之不获，襄阳处士王士元谓：'《庄子》作"庚桑子"，太史公、《列子》作"亢仓子"，其实一也。'取诸子文义类者补其亡。"（卷五十九）

〔三〕韦滔序："天宝中，忽获《浩然文集》，乃士源为之序传，（中略）余今缮写，增其条目，复贵士源之清才，敢重述于卷首。谨将此本送上秘府，庶久而不泯，传芳无穷。天宝九载正月初三日，特进行太常卿礼仪使集贤院修撰上柱国沛国郡开国公韦滔序。"

〔四〕王士源《孟浩然集序》："开元二十八年，王昌龄游襄阳，时浩然疾疹发背，且愈，相得欢甚。浪情宴谑，食鲜疾动，终于治城南园，年五十有二。子曰仪甫。（中略）今集其诗二百一十八首，分为四卷，诗或缺逸未成，而制思清美，及他人酬赠，咸录次而不弃耳。"（《四库全书》本）开元二十八年，为740年。又此云"其诗二百一十八首"（《四部丛刊》本同），《提

要》云"二百一十七首",为不可解。据万曼《唐集叙录》75—77页所考,《孟浩然集》之宋本、明弘治关中刻本,亦皆二百十八首,无二百一十七首者,是《提要》误也。不仅此也,《提要》据以著录之蒋曾莹家藏本,为二百六十三首,而《提要》云二百六十二首,亦少数一首。知其必有误以二首为一首者。

〔五〕《示孟郊》见《孟浩然集》卷一。按疑此诗者,实为陆游,非出于《容斋随笔》也。《渭南文集》卷三十一《跋孟浩然诗集》云:"此集有《示孟郊》诗,浩然开元、天宝间人,无与郊相从之理,岂其人偶与东野同姓名邪?"《容斋随笔》中无此类语。考《示孟郊》不见宋蜀刻本《孟浩然集》,最早见于《唐文粹》卷十六上(《四部丛刊》本)。严羽《沧浪诗话·考证》亦云:"孟浩然有《赠孟郊》一首。按东野乃贞元、元和间人,而浩然终于开元二十八年,时代悬远,其诗亦不似浩然,必误入。"当本陆跋来。又《全唐诗》卷一百五十九亦录此诗,题下注云:"按浩然与郊,年代邈不相及,诗题疑有谬误。"是必须注明者,可以理解。至宋长白《柳亭诗话》卷十九"高深"条云:"襄阳集有《示孟郊》诗一首曰:'当时高深意,举世无能分。钟期一见知,山水千秋闻。'处士终于开元二十八年,东野生值永、元之世,相去已百馀岁,有云误编入者,是已。"乃掇拾唾馀,甚无谓也。又孟郊生于751年,孟浩然卒于740年,是浩然死后十年郊始生,故云云。

〔六〕《长安早春》(见《孟浩然集》卷二),在《文苑英华》卷一百八十一,字句微异。

〔七〕《同张将军蓟门看灯》,见通行本《孟浩然集》卷四、《全唐诗》卷一百六十,俱无"军"字。"张将"或为人名,并非"将军",馆臣所引,臆增一字。今人李景白《孟浩然诗集校注》第509页、佟培基《孟浩然集笺注》第416页并疑"将"后脱一"军"字,均羌无根据。

〔八〕"排律"之名,馆臣斥为杜撰,《提要》之中,屡见不一见。《四库全书总目·精华录》:"排律之名,唐宋元人皆无之,旧集具存,可以覆按。至元末杨士宏所选《唐音》,始以排律标目,明初高棅选《唐诗品汇》,仍之不改,乃沿用至今。"(卷一百七十四)《四库全书总目·唐音》:"冯舒兄弟评韦縠《才调集》,深斥棅杜撰排律之非,实则排律之名,亦因此书,非棅创始也。"(卷一百八十八)《四库全书总目·唐诗品汇》:"至排律之名,古所未有,杨仲宏撰《唐音》,始别为一目,棅祖其说,遂至今沿用。二冯批点《才调集》,以堆砌板滞、杂乱无章之病,归咎于排之一字,诋棅为作俑。"(卷一百八十九)《四库全书总目·情采编》:"至律诗之名,始于沈佺期、宋之问,《唐书》列传可考;排律之名,始于杨士宏,《唐音》亦可考也。"(卷一百九十三)冯班之说,见《钝吟杂录》卷三《正俗》:"高棅《唐诗品汇》出,今人不知绝句是律矣。高棅又创'排律'之名,虽古人有'排比声律'之言,然未闻呼作'排律'。此一字大有害于诗。吾友朱雲子撰《诗评》,直云'七排'、'五排',并去'律'字,可慨也。"

〔九〕四诗皆五律,并见《孟浩然集》卷一。日人近藤光男《四库全书总目提要唐诗集の研究》(《四库全书总目汇订》引)以为此四诗,除《晚泊浔阳望香炉峰》外皆五古,谬甚。馆臣固多错误,岂诗之古与律,亦不能辨耶?又,《四部丛刊》本"渭南"作"洞南",《全唐诗》卷一百六十同。

〔一〇〕见《瀛奎律髓》卷一。按,《四库全书》本《律髓》此诗下,并无"献张相公"四字,馆臣之语,不可解也。

〔一一〕孟浩然诗,与张丞相有关者,凡八首。《提要》误数之。又其七首为张九龄作,亦非指张说。徐浩《唐尚书右丞相中书令张公神道碑》云:"公讳九龄,字子寿,一名博物,其先范阳方城人。"范阳为其郡望,故序称之。《提要》又误判之。此为李裕民说,见《四库提要订误》(增订本)357—358页。

韦苏州集十卷 江苏巡抚采进本

唐韦应物撰。应物京兆人。新、旧《唐书》俱无传。宋姚宽《西溪丛话》载吴兴沈作喆为作补传,称应物"少游太学,当开元、天宝间,充宿卫,扈从游幸,颇任侠负气。兵乱后,流落失职,乃更折节读书。由京兆功曹累官至苏州刺史、太仆少卿,兼御史中丞,为诸道盐铁转运、江淮留后。年九十馀,不知其所终"〔一〕。先是嘉祐中王钦臣校定其集,有序一首,述应物事迹,与《补传》皆合〔二〕。惟云以集中及时人所称推其仕宦本末,疑止于苏州刺史〔三〕。考刘禹锡集有《苏州举韦中丞自代状》〔四〕,则钦臣为疏略矣。李观集有上应物书,深言其褊躁〔五〕,而李肇《国史补》云:"应物性高洁,鲜食寡欲,所居焚香扫地而坐。"〔六〕二说颇异,盖狷洁之过,每伤峭刻,亦事理所兼有也。其诗七言不如五言,近体不如古体。五言古体源出于陶,而镕化于三谢,故真而不朴,华而不绮,但以为步趋柴桑,未为得实。如"乔木生夏凉,流雲吐华月",陶诗安有是格耶〔七〕。此本为康熙中项絪以宋椠翻雕,即钦臣所校定:首赋,次杂拟,次燕集,次寄赠,次送别,次酬答,次逢遇,次怀思,次行旅,次感叹,次登眺,次游览,次杂兴,次歌行。凡为类十四,为篇五百七十一。原序乃云"分类十五",殊不可解。然字画精好,远胜毛氏所刻《四家诗》本〔八〕,故今据以著录。其毛本所载拾遗数首,真伪莫决,亦不复补入焉。卷一百四十九

〔笺注〕

〔一〕韦生平见宋沈作喆补韦应物传,载赵与旹《宾退录》卷九,非《西溪丛语》也。近年陕西长安韦曲出土其《墓志》,唐丘丹撰,则于韦之生平事实,为第一手材料,极可宝贵,兹备录之。

《唐故尚书左司郎中苏州刺史京兆韦君墓志铭并序》:"君讳应物,字义博,京兆杜陵人也。其先高阳之孙,昌意之子,别封豕韦氏。汉初有韦孟者,孙贤为邹鲁大儒,累迁代蔡义为丞相。子玄成,学习父业,又代于定国为丞相。奕世继位,家于杜陵。后十七代至逍遥公夐,枕迹丘园,周明帝屡降玄纁之礼,竟不能屈,以全黄绮之志。公弟郧公孝宽,名著周隋,爵位崇显,备于国史。逍遥公有子六人,俱为尚书。五子世冲,民部尚书、义丰公,则君之五代祖。皇刑部尚书兼御史大夫、黄门侍郎、扶阳公〔挺〕,君之高祖。皇尚书左仆射、同中书门下三品待价,〔君〕之曾祖。皇梁州都督令仪,君之烈祖。皇宣州司法参军銮,君之烈考。君司

法之第三子也。门承台鼎,天资贞粹。卯角之年,已有不易之操。以荫补右千牛,改左羽林仓曹,授高陵尉、廷评、洛阳丞、河南兵曹、京兆功曹。朝廷以京畿为四方政本,精选令长,除鄠县、栎阳二县令,迁比部郎。诏以滁人凋残,领滁州刺史。负戴如归,加朝散大夫。寻迁江州刺史,如滁上之政。时廉使有从权之敛,君以调非明诏,悉无所供。因有是非之讼,有司详按,圣上以州疏端切,优诏赐封扶风县开国男,食邑三百户。徵拜左司郎中,总辖六官,循举戴魏之法。寻领苏州刺史。下车周星,豪猾屏息,方欲陟明,遇疾终于官舍。池雁随丧,州人罢市。素车一乘,旋于逍遥故园。茅宇竹亭,用设灵几。历官一十三政,三领大藩。俭德如此,岂不谓贵而能贫者矣。所著诗赋、议论、铭颂、记序,凡六百馀篇,行于当时。以贞元七年十一月八日窆于少陵原,礼也。夫人河南元氏,父挹,吏部员外郎。嘉姻柔则,君子是宜。先君即世,以龟筮不叶,未从合祔。以十二年十一月廿七日,嗣子庆复启举有时,方遂从夫人之礼。长女适大理评事杨凌。次女未笄,因父之丧,同月而逝。呜呼,可谓孝矣。余,吴士也,尝忝州牧之旧,又辱诗人之目,登临酬和,动盈卷轴。公诗原于曹刘,参于鲍谢,加以变态,意凌丹霄,忽造佳境,别开户牖。惜夫位未崇,年不永,而殁乎泉扃,哀哉。堂弟端,河南府功曹,以口(按,疑是忠字)孝承家。堂弟武,绛州刺史,以文学从政。庆复克荷遗训,词赋已工,乡举秀才,策居甲乙。泣血请铭,式昭幽壤。铭曰:昌意本裔,冢韦别封。爰历殷周,实建勋庸。汉曰孟贤,时致熙雍。洎乎逍遥,独高其尚。六子八座,五宗四相。流庆左司,帝目贞亮。作牧江介,政惟龚黄。纲辖南宫,复举旧章。文变大雅,节贯秋霜。呜呼彼苍,歼我良牧。禁掖方拜,寝门遽哭。见托篆铭,永志陵谷。"(《西安碑林博物馆新藏墓志续编》下册,420—421页)

〔二〕王钦臣《韦苏州集序》:"韦苏州,《唐史》不载其行事。(中略)详其集中诗,天宝时扈从游幸,疑为三卫。永泰中任洛阳丞、京兆府功曹。大历十四年,自鄠县令制除栎阳令,以疾辞,归善福精舍。建中二年,由前资除比部员外郎,出为滁州刺史,改刺江州,追赴阙改左司郎中。贞元初,又历苏州,罢守,寓居永定精舍。其后事迹究寻,无所见。肇又云:

'开元以后,位卑而著名者,李北海、王江宁、李馆陶、郑广文、元鲁山、萧功曹、张长史、独孤常州、崔比部、梁补阙、韦苏州。'以集中事及时人所称,考其仕宦本末,得非遂止于苏邪。案白居易《苏州答刘禹锡》诗云:'敢有文章替左司。'左司盖谓应物也。官称亦止此。有集十卷,而缀叙猥并,非旧次矣。今取诸本校定,仍所部居,去其杂厕,分十五总类,合五百七十一篇,题曰《韦苏州集》(旧或云《古风集》,别号《澧上西斋吟藁》者又数卷),可以缮写。嘉祐元年十二月二十二日太原王钦臣记。"(《元刊韦苏州集》卷首)按嘉祐元年,为1056年;王字仲至,洙子,性喜藏书。

〔三〕按,王说颇确,《提要》反以为疏略,实不然也。见《四库全书总目提要补正》1193—1195页、《四库提要辨证》1267—1270页所考。

〔四〕《苏州举韦中丞自代状》见《刘宾客文集》卷十七。按,此文中之韦中丞,别是一人,见《四库提要辨证》及瞿蜕园《刘禹锡集笺证》434—436页所辨。又宋人亦已疑及之。《蔡宽夫诗话》:"苏州诗律深妙,白乐天辈固皆尊称之,而行事略不见《唐史》为可恨。以其诗语观之,其人物亦当高胜不凡。刘禹锡集有大和六年举自代一状,然应物《温泉行》云:'北风惨惨投温泉,忽忆先皇巡幸年。身骑厩马引天仗,直至华清列御前。'则尝逮仕天宝间矣,不应犹及大和,恐别是一人,或集之误。"(郭绍虞辑《宋诗话辑佚》)

〔五〕见《代彝上苏州韦使君》、《代李图南上苏州韦使君论戴察书》(《李元宾文集》外编卷一)。按,陈沆《诗比兴笺》卷三以为此韦使君,亦非诗人韦苏州,《提要》亦误也。

〔六〕《唐国史补》卷下:"韦应物立性高洁,鲜食寡欲,所坐焚香扫地而坐。其为诗驰骤建安以还,各得其风韵。"

〔七〕句见《同德寺雨后寄元侍御李博士》(《韦苏州集》卷二)。诗云:"川上风雨来,须臾满城阙。岩峣青莲界(一作宇),萧条孤兴发。前山遽已净,阴霭夜来歇。乔木生夏凉,流雲吐华月。严城自有限,一水非难越。相望曙河(一作何)远,高斋坐超忽。"

〔八〕按此说误。据《汲古阁校刻书目》(《明代书目题跋丛刊》本),毛晋所刻《唐四名家集》,其目为:《窦氏联珠集》一卷;《(李贺)歌诗编》四卷,集外诗一卷;《唐风集》三卷,杜荀鹤;《唐英歌诗》三卷,吴融。并无《韦苏州集》。毛晋又尝刊《唐六名家集》(崇祯中刊),其目为:《常建诗集》三卷,附录一卷;《韦苏州集》十卷,拾遗一卷;《王建诗》八卷;《鲍溶诗集》六卷,集外诗一卷;《姚少监诗》十卷;《韩内翰别集》一卷,补遗一卷。中有《韦苏州集》,则所谓"四家",或"六家"之误耶。又陶湘编《书目丛刊》中所收《明毛氏汲古阁刻书目录》,有"唐人诗集四种十二卷"、"唐人诗集六种三十七卷",其下所列子目,与《汲古阁校刻书目》同。

又考清汪立名亦尝编《唐四家诗》,刊于康熙三十四年(1695),入四库存目,其目为:《王右丞诗集》二卷;《孟襄阳诗集》二卷;《韦苏州诗集》二卷;《柳河东诗集》二卷。韦苏州在焉,是馆臣之误,或亦缘此而致,未可知也。《四库全书总目·唐四家诗》:"是编合刻唐王维、孟浩然、韦应物、柳宗元四家之诗,前有自序,称四家诗为宋元人鼻祖,学宋元诗者,当仍于唐诗求之。故以此矫其弊云。"(卷一百九十四)

韩集点勘四卷 浙江巡抚采进本

国朝陈景雲撰[一]。景雲有《通鉴胡注举正》,已著录[二]。是编取廖莹中世綵堂所注韩集[三],纠正其误,因汇成编。卷首注曰"校东雅堂本",以廖注为徐时泰东雅堂所翻雕也[四]。末有景雲自跋,称莹中"粗涉文义,全无学识,其博采诸条,不特遴择失当,即文义亦多疏舛"[五]。今观所校,考据史传,订正训诂,删繁补阙,较原本实为精密。如《别知赋》之"一旦为仇"证以《尔雅》[六];《元和圣德诗》之"麻列",证以李白《梦游天姥》诗[七];《城南联句》之"疆甿",证以《周礼》郑注[八];《梁国公主輓歌》之"厌翟",证以《毛诗》郑笺[九];《师说》之"句读",证以《经典释文》[一〇];《送韩侍御序》之"所治",证以魏文帝《与吴质书》[一一];《祭李使君文》之"惊透",证以扬雄《方言》、左思赋[一二];《乌氏庙碑》之"立议",证以《汉书》颜注〔一三〕；《太原郡公神道碑》之"耆事"，证以王安石文〔一四〕；《刘统军墓志》之"父讼"，证以《汉书·段颎传》〔一五〕；《太傅董公行状》之"其子乃"，证以《唐书·李万荣传》〔一六〕；以至《郾城联句》之"謏嗽"当为"庱嗽"（按，謏庱原误作诶庚，据《四库》本改），证以《李藩传》〔一七〕；《进学解》之"守正"当为"宗王"，证以《新唐书》及《文粹》〔一八〕。皆援据精确。他如引《赤藤杖歌》证"南宫"不止称礼部〔一九〕，引《唐志》"五岳四渎令"证"庙令老人"〔二〇〕，引德宗祔庙、高宗已祧证《讳辨》之"治"字〔二一〕，亦具有典据。而于时事辨别尤详，可称善本。惟尸子先见《公羊传》，而云出《汉书》〔二二〕，稍为疏漏。又《次潼关先寄张十二阁老》诗，忽参宋人谐谑一条〔二三〕，非惟无预于校雠，乃并无预于韩集，殊乖体例耳。卷一百五十

〔笺注〕

〔一〕景雲生平，见《提要》他处。《四库全书总目·三国志辨误》："《苏州府志》载：陈景雲，字少章，吴江县学生，长洲人。少从何焯游，博通经史，淹贯群籍。长于考订，凡譌谬处能剖析毫芒。所著书凡九种，其四为《三国志校误》，似即此书。"（卷四十五）

〔二〕《四库全书总目·通鉴胡注举正》："是书皆参订胡三省《资治通鉴音注》之误，凡六十三条，而所正地理居多，颇为精核。"（卷四十七）

〔三〕参观注四。廖事迹见《宋史·贾似道传》（卷四百七十四）、《癸辛杂识》后集"廖莹中仰药"条。《宋稗类钞·诒媚》："廖莹中，字群玉，号药洲，邵武人。登科。为贾平章似道之客。尝除大府丞知某州，皆以在翘馆不赴。于咸淳间，命善工翻刻《淳化阁帖》十卷，《绛帖》二十卷，皆逼真。仍用北纸佳墨模搨，与元本并行于时。尝撰《福华编》以纪鄂功，虽夸张过实，然其文古雅，颇奇可喜。似道褫职之夕，与莹中相对痛饮，悲歌雨泣，五鼓方罢。归舍不复寝，命爱姬煎茶，服冰脑数撮。姬觉之，急夺救，已无及矣。持其妾而泣曰：'勿哭、勿哭，我从丞相二十年，一日倾败，得善死足矣。'言毕而死。莹中尝为园湖滨，有世彩堂、在勤堂、芳菲

径、红紫庄、桃花流水之曲、绿荫芳草之间。"(卷二)按此条本周氏《癸辛杂识》及《浩然斋雅谈》卷上,以其所记较备,故录之。

〔四〕陈景雲《韩集点勘书后》:"近代吴中徐氏东雅堂(堂主人徐时泰,万历中进士,历官工部郎中。后崇祯末,堂已易主,项宫詹煜居之。煜后以降流贼,名丽丹书,里人嗾而焚其宅,堂遂燬于火。今仅存池塘遗迹而已)刊韩集,用宋末廖莹中世綵堂本。其注采建安魏仲举五百家注本为多,间有引佗书者,仅十之三,复删节朱子单行《考异》,散入各条下,皆出莹中手也。"又:"莹中之败,在德祐元年,则书出德祐前可知。徐氏刊此本,不著其由来,殆深鄙莹中为人,故削其氏名并开板岁月耶。"(见《韩集点勘》,《四部备要》本)德祐元年,为1275年。

〔五〕《韩集点勘书后》:"莹中为贾似道馆客,事迹见《宋史》似道传,其人乃粗涉文艺,全无学识者。其博采诸条,不特遴择失当,即文义亦多疏舛。阅者但取魏本及《考异》全文互勘,得失立辨矣。"

〔六〕《韩集点勘》卷一:"斯百一而为收。《文粹》作'斯一旦而为仇'。按《尔雅·释诂》云:'仇,匹也。'《诗》:'与子同仇。''一旦为仇',犹言倾盖如故也。似作仇字其义独长,而诸本未采。"《东雅堂昌黎集注》卷一:"'之'或作'而','斯'或作'在','百一'或作'一旦',皆非是。陆机《叹逝赋》:'得十一于千百。'韩盖用此意。"按,《原本韩集考异》卷一引陆机赋前,有"方云"字,方指方崧卿,其说见《韩集举正》卷一。

〔七〕《韩集点勘》卷一:"所在麻列。按'麻',南宋初蜀人韩仲韶本作'森',朱子之说,盖暗与旧本合。特偶未采及耳。然太白《梦游仙姥》诗:'仙之人兮列如麻。'则作'麻列',亦似有据。"《东雅堂昌黎集注》卷三十八:"'麻'或作'成'。方从阁杭苑李谢本。今按:作'麻'殊无理,疑此本是'森'字,误转作'麻',后人见其误,而不得其说,乃改作'成'耳。且公《答孟简书》亦有'森列'之语,可考也。方氏固执旧本,定从'麻'字,舛缪无理,不成文章,固为可怪。然幸其如此,存得本字,使人得以因疑致察,遂得其真。若便废'麻'而直作'成'字,则人不复疑,而本字无由可得矣。然则方本虽误,而亦不为无功,但不当便以为是,而直废它本,不复思索参考耳。今以无本,亦未敢轻改,且作'麻'字而著其说,使读为

'森'云。"《原本韩集考异》卷九同此。又"麻列"在《进撰平淮西碑表》,不在《元和圣德诗》,陈景雲错记篇名,《提要》复沿其误也。参观《四库全书总目辨误》203页。

〔八〕《韩集点勘》卷二:"运田间彊甿。按:《周礼》:'以彊予任甿。'郑注:'彊予,谓民有馀力,复予之田,若馀夫然。'彊甿本此。"按"彊"字误,应作"彊"。《城南联句》:"宅土尽华族,运田间强甿。"按《东雅堂昌黎集注》卷八此句无注,宋魏仲举编《五百家注昌黎文集》卷八云:"祝(充)曰:甿,《说文》云:'田民也。'《周礼》:'以彊予任甿。'注:'变民言甿,异田外内也。甿犹懵,无知貌。'又注:'彊予,谓民有馀力,复予之田,若馀夫然。'"

〔九〕《韩集点勘》卷二:"龙輴非厌翟。按周王姬下嫁,车服下王后一等,乘厌翟车。见《诗》郑笺。历代因之,唐制亦尔。观《新史》赵国公主传可见。"按,《新唐书·诸公主传》:"赵国庄懿公主,(中略)下嫁魏博节度使田绪,德宗幸望春亭临饯。厌翟敝不可乘。"(卷八十三)《东雅堂昌黎集注》卷九:"龙輴非厌翟,还辗禁城尘。"注:"《选·潘岳〈寡妇赋〉》:'龙輴俨以星驾兮。'注:'丧车也。'《周礼》:'王后五辂,二曰厌翟。'谓以雉羽饰车。輴音而。厌,于涉反。翟,丁历反。"此篇题为《梁国惠康公主挽歌》。

〔一〇〕《韩集点勘》卷三:"授之书而习其句读注。按:《周礼·天官·宫正》注:'读字,陆氏《释文》云:"戚如字,徐音豆。"'戚谓梁戚衮,徐谓晋徐邈也。山谷盖从戚读,非以意创。又陆氏列戚于徐前,则亦以其读为长,故《公羊序》中'句读'字不音,以此。(《文选·笛赋》注:'投与逗古字通,音豆,投句之所止也。')"《东雅堂昌黎集注》十二:"方云:读音豆,《周礼·天官》注徐邈读。马融《笛赋》作'句投',徒斗切。何休《公羊序》'失其句读'不音,山谷和黄冕仲诗,只从如字。"方说见《韩集举正》卷四。黄庭坚《次韵冕仲考进士试卷》:"变名混甲乙,誊写失句读。书窗过白驹,夜几跋红烛。"任渊注:"谓糊名誊录,莫知某甲某乙也。《史记》任少卿曰:'某子甲何为不来乎。'《汉书·艺文志》曰:'俗师失其读。'《公羊序》亦曰:'失其句读。'"(《山谷内集诗注》卷八)

〔一一〕《韩集点勘》卷三:"《送水陆运使韩侍御归所治序》题注。按魏文帝及陈思王《与吴质书》中,并有'所治'字,正不必乙。"《东雅堂昌黎集注》卷二十一:"今按《汉书·王尊传》有'治所'字,此'所治'字,当乙。"按,魏文帝《与朝歌令吴质书》:"足下所治僻左,书问致简。"曹植《与吴季重书》:"其诸贤所著文章,想还所治复申咏之也。"(《文选》卷四十二)是景云又引陈思王书,馆臣遗落。

〔一二〕《韩集点勘》卷三:"觑鳞介之惊透。按,'惊透'二字,本左太冲《吴都赋》。扬雄《方言》:'透,惊也。'"按,此篇题为《祭郴州李使君文》。《方言》卷二:"宋卫南楚,凡相惊曰獡,或曰透。"《吴都赋》:"竞游远枝,惊透沸乱,牢落翚散。"注:"扬雄《方言》曰:透,惊也。"据此,知景云引左思赋而已,其所及《方言》,乃赋注也。

〔一三〕《韩集点勘》卷四:"卢从史始立议。按《汉书·邹阳传》:'羊胜、公孙诡欲使梁王求为汉嗣,袁盎等皆建以为不可'。师古曰:'建谓立议。'则立议犹言建议也。或以立字断句,非。"按,此篇题为《乌氏庙碑铭》。

〔一四〕《韩集点勘》卷四:"兴官耆事。按耆与嗜同。王介甫《葛度支墓铭》有'乐职嗜事'语,正用韩文,尤可证明朱子之说。"《东雅堂昌黎集注》卷二十七:"兴或作与,耆或作嗜。方云:耆音指,致也。《诗》:'耆定尔功。'《国语》:'耆其股肱,以从司马。'今按耆或疑即嗜字,更详之。"《原本韩集考异》卷七同。此篇题为《唐故银青光禄大夫检校左散骑常侍兼右金吾卫大将军赠工部尚书太原郡公神道碑文》。

〔一五〕《韩集点勘》卷四:"父讼注。'父讼'或作'父诵'。朱子谓名讼无理,疑避讳而改。然后汉有司徒尹讼,见《段颎传》,是古人已有名讼者。"《东雅堂昌黎集注》卷二十九:"或作诵。今按名讼无理,疑避讳而改。"《原本韩集考异》卷八同。《段颎传》见《后汉书》卷九十五。此篇题为《唐故检校尚书左仆射右龙武军统军刘公墓志铭》。

〔一六〕《韩集点勘》卷四:"其子乃复欲为士宁之故。按'乃'当从《唐史》作'迺',李万荣子名也。乃、迺虽同,而字有今古之异,诸注家不注万荣子名,盖皆误以为虚字而略之耳。"李传见《旧唐书》卷一百四十五、《新唐书》卷二百十四《刘玄佐传》附。此篇题为《故金紫光禄大夫检校尚书左仆射同中书门下平章事兼汴州刺史充宣武军节度副大使知节度事管内支度营田汴宋亳颍等州观察处置等使上柱国陇西郡开国公赠太傅董公行状》。

〔一七〕《韩集点勘》卷二:"亲交献諛嚊。按謏,《广韵》'苏奏切,怒言也',与下'嚊'字义相反,不应连用。宋杭蜀本皆作'䛩',又与上句'谄'字意复,亦恐非是。疑'廋'字之讹。'廋辞'见《国语》,又《唐书·李藩传》:'王仲舒与同舍郎置酒邀宾,为俳说廋语相狎。'献廋嚊者,殆亦同此耳。"《新唐书·李藩传》:"王仲舒与同舍郎韦成季、吕洞日置酒邀宾客相乐,慕藩名,彊致之,仲舒等为俳说廋语相狎昵。"(卷一百六十九)

〔一八〕《韩集点勘》卷三:"荀卿守正。按,'守正',《新史》、《文粹》并作'宗王',东坡《荀卿论》言卿明王道、述礼乐,则作'宗王',似较'守正'尤精切,非讹也。"《东雅堂昌黎集注》卷十二:"'荀卿'至'是弘'八字,方从《旧史》如此。又云《文苑》上文皆同,惟'是弘'作'以兴',盖国初以讳避也。阁本亦只作'大论以正',为'王',以'论'为'伦',自苑本也。而《新史》又易'守'为'宗',其讹益甚矣。"《别本韩文考异》卷十二同。《旧唐书·韩愈传》(卷一百六十)、《唐文粹》卷四十六引《进学解》作"守正",《新唐书·韩愈传》(卷一百七十六)、《文苑英华》卷三百五十三引作"宗王",陈语不确。

〔一九〕《韩集点勘》卷一:"南宫先生,疑是卢虞部汀。韩、卢倡和甚多,详见本集。临卭韩本题下注'必与一郎官赓和',廖本改'郎官'为'礼部郎',非也。尚书诸曹,唐代统称南宫,盖犹云南省,不专指礼部。如《和虞部赤藤杖》诗,称虞部为南宫,即其证也。"《五百家注昌黎文集》卷三《桃源图》题下注云:"韩曰:'南宫先生欣得之,波涛入笔驱文辞。'此必与一郎官赓和,不复详其名氏矣。"《东雅堂昌黎集注》卷三作"必与一礼部郎赓和,不复详其名氏矣。"《五百家注昌黎文集》卷四《和虞部卢四汀酬翰林钱七徽赤藤杖歌》:"南宫清深禁闱密。"注云:"孙曰:南宫谓虞部,禁闱谓翰林也。"

〔二〇〕《韩集点勘》卷一:"庙令老人。按唐制五岳四渎,令各一人,正九品上,掌祭祀。此庙令盖谓衡岳庙中令也。"《东雅堂昌黎集注》卷三《谒衡岳庙遂宿岳寺题门楼》：" 庙令老人识神意。"注云：" 令或作内。"《新唐书·百官四下》：" 五岳四渎，令各一人，正九品上，掌祭祀。(有祝史三人，斋郎各十三人。)"(卷四十九下)

〔二一〕《韩集点勘》卷三：" 按治乃高宗庙讳，而此文及《平淮西碑》俱不避，盖德宗祔庙之年，高宗已祧矣。文与碑皆作于后，已祧不讳，礼也。"《东雅堂昌黎集注》卷十二《讳辩》：" 汉讳武帝名彻为通，不闻又讳车辙之辙为某字也；讳吕后名雉为野鸡，不闻又讳治天下之治为某字也。"

又《日知录》卷二十三"已祧不讳"条：" 《册府元龟》：'唐宪宗元和元年，礼仪使奏言："谨按《礼记》曰：既卒哭，宰夫执木铎以命于宫曰：舍故而讳新。此谓已迁之庙，则不讳也。今顺宗神主升祔礼毕，高宗、中宗神主上迁，请依礼不讳。"制可。'又："韩退之辩讳，本为二名嫌名立论，而其中治天下之治，却犯正讳。盖元和之元，高宗已祧，故其潮州上表，曰'朝廷治平日久'，曰'政治少懈'，曰'巍巍治功'，曰'君臣相戒，以致至治'。举张行〔惟〕素曰'文学治行众所推'，《平淮西碑》曰'大开明堂，坐以治之'，《韩弘神道碑铭》曰'无有外事，朝廷之治'，惟《讳辩》篇中似不当用。"

〔二二〕《韩集点勘》卷三："《送孟东野序》。尸佼。按尸佼鲁人，秦相商君师之，鞅死，逃入蜀。见《班史·艺文志上》。"按，馆臣说亦误。尸子见《谷梁传》，非《公羊传》也(杨武泉已指出)。《春秋谷梁传注疏校勘记序》："隐五年、桓六年并引尸子说者，谓即尸佼，佼为秦相商鞅客，鞅被刑后，遂亡逃入蜀。而预为徵引，必无是事。或传中所言者，非尸佼也。"

〔二三〕《韩集点勘》卷二："《中兴遗史》：绍兴元年三月，张浚自陕西回蜀，宣司幹官郭弈有诗云：'秦山去尽蜀山来，日照关门两扇开。刺史莫辞迎候远，相公新送陕西回。'盖改韩诗以消浚富平丧师事。是可采入《附掌录》也。"按，所改之韩诗，为《东雅堂昌黎集注》卷十《次潼关先寄张十二阁老使君》："荆山已去华山来，日出潼关四扇开。刺史莫辞迎候远，相公亲破蔡州回。"别参《山带阁注楚辞》篇注五。

五百家注音辨柳先生文集二十一卷外集二卷新编外集一卷龙城录二卷附录八卷 内府藏本

宋魏仲举编[一]。其板式广狭，字画肥瘠，与所刻《五百家注昌黎集》纤毫不爽，盖二集一时并出也[二]。前有评论、训诂诸儒姓氏，检核亦不足五百家[三]。书中所引，仅有集注、有补注、有音释、有解义及孙氏、童氏、张氏、韩氏诸解，此外罕所徵引，又不及韩集之博。盖诸家论韩者多，论柳者较少，故所取不过如此，特姑以五百家之名与韩集相配云尔。书后《外集》二卷，《新编外集》一卷[四]，乃原集未录之文，共二十五首。附录二卷，则罗池庙牒及崇宁、绍兴加封诰词之类，而《法言注》五则亦在其中[五]。又附以《龙城录》二卷[六]，序传、碑记共一卷，后序一卷，而《柳文纲目》、文安礼《年谱》则俱冠之卷首。其中如《封建论》后附载程敦夫论一篇，又扬雄《酒箴》、李华《德铭》、屈原《天问》、刘禹锡《天论》之类[七]，亦俱采掇附入，其体例与韩集稍异。虽编次丛杂，不无繁赘，而旁搜远引，宁冗毋漏，亦有足资考订者。且其本椠锲精工，在宋版中亦称善本，今流传五六百年，而纸墨如新，神明焕发，复得与《昌黎集注》先后同归秘府，有类乎珠还合浦，剑会延津，是尤可为宝贵矣。卷一百五十

〔笺注〕

〔一〕仲举名怀忠，别见《提要》他处。《四库全书总目·韩柳年谱》："仲举建安人，庆元中书贾也。"（卷五十九）《四库全书总目·三国六朝五代纪年总辨》："魏仲举乃建阳书贾，今所传《五百家注韩柳文集》即出其家，盖以刊书射利者。"（卷八十九）

〔二〕按，此所著录乃残本，特未明言耳。《天禄琳琅书目·新刊五百家注音辩唐柳先生文集》："二函，十二册。唐柳宗元著，宋魏仲举集注。正

集二十一卷,附录二卷,外集二卷,新编外集一卷,《龙城录》二卷。前载《看柳文纲目》一卷,宋文安礼《柳先生年谱》一卷,评论、诂训诸儒名氏一卷,后附柳先生序传碑记一卷,文集后序五篇。宗元正集四十五卷,此书自廿二卷以下皆阙,书贾将'目录终'三字移补廿一卷后,故无魏仲举木记。然版式字体与韩集同,实为宋本。且正集尚存其半,而外集诸种卷帙完好,亦足珍也。""御题:《五百家注昌黎集》,寔宋椠之佳者,《柳子厚集》虽亦五百家注,版式、行款、标题并同,而纸色墨香,逊韩集远甚。且正集廿二卷以下至末皆阙,又改'目录终'以弥缝之,更非完善。第柳集注刊本今鲜存者,亦觉片羽可珍,惟当居韩之次耳。"(卷三)

〔三〕据《四库全书》本《五百家注柳先生集》卷首"柳集所收评论诂训诸儒名氏",唐人凡五家,宋人凡九十七家。后又云:"新添集注五十家,续添补注七十家。"合计之,亦不及五百之半。所谓五百家注,夸辞耳。

〔四〕《四库全书》本作《新编外集》三卷。又《铁琴铜剑楼藏书目录》卷十九著录此书之宋刊残本云:"原书四十五卷,今存第十六卷至二十一、第三十七卷至四十一卷。"参观《四库全书总目提要补正》1205页。

〔五〕《四库全书》本题为《柳先生扬子新注》(见《柳先生集附录》卷一,《附录》凡四卷,与《提要》亦不合)。

〔六〕按,《龙城录》为宋王铚伪撰,托名于柳者,见何薳《春渚纪闻》卷五、《朱子语类》卷一百三十八所说。《四库全书总目·龙城录》:"旧本题唐柳宗元撰。宋葛峄始编之柳集中,然《唐·艺文志》不著录。何薳《春渚纪闻》以为王铚所伪作,《朱子语录》亦曰:'柳文后《龙城录》杂记,王铚之为也。子厚叙事文字,多少笔力!此记衰弱之甚,皆寓古人诗文中不可知者于其中,似暗影出。'今观录中所载帝命取书事,似为韩愈《调张籍》诗'天官遣六丁,雷电下取将'二句作解,赵师雄罗浮梦事,似为苏轼梅花诗'月下缟衣来扣门'作解。朱子所论,深得其情。"(卷一百四十四)

〔七〕《封建论》见卷三,程敦夫论同;程生平俟考。扬雄《酒箴》见卷二。李华《唐丞相太尉房公德铭(房琯)》见卷九。《天论》见卷十六。刘禹锡《天对》三篇,见卷十四,题下注云:"蔡梦弼曰:《天问》者,屈原之所作也,旧录之于《楚辞》。(中略)子厚取《天问》所言,随而释之,遂作《天对》。梦弼尝苦其文义不次,聱牙难读,今取《楚辞》屈原《天问》章分句析,以条于前,仍以子厚之对,系而录之,博究其用事之从出,证以传记,音而训之,庶使问、对两全,以便稽考焉。"宋童宗说、张敦颐、潘纬音释《柳河东集注》卷十四《天对》题下注云:"今将《楚词·天问》逐段附入,遇《天问》则低写于前,遇《天对》则高写于后,仍入诸家音释,览者详焉。"

刘宾客文集三十卷外集十卷_{江苏巡抚采进本}

唐刘禹锡撰。《唐书》禹锡本传称为彭城人,盖举郡望,实则中山无极人[一]。是编亦名《中山集》,盖以是也[二]。陈振孙《书录解题》称原本四十卷,宋初佚其十卷,宋次道裒其遗诗四百七篇、杂文二十二首,为《外集》,然未必皆十卷所逸也[三]。禹锡在元和初以附王叔文被贬,为八司马之一,召还之后,又以咏玄都观桃花触忤执政[四],颇有轻薄之讥。然韩愈颇与之友善,集中有上杜黄裳书,历引愈言为重[五]。又《外集》有《子刘子自传》一篇,叙述前事,尚不肯诋諆叔文,盖其人品与柳宗元同[六]。其古文则恣肆博辨,于昌黎、柳州之外,自为轨辙;其诗则含蓄不足,而精锐有馀,气骨亦在元、白上。均可与杜牧相颉颃,而诗尤矫出[七]。陈师道称苏轼诗初学禹锡,吕本中亦谓苏辙晚年令人学禹锡诗,以为用意深远,有曲折处[八]。刘克庄《后村诗话》乃称其诗多感慨,惟"在人虽晚达,于树似冬青"十字,差为闲婉[九],似非笃论也。其杂文二十卷、诗十卷,明时曾有刊板,独《外集》世罕流传,藏书家珍为秘笈。今扬州所进钞本,乃毛晋汲古阁所藏,纸墨精好,犹从宋刻影写,谨合为一编,著之于录,用还其卷目之旧焉。卷一百五十

〔笺注〕

〔一〕《旧唐书·刘禹锡传》:"刘禹锡字梦得,彭城人。"(卷一百六十)《新唐书·刘禹锡传》:"刘禹锡字梦得,自言系出中山,世为儒。"(卷一百六十八)《子刘子自传》:"子刘子,名禹锡,字梦得。其先汉景帝贾夫人子胜封中山王,谥曰靖,子孙因封为中山人也。"(《刘宾客文集》外集卷九)中山,今河北定县。"无极"二字,则不知何所据。然此皆非是。据卞孝萱《刘禹锡年谱》(中华书局)所考,其实为洛阳人,匈奴之后裔也。其七世祖刘亮随魏孝文帝迁洛阳,始改汉姓。父刘绪,因避安史乱,举族东迁,寓居嘉兴(今属浙江)。其出生地,即嘉兴。

〔二〕万曼《唐集叙录》:"大抵刘禹锡集,明代尝有刊本,名《中山集》,有万历二年黎民表序,仅三十卷,为杂文二十卷,诗十卷,外集则阙。(中略)《四库全书总目》也仅以明刻前三十卷配以毛晋汲古阁藏抄本著录。(中略)王懿荣云,见袁芳瑛家抄本称《中山集》三十卷,补遗一卷,每半叶十行,行二十一字。《曝书亭目》:《刘宾客文集》八册,内《中山集》三十卷,万历二年黎民表编。(中略)《畿辅丛书》据缪荃孙所藏钞本《中山集》刊入,仅有正集。"

〔三〕《直斋书录解题·刘宾客集》:"《刘宾客集》三十卷、《外集》十卷,唐检校礼部尚书兼太子宾客中山刘禹锡梦得撰。集本四十卷,逸其十卷,常山宋次道裒辑其遗文,得诗四百七篇,杂文二十二篇,为《外集》,然未必皆十卷所逸也。"(卷十六)宋敏求字次道,赵州平棘(今河北赵县)人。赐进士及第。官至史馆修撰、累迁龙图阁直学士。编《唐大诏令集》。著有《春明退朝录》、《长安志》。生平见《宋史·宋绶传》(卷二百九十一)附。

〔四〕《旧唐书·刘禹锡传》:"贞元末,王叔文于东宫用事,后辈务进,多附丽之,禹锡尤为叔文知奖,以宰相器待之。顺宗即位,久疾不任政事,禁中文诰,皆出于叔文,引禹锡及柳宗元入禁中,与之图议,言无不从。转屯田员外郎。(中略)叔文败,坐贬连州刺史,在道,贬朗州司马。"《新唐书·刘禹锡传》:"时王叔文得幸太子,禹锡以名重一时,与之交,叔文每称有宰相器。太子即位,朝廷大议秘策多出叔文,引禹锡及柳宗元与议禁中,所言必从。擢屯田员外郎,(中略)宪宗立,叔文等败,禹锡贬连州刺史,未至,斥朗州司马。"

《再游玄都观绝句并引》:"余贞元二十一年为屯田员外郎,时此观未有花。是岁出牧连州,寻贬朗州司马。居十年,召至京师,人人皆言有道士手植仙桃,满观如红霞,遂有前篇以志一时之事。旋又出牧,今十有四年,复为主客郎中。重游玄都,荡然无复一树,唯兔葵燕麦动摇于春风耳。因再题二十八字,以俟后游。时大和二年三月。"(《刘宾客文集》卷二十四)大和二年,为828年。永贞元年即贞元二十一年(805);次年,为元和元年(806)。

〔五〕按,指卷十《上杜司徒书(时元和元年)》,中有云:"会友人江陵法曹掾韩愈以不幸相悲,且曰:'相国扶风公之遇子也厚,非独余知之,天下之人皆知之矣。余闻初子之横为口语所中,独相国深明之。及不得已而退,则为之流涕以诀,又不得已而遣,则为之择地以居。求之于今,难与俦矣。'"然此说误。此文之杜司徒指杜佑,非杜黄裳,参瞿蜕园《刘禹锡集笺证》246—248页。

〔六〕《子刘子自传》:"贞元二十一年春,德宗新弃天下,东宫即位。时有寒隽王叔文以善奕棋得通籍博望,因间隙得言及时事,上大奇之。""按初叔文北海人,自言猛之后,有远祖风。唯东平吕温、陇西李景俭、河东柳宗元以为信然。三子者皆与予厚善,日夕过,言其能。叔文实工言治道,能以口辨移人。既得用,自春至秋,其所施为,人不以为当非。"

〔七〕由雲龙辑《越缦堂读书记》:"阅刘梦得《中山集》。中山叙记诸文,简洁刻炼,于韩柳外自成一子。其《祭昌黎文》,谓'子长于笔,我长于论,以矛御盾,卒莫能困'。王厚斋笑其不自量,未为知言。"(上海书店本,894页)又胡应麟《读刘中山集》云:"《刘中山全集》近始刻于岭南,友人黎惟敬订定者也。杨用修以为元和而后,巨擘首当推刘,其才格铮铮,诚无能逾过者,乃其意致,时时著议论色相,都缘伎俩有馀,不肯受束缚樊笼中耳。苏子瞻始一学之,便开宋人二百年门户,故知流弊浸淫,不可不慎也。《品汇》于刘五七言律少选,而绝句最多,自是独见,乃用修评品,又自确然。"(《少室山房集》卷一百五)此与馆臣之评,皆可以参观者。

〔八〕见《后山诗话》:"苏诗始学刘禹锡,故多怨刺,学不可不慎也。"(《历代诗话》本)《渔隐丛话前集》卷二十:"《吕氏童蒙训》云:'苏子由晚年,多令人学刘禹锡诗,以为用意深远,有曲折处。'"(亦见《诗人玉屑》卷十、十五)又朱弁《曲洧旧闻》卷九"参寥谓东坡天才无施不可"条:"或曰:'东坡诗始学刘梦得,不识此论诚然乎哉?'予应之曰:予建中靖国间,在参寥座,见宗子士暕以此问参寥,参寥曰:'此陈无己之论也。东坡天才,无施不可,以少也实嗜梦得诗,故造词遣言,峻峭渊深,时有梦得波峭。然无己此论,施于黄州以前可也,坡自元丰末还朝后,出入李杜,则梦得已有奔逸绝尘之叹矣。无己近来得渡岭越海篇章,行吟坐咏,不绝舌吻,常云:"此老深入少陵堂奥,他人何可及。"其心悦诚服如此,则岂复守昔日之论乎。'予闻参寥此说,三十馀年矣,不因吾子,无由发也。"

〔九〕《后村诗话》卷一:"梦得历德、顺、宪、穆、敬、文、武七朝,其诗尤多感慨,惟'在人虽晚达,于树比冬青'之句差闲婉。答乐天云:'莫道桑榆晚,馀霞尚满天。'亦足见其精华老而不竭。""在人"句,见《赠乐天》(《外集》卷二);"莫道"句,见《酬乐天咏老见示》(《外集》卷四)。是克庄所称,尚别有一联也。

笺注评点李长吉歌诗四卷外集一卷_{江苏巡抚采进本}

旧本题西泉吴正子笺注,须溪刘辰翁评点〔一〕。辰翁所评《班马异同》,已著录〔二〕。正子则不知何许人。近时王琦作《李长吉歌诗汇解》,亦称正子时代爵里未详〔三〕。考此本以辰翁之评列于其后,则当为南宋人。又《外集》之首,注称"尝闻薛常州士龙言"云云〔四〕,士龙为薛季宣字,据《书录解题》,季宣卒于乾道九年〔五〕,则正子亦孝宗时人矣。注李贺诗者,明以来有徐渭、董懋策、曾益、余光、姚佺五家本〔六〕,又有邱象升、邱象随、陈悰、陈开先、杨研、吴甫六家之辨注〔七〕,孙枝蔚、张恂、蒋文运、胡廷佐、张星、谢启秀、朱潮远七家之评〔八〕。王琦又采诸家之说,作为《汇解》〔九〕,递相纠正,互有发明,而要以正子是注为最古。贺之为诗,冥心孤诣,往往出笔墨蹊径之外,可意会而不可言传。严羽所谓"诗有别趣,非关于理"者〔一〇〕,以品贺诗,最得其似。故杜牧序称其"少加以理,可以奴仆命骚"〔一一〕。而诸家所论,必欲一字一句为之诠释,故不免辗转繆輵,反成滞相。又所用典故,率多点化其意,藻饰其文,宛转关生,不名一格。如"羲和敲日玻瓈声"句,因羲和驭日而生敲日,因敲日而生玻瓈声,非真有敲日事也〔一二〕。又如"秋坟鬼唱鲍家诗",因鲍照有《蒿里吟》而生鬼唱,因鬼唱而生秋坟,非真有唱诗事也〔一三〕。循文衍义,讵得其真?王琦解"塞土臙脂凝夜紫",不用紫塞之说,而改"塞土"为"塞上",引《隋书·长孙晟传》"望见碛北有赤气,为匈奴欲灭之徵"〔一四〕,此岂复作者之意哉?正子此注,但略疏典故所出,而不一一穿凿其说,犹胜诸家之淆乱。辰翁论诗,以幽隽为宗,逗后来竟陵弊体〔一五〕。所评杜诗,每舍其大而求其细,王士禛顾极称之〔一六〕。好恶之偏,殆不可解。惟评贺诗,其宗派见解乃颇相近,故所得较多,今亦并录之以资参证焉。卷一百五十

〔笺注〕

〔一〕正子、辰翁,见王琦《评注诸家姓氏爵里考》:"吴正子字西泉,时代爵里未详,有《长吉诗笺注》。"又:"刘辰翁字会孟,号须溪,庐陵人。少登陆象山之门。景定壬戌,以太学生廷试对策,忤贾似道,抑置丙第。后以荐除太常博士,不起。有《李长吉诗评》。"(《李长吉歌诗汇解》卷首)又吴正子为临川人,时代在宋末,非孝宗时也。见《四库提要辨证》1297页、《四库全书总目提要补正》1213页所考。

〔二〕见《四库全书总目》卷四十六。

〔三〕见《评注诸家姓氏爵里考》(《李长吉歌诗汇解》卷首)。

〔四〕《笺注评点李长吉歌诗·外集》:"吴正子曰:京师本无后卷,有后卷

者,鲍本也。尝闻薛常州士龙言:长吉诗蜀本、会稽姚氏本,皆二百一十九篇,宣城本二百四十二篇。蜀本不知所从来,姚氏本出秘阁,而宣城本则自贺铸方回也。宣城多羡诗十九,蜀与姚少亡诗四,而姚本善之尤。以余校之,薛之言谅矣。今余用京、鲍二本训注,而二本四卷终,皆二百一十九篇,与姚、蜀本同。薛谓宣城本二百四十有二首,盖多余本二十有三耳。今鲍本二卷,共二十有三篇,适与宣本所多之数合,是鲍本即宣本也。第一篇内白门前者,即与第四卷上之回重文,如此则实有二百四十有二矣。然观此卷所作,名是后人模做之为,词意往往儇浅,真长吉笔者无几,余不敢尽削,姑去其重出者一篇云。"

〔五〕《直斋书录解题·春秋经解》:"季宣死当乾道九年,年四十九。"(卷三)乾道九年,为1173年。《解题》云"年四十九",实误,季宣年四十卒。据吕祖谦《宋右奉议郎新改差常州借紫薛公墓志铭》云:"以乾道九年七月戊申卒于家,年四十。"(见薛季宣《浪语集》卷三十五附;又《东莱集》卷十一《薛常州墓志铭》云"以乾道七年九月戊申卒於家,年四十","七年九月"云云,则为误倒)可知也。

〔六〕《评注诸家姓氏爵里考》:"徐渭字文长,山阴人。明嘉靖中,以诸生入总督胡宗宪幕府。有《昌谷诗注》。""董懋策,爵里未详,有《昌谷诗注》,合徐注刊之。""曾益字谦甫,山阴人,有《昌谷诗注》。(李维桢、王思任皆为作序,盖其同时人也。)""余光字希之,莆田人。明崇祯丁丑进士,官上虞知县。有《昌谷诗注》。(予于明文选本见李君世熊一序,言李贺死九百六十年,希之以神笔灵风,鼓二气而呵活之。美其注释之甄明乃尔。求之多年,终未克觏。尝买得徐董合解刻本,有墨笔钞其注于上下空白间,然每首不过数句,亦有全首不注,疑是摘馀之本,非全注也。其书后为友人借阅,遂失去不返。)""姚佺字仙期,一云山期,号辱菴,又号石耳山人,秀水人。明末时客居吴下,与复社诸名士会中。有《昌谷诗笺》。"(《李长吉歌诗汇解》卷首)

〔七〕见《评注诸家姓氏爵里考》。

〔八〕见《评注诸家姓氏爵里考》。

〔九〕王琦字琢崖,号百拙居士、胥山老人,钱塘(今杭州)人。雍正、乾隆间人。与齐召南、杭世骏友善。隐居不仕。所注李太白集、李贺集,均有名。生平见《清史列传·倪璠传》(卷七十一)附。

〔一〇〕语见《沧浪诗话·诗辩》:"夫诗有别材,非关书也;诗有别趣,非关理也。"(《历代诗话》本)

〔一一〕杜牧《李贺集序》:"世皆曰:'使贺且未死,少加以理,奴仆命骚可也。'"又:"盖《骚》之苗裔,理虽不及,辞或过之。"(《樊川文集》卷十)钱锺书《谈艺录》(补订本)七"李长吉诗"云:"自杜牧之作《李昌谷诗序》,有'牛鬼蛇神'之说,《麈史》卷中记宋景文论长吉有'鬼才'之目,说诗诸家,言及长吉,胸腹间亦若有鬼胎。(中略)长吉穿幽入仄,惨淡经营,都在修辞设色,举凡谋篇命意,均落第二义。故李宾之《怀麓堂诗话》谓其'有山节藻棁,而无梁栋'。虽以黎二樵之笃好,而评点《昌谷集》,亦谓其'于章法不大理会'。乔鹤侪《萝藦亭札记》卷四至斥昌谷'饾饤成文,其篇题宜著议论者,即无一句可采,才当在温岐之下。温犹能以意驭文藻,昌谷不能'。又:"牧之'稍加以理'一语,后贤诤论,尚有一端。如刘会孟《须溪集》卷六《评李长吉诗》谓牧之'不知贺所长,正在理外';胡元瑞《少室山房类稿》卷一百五谓:'"加以理"且并长吉俱失之,而胡《骚》之命也?'舒白香《古南馀话》卷三云:'长吉才情哀艳过于少陵。如《荣华乐》一篇,怨而不怒,风人之旨,旁敲隐刺,妙不容指。善学《楚辞》;试将《招魂》《大招》中些只语助一一点去,以七字断句,不全似长吉乐府之声乎。樊川谓其少理,盖不能读《骚》。《骚》正越理撼情,贵声情而略词理者。有娀之女可求乎。鸩可为媒乎。鱼可腃乎。天可冲乎。水中可筑室而芙蓉可为裳乎。其理安在,而以少理议贺。'姚、陈、张辈谓长吉之诗,妙在乎有理而猝不能解,刘、胡、舒辈谓其妙在乎无理而正不须解;二说相反,而均一反牧之'少加以理'之说,大类外御其侮者乃阋于墙之兄弟矣。舒氏论《骚》,见识稚浅。情事不妨荒诞而词意自有条理(参观《管锥编》论《楚辞洪兴祖补注》第二'前后失照');牧之议长吉'少理',即黎二樵评长吉所谓'于章法不大理会'也。"据此,馆臣云云,亦误会杜序语意。

〔一二〕句见《秦王饮酒》:"羲和敲日玻瓈声,劫灰飞尽古今平。"(卷一)《谈艺录》(补订本)十"长吉曲喻"云:"日比瑠璃,皆光明故;而来长吉笔端,则日似玻璨光,亦必具玻璨声矣。"

〔一三〕句见《秋来》:"秋坟鬼唱鲍家诗,恨血千年土中碧。"(卷一)《阅微草堂笔记》卷十七:"李义山诗'空闻子夜鬼悲歌',用晋时鬼歌子夜事也。李昌谷诗'秋坟鬼唱鲍家诗',则以鲍参军有《蒿里行》,幻窅其词耳。"《谈艺录》(补订本)八"长吉诗境"云:"《阅微草堂笔记》谓'秋坟鬼唱鲍家诗',当是指鲍照,昭有《代蒿里行》《代挽歌》。颇为知言。"

〔一四〕句见《雁门太守行》(卷一)。王琦《汇解》:"旧注引《古今注》'秦筑长城,土色皆紫,故曰紫塞'为解。琦按:当作暮色解乃是,犹王勃所谓'烟光凝而暮山紫'也。又《隋书·长孙晟传》曰:'臣夜登城楼,望见碛北有赤气,长百馀里,皆如雨足,下垂被地。谨验兵书,此名洒血,其下之国,必且破亡,欲灭匈奴,正在今日。'引此为解似更确。"

〔一五〕《四库全书总目·班马异同评》:"辰翁人品颇高洁,而文章多涉僻涩,其点论古书,尤好为纤诡新颖之词,实于数百年前,预开明末竟陵之派。"(卷四十六)

〔一六〕按,王说见《分甘馀话》卷四"钱谦益訾杜诗评注"条:"千家注杜如五臣注《选》,须溪评杜如郭象注《庄》,此高识定论,虞山皆訾之,余所未解。"又《居易录》卷十四:"予尝厌古今注杜诗者,而深服陆务观不敢注苏诗之说。如刘会孟本须溪与其子将孙二序,深契言外之意,自谓如郭象注《庄》。"(康熙刻本)《四库全书总目·集千家注杜诗》:"宋荦谓杜诗评点,自刘辰翁始。刘本无注,元大德间有高楚芳者,删存诸注,以刘评附之。此本疑即楚芳编也。辰翁评所见至浅,其标举尖新字句,殆于竟陵之先声。王士禛乃比之郭象注庄,殆未为笃论。"(卷一百四十九)

李义山诗集三卷 内府藏本

唐李商隐撰。商隐字义山,怀州河内人。开成二年进士。释褐秘书省校书郎,调弘农尉。会昌二年,又以书判拔萃。王茂元镇河阳,辟为掌书记,历佐幕府,终于东川节度判官、检校工部郎中。事迹具《唐书·文艺传》[一]。商隐诗与温庭筠齐名[二],词皆缛丽,然庭筠多绮罗脂粉之词,而商隐感时伤事,尚颇得风人之旨。故蔡宽夫《诗话》载王安石之语,以为唐人能学老杜而得其藩篱者,惟商隐一人[三]。自宋杨亿、刘子仪等沿其流波,作《西崑唱酬集》,诗家遂有"西崑体",致伶官有挦撦之讥。刘攽载之《中山诗话》,以为口实[四]。元祐诸人起而矫之,终宋之世,作诗者不以为宗[五]。胡仔《渔隐丛话》至摘其《马嵬诗》、《浑河中诗》,诋为浅近[六]。后江西一派,渐流于生硬巉鄙,诗家又返而讲温、李。自释道源以后,注其诗者凡数家[七],大抵刻意推求,务为深解,以为一字一句,皆属寓言,而《无题》诸篇,穿凿尤甚。今考商隐《府罢》诗中有"楚雨含情皆有托"句[八],则借夫妇以喻君臣,固尝自道。然《无题》之中,有确有寄托者,"来是空言去绝踪"之类是也[九];有戏为艳体者,"近知名阿侯"之类是也[一〇];有实属狎邪者,"昨夜星辰昨夜风"之类是也[一一];有失去本题者,"万里风波一叶舟"之类是也[一二];有与《无题》相连、误合为一者,"幽人不倦赏"之类是也[一三]。其摘首二字为题,如《碧城》、《锦瑟》诸篇,亦同此例[一四]。一概以美人香草解之,殊乖本旨。至于流俗传诵,多录其绮艳之作,如集中《有感》二首之类[一五],选本从无及之者,取所短而遗所长,益失之矣。卷一百五十一

〔笺注〕

〔一〕见《旧唐书》卷一百九十下、《新唐书》卷二百三。开成二年,为837年;会昌二年,为842年。

〔二〕《新唐书·温廷筠传》:"廷筠少敏悟,工为辞章,与李商隐皆有名,号'温李'。"(卷九十一)裴廷裕《东观奏记》卷下:"廷筠字飞卿,彦博之裔孙也,词赋诗篇,冠绝一时,与李商隐齐名,时号'温李'。"孙光宪《北梦

琐言》卷四:"温庭筠字飞卿,或云作筼字,旧名岐。与李商隐齐名,时号曰温李。才思艳丽,工于小赋。"《文献通考·经籍考七十》:"(庭筠)诗赋清丽,与李商隐齐名,时号'温李'。"(卷二百四十三)《后村诗话》新集卷四:"温庭筠与商隐同时齐名,时号温李。二人诗记览精博,才思横逸,其艳丽者类徐庾,其切近者类姚贾。"《唐音癸籤》卷八:"温飞卿(庭筠)与义山齐名,诗体丽密概同,笔径较独酣捷。"又:"段成式诗与温、李同号'三十六体'。"又:"唐彦谦诗律学温、李。"卷二十八:"唐人一时齐名者,(中略)其专以诗称,有(中略)温、李(商隐、庭筠)。"参观周勋初《唐语林校证》641页、傅璇琮主编《唐才子传笺证》第三册435页、王仲镛《唐诗纪事校笺》1837页。

〔三〕见《苕溪渔隐丛话》前集卷二十二引蔡宽夫《诗话》:"王荆公晚年亦喜称义山诗,以为唐人知学老杜,而得其藩篱,惟义山一人而已。"亦见《诗人玉屑》卷十七、《诗林广记》卷六。

〔四〕《中山诗话》:"祥符、天禧中,杨大年、钱文僖、晏元献、刘子仪以文章立朝,为诗皆宗尚李义山,号西崑体。后进多窃义山语句。赐宴,优人有为义山者,衣服败敝,告人曰:'吾为诸馆职挦撦至此。'闻者欢笑。大年《汉武》诗曰:'力通青海求龙种,死讳文成食马肝。待诏先生齿编贝,忍令索米向长安。'义山不能过也。元献《王文通》诗曰:'甘泉柳苑秋风急,却为流萤下诏书。'子仪画义山像,写其诗句列左右,贵重之如此。"

〔五〕按,此说稍欠确。参观钱锺书《谈艺录》(补订本)四十四"遗山论江西派",其略云:"山谷学杜,人所共知;山谷学义山,则朱少章(弁)《风月堂诗话》卷下始亲切言之,所谓:'山谷以崑体功夫,到老杜浑成地步。'"是江西派亦学义山也。

〔六〕《苕溪渔隐丛话》后集卷十四:"义山诗,杨大年诸公皆深喜之,然浅近者亦多。如《华清宫》诗云:'华清恩幸古无伦,犹恐蛾眉不胜人。未免被他褒女笑,只教天子暂蒙尘。'用事失体,在当时非所宜言也。岂若崔鲁《华清宫》诗云:'障掩金鸡蓄祸机,翠环西拂蜀雲飞。珠帘一闭朝元阁,不见人归见燕归。'语意既精深,用事亦隐而显也。义山又有《马嵬》诗云:'如何四纪为天子,不及卢家有莫愁。'《浑河中》诗云:'咸阳原上英雄骨,半是君家养马来。'如此等诗,庸非浅近乎。"

〔七〕冯浩《玉谿生诗笺注发凡》:"自明以前,笺斯集者逸而无存。(朱长孺曰:'《西清诗话》载都人刘克尝注杜子美、李义山诗,又《延州笔记》载张文亮有《义山诗注》,今皆不传。'按:《延州笔记》所载《唐音》诸人诗句张文亮注云者,非专注本集也,且寡陋不足言注。)释石林(道源)创之,朱长孺(鹤龄)成之,行世百年矣。近则程午桥(梦星)、姚平山(培谦)各有笺本。""余初脱稿,闻吴江徐湛园(逢源)有未刊笺本。徐为虹亭太史子,穷老著述。"(《玉谿生诗笺注》附录)

〔八〕句见《梓州罢吟寄同舍》(《李义山诗集》卷中)。

〔九〕《无题四首》之一:"来是空言去绝踪,月斜楼上五更钟。梦为远别啼难唤,书被催成墨未浓。蜡照半笼金翡翠,麝熏微度绣芙蓉。刘郎已恨蓬山远,更隔蓬山一万重。"(《李义山诗集》卷上)《玉谿生诗集笺注》本此首在卷二。

〔一〇〕《无题》:"近知名阿侯,住处小江流。腰细不胜舞,眉长唯是愁。黄金堪作屋,何不作重楼?"(《李义山诗集》卷上)《笺注》本此首在卷三。

〔一一〕《无题二首》之一:"昨夜星辰昨夜风,画楼西畔桂堂东。身无彩凤双飞翼,心有灵犀一点通。隔座送钩春酒暖,分曹射覆蜡灯红。嗟余听鼓应官去,走马兰台类断蓬。"(《李义山诗集》卷上)"断蓬",《笺注》本作"转蓬"。

〔一二〕《无题》:"万里风波一叶舟,忆归初罢更夷犹。碧江地没元相引,黄鹤沙边亦少留。益德冤魂终报主,阿童高义镇横秋。人生岂得长无谓,怀古思乡共白头。"(《李义山诗集》卷下)《笺注》本此首在卷二。

〔一三〕《无题二首》之二:"幽人不倦赏,秋暑贵招邀。竹碧转怅望,池清尤寂寥。露花终裛湿,风蝶强娇饶。此地如携手,兼君不自聊。"(《李义山诗集》卷上)《笺注》本此首在卷一,题作《失题》。

〔一四〕《碧城三首》:"碧城十二曲阑干,犀辟尘埃玉辟寒。阆苑有书多附鹤,女床无树不栖鸾。星沉海底当窗见,雨过河源隔座看。若是晓珠明又定,一生常对水精盘。""对影闻声已可怜,玉池荷叶正田田。不逢萧史休回首,莫见洪崖又拍肩。紫凤放娇衔楚佩,赤鳞狂舞拨湘弦。鄂君

83

怅望舟中夜,绣被焚香独自眠。""七夕来时先有期,洞房帘箔至今垂。玉轮顾兔初生魄,铁网珊瑚未有枝。检与神方教驻景,收将凤纸写相思。武皇内传分明在,莫道人间总不知。"(《李义山诗集》卷上)《笺注》本此首在卷三。

《锦瑟》:"锦瑟无端五十絃,一絃一柱思华年。庄生晓梦迷蝴蝶,望帝春心托杜鹃。沧海月明珠有泪,蓝田日暖玉生烟。此情可待成追忆,只是当时已惘然。"(《李义山诗集》卷上)《笺注》本此首在卷二。

〔一五〕按,此指《有感二首(乙卯年有感丙辰年诗成)》(《李义山诗集》卷中)。

温飞卿集笺注九卷 内府藏本

明曾益撰,顾予咸补辑,其子嗣立又重订之〔一〕。凡注中不署名者,益原注,署"补"字者予咸注,署"嗣立案"者,则所续注也。益字予谦,山阴人。其书成于天启中〔二〕。予咸字小阮,长洲人。顺治丁亥进士。官至吏部考功司员外郎〔三〕。嗣立字侠君,康熙壬辰进士。由庶吉士改补中书舍人〔四〕。曾注谬讹颇多,如《汉皇迎春词》乃咏汉成帝时事,而以"汉皇"为高祖;《邯郸郭公词》为北齐乐府旧题,郭公者,傀儡戏也,旧本讹词为祠,遂引东京郭子仪祠以附会祠字之讹〔五〕。嗣立悉为是正,考据颇为详核。然多引白居易、李贺、李商隐诗为注,虽李善注《洛神赋》"远游履"字引繁钦《定情诗》为证,古人本有此例〔六〕,然必谓《夜宴谣》"裂管"字为用居易"翕然声作如管裂"句〔七〕,《晓仙谣》"下视九州"字用贺"遥望齐州九点烟"句〔八〕,《生禖屏风歌》"银鸭"字用商隐"睡鸭香炉换夕薰"句〔九〕,似乎不然,是亦一短也。《唐·艺文志》载庭筠《握兰集》三卷,《金荃集》十卷,《诗集》五卷,《汉南真稾》十卷,《宋志》亦同〔一〇〕。陈振孙《书录解题》作《飞卿集》七卷〔一一〕,又陆游《渭南集》有温庭筠集跋,称其父所藏旧本,以《华清宫》诗为首,中有《早行》诗,后得蜀本,则《早行》诗已佚〔一二〕。《文献通考》则云温庭筠《金荃集》七卷、《别集》一卷〔一三〕,是宋刻已非一本矣。曾本合为四卷,名曰《八叉集》,以作赋之事名其诗〔一四〕,颇为杜撰。嗣立此注,称从所见宋刻分诗集七卷、别集一卷,以还其旧,疑即《通考》所载之本。又称采《文苑英华》、《万首绝句》所录为《集外诗》一卷,较曾本差为完备〔一五〕,然总之非唐本之旧也。卷一百五十一

〔笺注〕

〔一〕顾嗣立《跋温飞卿诗集后》:"昔先考功令山阴时,邑人曾君,名益字谦,注温庭筠诗四卷,曰《八叉集》。先考功谓其用心良苦,特鸠工剞劂,流传一时。后历铨曹归里,葺治雅园,寄情诗酒。间尝繙阅曾注,惜其阙佚颇多,援引亦不免穿凿,重为笺注,广搜博考,援笔记纂。凡夫割剥支离、舛错附会之说,辄复随手删削。未毕事,而先考功殁世。时嗣立甫五岁耳。荏苒迄今,年过三十,濩落一无成就,惴惴焉惟以陨越先业是惧。去年秋(按此记作于康熙三十六年),从长安归,检校箧中,得先考功遗笔,伤前绪之未竟,抚卷不胜泫然。用是键户校勘,会粹经史百家,以至稗官小说、释典道藏,诸书无不櫽栝,采拾所增者,复得十之三四。而曾注中如《汉皇迎春词》之误释高祖,《邯郸郭公词》之误释令公,譌谬不一,痛为芟汰,又约计十之五六。"(《温飞卿诗集笺注》附录)

〔二〕曾益字,《四库全书总目》卷一百《左略》提要云字子谦,不知孰者为是,盖字形近而混也。又顾嗣立跋(见注一引)、《渔洋诗话》卷下皆云"字谦",徐沁《明画录》卷六云"字谦六",阮元辑《两浙輶轩录》卷三云"字谦受",亦皆不知确否。《明画录》云:"曾益字谦六,号鹤岗,山阴人。善诗,注李贺《昌谷集》行世。字法双井,画设色花鸟,幽妍可爱,兼工兰竹。年八十,有闺秀慕其风雅,愿嫁为小星,后举一子,相传以为韵事。"彭蕴璨《历代画史汇传》卷三十四:"曾益字鹤冈,山阴人。善画大梅,为人古道,寿近百龄。(《图绘宝鉴续纂》、《越风小传》)"此其佚事可传者,

聊录于此。

又《提要》云曾注《八叉集》在天启间，其说实无据；其书之刻，盖在顺治之初年。叶德辉《郎园读书记》卷七："《温八叉集》四卷，曾益注，顾予咸秀野草堂刻本。（中略）此本结衔两行，一行'古吴顾予咸参校'，一行'会稽曾益释'，则已入国朝矣。予咸子嗣立注《温飞卿诗集》后序称云云（见注一引，此从略），后题'康熙三十六年乙丑正月'。据序予咸没时嗣立甫五岁，以三十六年正月上推之，则嗣立为二年生（按，嗣立生于1665年，为康熙四年，此误），予咸没于顺治十五年，其由山阴令推升吏部考功旋即归里，则令山阴当在顺治初年，是此集亦顺治初年刻矣。"顾予咸《温庭筠诗解序》："才奇则傲，傲则忤。李杜不因傲且忤不传，何独苛于飞卿哉。会稽曾益，南丰嫡裔，注其集。阅之，博而核，详而有体，表章力居多。昔朱晦菴欲注杜集而未果，曾子以史学俫为之，三十年前注长吉集行海内，李、温俱以诗雄于唐，兹集出，并不朽云。"沈润《温庭筠诗集序》："近会稽曾子益悯诗学之废坠，传赋心之攻苦，先注长吉集，掖启末学，复详注飞卿全诗，极其该覈。"（秀野草堂刻本）《渔洋诗话》卷下："会稽曾益注李长吉诗，世知之矣，晚又得其所注温岐《八叉集》，乃吴郡顾氏刻本。宋天社任渊注宋景文、黄山谷、陈后山三集，可谓独为其难，于益亦然。益字谦。"（丁福保辑《清诗话》本）

万曼《唐集叙录》："温诗的注释本最早的是明山阴曾益注《温八叉集》四卷，此书和曾注《昌谷集》向不经见，叶德辉《郎园读书志》七曾录此书，每半页九行，行二十字，秀野草堂刻本，仁和邵懿辰批注《四库简明目录》有明刻《温八叉集》四卷，盖即此本。据叶氏考证，当刻于顺治初年，因刻工字体尚沿明末风气，故邵氏不能分辨。《天一阁书目》亦载此本。"

〔三〕《（乾隆）江南通志》卷一百四十《人物志》："顾予咸，字小阮，长洲人。顺治丁亥进士。授宁晋知县。畿南多盗，廉其魁数人，捕弗诛，厚衣食之，为耳目，盗悉惊散。县地多不耕，上官征赋如故，力争乃免。又平赋役，而豪家不得匿田，以累贫弱。调知浙之山阴，两举卓异。擢刑部主事，历吏部考功员外郎。时当掌计，遽移疾归。适郡有大狱，株累逮系。

昭雪后居乡,风格峻整,为后进所惮。"

〔四〕顾嗣立,字侠君,江苏长洲(今苏州)人。所辑《元诗选》最有名。自著有《秀野堂诗集》、《闾邱诗集》。生平见《闾邱先生自订年谱》(雍正刊本)、郑方坤《国朝名家诗钞小传》。

《(乾隆)江南通志》卷一百六十五《人物志》:"顾嗣立字侠君,长洲人。考功郎予咸子。康熙己卯顺天举人,壬辰钦赐进士。选庶吉士,改中书。以疾归。嗣立博学有才名,尤工诗。所居秀野草堂,常集四方知名士,觞咏无虚日。轻财好义,家以日贫,而风流文雅,照映一时。所选诗集,皆盛行于世。"

〔五〕《汉皇迎春词》见《温飞卿诗集笺注》卷一。诗后按云:"嗣立案:《汉书·郊祀志》:成帝末年颇好鬼神,亦以无继嗣故,多上书言祭祀方术者,皆得待诏,祠祭上林苑中长安城旁,费用甚多。(中略)此篇细玩诗意,知汉皇为成帝无疑也。原注误为汉高祖,则诗中'豹尾竿前赵飞燕'句,将何所指耶?"参见注一引顾嗣立跋。《提要》云云,即据顾氏跋耳。
《邯郸郭公词》见《温飞卿诗集笺注》卷三。题下注云:"本集作祠,误。嗣立案:北齐乐府《邯郸郭公歌》:邯郸郭公九十九,技两渐进入滕口。大儿缘高冈,雄子东南走。不信吾言时,当看岁在西。《乐府广题》:北齐后主高纬雅好傀儡,谓之郭公,时人戏为《郭公歌》。及将败,果营邯郸。高、郭声相近;九十九,末数也;滕口,邓林也;大儿谓周帝,太祖子也;高冈,后主姓也;雄,鸡头,武成小字也。后败于邓林,尽如歌言,盖语妖也。案此诗别见郭茂倩《乐府诗集》中,题作《邯郸郭公词》。明高启集乐府中,亦有《邯郸郭公歌》一首。本集误词为祠,原注漫引郭子仪围邺城以保东京,嗣后建祠祀之,荒唐已甚,今亟为改正。○案陈后山《诗话》:杨大年《傀儡》诗云:'鲍老当筵笑郭郎,笑他舞袖太郎当。若教鲍老当筵舞,转更郎当舞袖长。'郭郎即郭公也。"

〔六〕《洛神赋》:"践远游之文履,曳雾绡之轻裾。"李善注:"繁钦《定情诗》曰:'何以消滞夏,足下双远游。'有此言,未详其本。"(《文选》卷十九,中华书局本)"引后注前",参观钱锺书《谈艺录》(补订本)十九"荆公诗注"及补订一。

〔七〕《夜宴谣》:"裂管縈絃共繁曲。"注:"补:白居易诗:翕然声作疑管裂。"(《温飞卿诗集笺注》卷一)白句见《小童薛阳陶吹觱栗歌》(《白氏长庆集》卷二十一)。

〔八〕《晓仙谣》:"下视九州皆悄然。"注:"补:李贺诗:遥望齐州九点烟,一泓海水杯中泻"(《温飞卿诗集笺注》卷一)贺句见《梦天》(《笺注评点李长吉歌诗》卷一)。

〔九〕《生禖屏风歌》:"绣屏银鸭香蓊蒙。"注:"补:李贺诗:深帏金鸭冷。李商隐诗:睡鸭香炉换夕熏。"(《温飞卿诗集笺注》卷一)贺句见《兰香神女庙》(《笺注评点李长吉歌诗》卷四),商隐句见《促漏》(《玉谿生诗集笺注》卷二)。

〔一〇〕《新唐书·艺文四》:"温庭筠《握兰集》三卷,又《金筌集》十卷,《诗集》五卷,《汉南真藁》十卷。"(卷六十)又《艺文三》:"温庭筠《学海》三十卷。"(卷五十九)《宋史·艺文七》:"温庭筠《汉南真藁》十卷,又集十四卷,《握兰(一作简)集》三卷,《记室备要》三卷,《诗集》五卷。"又:"温庭筠集七卷。"(卷二百八)《艺文四》:"温庭筠《采茶录》一卷。"(卷二百五)据此,知馆臣语微误,《宋志》并不载《金筌集》也。

〔一一〕见《直斋书录解题·温飞卿集》:"《温飞卿集》七卷,唐方城尉温庭筠飞卿撰。"(卷十九)

〔一二〕见陆游《跋温庭筠诗集》:"先君旧藏此集,以《华清宫》诗冠篇首,其中有《早行》诗,所谓'鸡声茅店月,人迹板桥霜'者,久已坠失。得此集于蜀中,则不复见《早行》诗矣。感叹不能自已。淳熙丙申重阳日,某识。"(《渭南文集》卷二十六)

〔一三〕《文献通考·经籍考七十》:"温庭筠《金筌集》七卷、《外集》一卷。"(卷二百四十三)按,《通考》据《郡斋读书志》卷十八:"温庭筠《金筌集》七卷、《外集》一卷。"

〔一四〕孙光宪《北梦琐言》卷四:"(温庭筠)才思艳丽,工于小赋,每入试,押官韵作赋,凡八叉手而八韵成,多为邻铺假手,号曰救数人也。"(中华书局本)《唐才子传》卷八:"才情绮丽,尤工律赋,每试,押官韵,烛下未尝起草,但笼袖凭几,每一韵一吟而已。场中曰'温八吟'。又谓八叉手

成八韵,名'温八叉'。多为邻铺假手。"(古典文学出版社)

〔一五〕顾嗣立《跋温飞卿诗集后》:"缵辑既成,依宋本分为《诗集》七卷,《别集》一卷,复采诸《英华》、《绝句》诸本中定为《集外诗》一卷,而续注焉。案《唐·艺文志》载庭筠有《握兰集》三卷,又《金筌集》十卷,《诗集》五卷,《汉南真稿》十卷。明焦竑《经籍志》亦同。今所见宋刻止《金筌集》七卷,《别集》一卷,《金筌词》一卷,并无《八叉》之目,更题之曰《飞卿诗集》,从其字也。"

河东集十五卷附录一卷 浙江鲍士恭家藏本

宋柳开撰。开字仲塗,大名人。开宝六年进士。历典州郡,终于如京使。事迹具《宋史·文苑传》〔一〕。开少慕韩愈、柳宗元为文,因名肩愈、字绍先,既又改名改字,自以为能开圣道之塗也。集中东郊野夫、补亡先生二传,自述甚详〔二〕。集十五卷,其门人张景所编,附以景所撰《行状》一卷〔三〕。蔡絛《铁围山丛谈》记其在陕右为刺史,喜生脍人肝,为郑文宝所按,赖徐铉救之得免〔四〕。则其人实酷暴之流。石介集有《过魏东郊诗》,为开而作,乃推重不遗馀力〔五〕。絛说固多虚饰,介亦名心过重,好为诡激,不合中庸。其说未知孰确。今第就其文而论,则宋朝变偶俪为古文,实自开始,惟体近艰涩,是其所短耳。盛如梓《恕斋丛谈》载开论文之语曰:"古文非在词涩言苦,令人难读,在于古其理、高其意。"〔六〕王士禛《池北偶谈》讥开能言而不能行,非过论也〔七〕。又尊崇扬雄太过,至比之圣人〔八〕,持论殊谬。要其转移风气,于文格实为有功,谓之明而未融则可,王士禛以为"初无好处"〔九〕,则已甚之词也。卷一百五十二

〔笺注〕

〔一〕见《宋史》卷四百四十。

〔二〕《东郊野夫传》:"东郊野夫,肩愈者名也,绍先者字也,不云其族氏者,姓在中也。""东郊野夫,谓其肩,斯乐古道也;谓其绍,斯尚祖德也。退之大于子厚,故以名焉;子厚次之,故以字焉。"《补亡先生传》:"补亡先生,旧号东郊野夫者也。既著野史,后大探六经之旨,已而有包括扬、孟之心,乐与文中子王仲淹齐其述作,遂易名曰开,字曰仲塗。其意将谓开古圣贤之道于时也,将开今人之耳目使聪且明也,必欲开之为其塗矣,使古今由于吾也。故以仲塗字之,表其德焉。"(中华书局本《柳开集》卷二)

〔三〕张景《故如京使金紫光禄大夫检校使司空知沧州军州事兵马钤辖兼御史大夫上柱国河东县开国伯食邑九百户柳公行状》,见《柳开集》附录。

〔四〕《铁围山丛谈》卷三:"江南徐铉归朝后,坐事出陕右。柳开时为州刺史,开性豪横,稍不礼铉。一日,太宗闻开喜生脍人肝,且多不法,谓尚仍五季乱习,怒甚,命郑文宝将漕陕部,因以治罪。开得此大惧,知文宝素师事铉也,迨文宝垂至,遂求于铉焉。铉曰:'彼昔为铉门弟子,然时异事背,弗能必其心如何,敢力辞也。'而开再拜曰:'先生但赐之一言足矣,毋恤其听不。'铉始诺之。顷文宝以其徒持狱具来,首不见开,即屏从者,步趋入巷,诣铉居以觐铉,立于庭下。铉徐出座上,文宝拜竟,陞自西阶,通温清,复降拜。铉乃邀文宝上,立谈道旧者久之,且戒文宝以持节之重,而铉闲慢废,后勿复来也。文宝方力询其所欲,铉但曰:'柳开甚相畏尔。'文宝默然出,则其事立散。"

〔五〕石介《过魏东郊》:"堂堂柳先生,意气如猛虎。十三断贼指,闻者皆震怖。十七著野史,才俊凌迂固。三十补二书,辞深续尧禹。六经皆自晓,不看注与疏。述作慕仲淹,文章过韩愈。下唐二百年,先生固独步。(中略)事业过皋夔,才能堪相辅。凤凰世不容,众鸟竞嘲诉。(中略)帐下立孙吴,樽前坐伊吕。笑谈韬钤间,出入经纶务。"(《徂徕集》卷二)

张景《柳公行状》:"公凡诵经籍,不从讲学,不由疏义,悉晓其大旨,注解之流,多为其指摘。是后百家之说,汉魏迄隋唐间文史,悉能阅之。天水赵生,老儒也,持韩愈文数十篇授公,曰:'质而不丽,意若难晓,子详之,何如?'公一览不能舍,叹曰:'唐有斯文哉,其馀不足观也。'因为文章,直以韩为宗尚。时韩之道独行于公,遂名肩愈,字绍先,又有意于子厚矣。韩之道大行于今,自公始也。公方以述撰为志,博采世之逸事,居魏郭之东,著《野史》,自号东郊野夫,作《东郊野夫传》。年逾二十,慕文中子王通续经,且不得,见故经籍之篇,有亡其辞者,辄补之,自号《补亡先生传》。遂改今名字,其意谓开古圣贤之道于时也,必欲开之,予为塗矣。今《野史》、《补亡》虽且不存,而野夫、先生二传俱在,足以观其志焉。"

〔六〕元盛如梓《庶斋老学丛谈》卷中之上:"柳仲塗云:古文非在辞涩言苦,使人难读诵之,在于古其理,高其意,随言语短长,应变作制,同古人之行事,是谓古文。"(《知不足斋丛书》本)按,所引之语,见柳开《应责》:"古文者,非若辞涩言苦,使人难读诵之;在于古其理,高其意,随言短长,应变作制,同古人之行事,是谓古文也。"(《柳开集》卷一)又《提要》之引《庶斋丛谈》,乃是据《池北偶谈》,而未检原书,其误作"恕斋丛谈",亦沿自王书也(见注七引)。参观《四库全书总目辨误》210页。

〔七〕《池北偶谈》卷十七"柳开论文"条:"元盛如梓《恕斋丛谈》载柳开论文曰:'古文非在词涩言苦,令人难读,在于古其理,高其意。'然予读开《河东集》,但觉苦涩,初无好处,岂能言之而不能行耶。"

〔八〕《汉史扬雄传论》:"子雲作《太玄》、《法言》,本传称非圣人而作经籍,犹吴楚之君僭号称王,盖天绝之。呜呼,且子雲之著书也,非圣人耶。非圣人也,则不能言圣人之辞,明圣人之道。能言圣人之辞,能明圣人之道,则是圣人也。子雲苟非圣人也,则又安能著书而作经籍乎。既能著书而作经籍,是子雲圣人也。"(《柳开集》卷三)按,此亦本桓谭之说,并无甚新意。《汉书·扬雄传》:"时大司空王邑、纳言严尤闻雄死,谓桓谭曰:'子常称扬雄书,岂能传于后世乎?'谭曰:'必传。顾君与谭不及见也。凡人贱近而贵远,亲见扬子雲禄位容貌不能动人,故轻其书。昔老聃著虚无之言两篇,薄仁义,非礼学,然后世好之者尚以为过于《五经》,自汉文、景之君及司马迁皆有是言。今扬子之书文义至深,而论不诡于圣人,若使遭遇时君,更阅贤知,为所称善,则必度越诸子矣。'诸儒或讥以为雄非圣人而作经,犹春秋吴楚之君僭号称王,盖诛绝之罪也。自雄之没至今四十馀年,其《法言》大行,而《玄》终不显,然篇籍具存。"

（卷八十七下）

〔九〕见注七引。参观《四库全书总目提要补正》1233—1234 页。

宋景文集六十二卷补遗二卷附录一卷_{永乐大典本}

宋宋祁撰〔一〕。祁有《益部方物略》，已著录〔二〕。晁公武《读书志》谓祁诗文多奇字，证以苏轼诗"渊源皆有考，奇险或难句"之语〔三〕。以今观之，殆以祁撰《唐书》，彫琢劖削，务为艰涩，故有是言〔四〕，实则所著诗文，博奥典雅，具有唐以前格律，残膏賸馥，沾匄靡穷，未可尽以诘屈斥也。又陈振孙《书录解题》称祁自言年至六十，见少时所作，皆欲烧弃〔五〕。然考祁《笔记》尝云："年二十五即见奇于宰相夏公，试礼部，又见称于龙图刘公。"〔六〕盖少作未尝不工，特晚岁弥为进境耳。至于举陆机之"谢华启秀"，韩愈之"陈言务去"，以为为文之要〔七〕，则其生平得力，具可想见矣。祁《笔记》又深戒其子无妄编缀作集，使后世嗤诋〔八〕，然当时实已裒合成编，且非一种。据本传称集百卷，《艺文志》则称百五十卷，又有《濡削》一卷，《刀笔集》二十卷，已与本传不符〔九〕。马端临《通考》亦称百五十卷，《书录解题》暨焦竑《经籍志》俱止称百卷〔一〇〕，王偁《东都事略》则文集百卷之外，又有《广乐记》六十五卷〔一一〕。记载互殊，莫详孰是。陆游集载祁诗有《出麾小集》、《西州猥藁》，蜀人任渊曾与黄庭坚、陈无已二家同注，今亦不传〔一二〕。近人所传北宋小集中，有《西州猥藁》一种，乃从《成都文类》、《瀛奎律髓》、《文翰类选》诸书采辑而成〔一三〕，非其原帙。兹就《永乐大典》所载，汇萃裒次，厘为六十有二卷，又旁采诸书，纂成《补遗》二卷，并以轶闻馀事，各为考证，附录于末〔一四〕。虽未必尽还旧观，名章巨制，谅可得十之七八矣。祁兄弟俱以文学名，当时号大宋、小宋〔一五〕，今其兄庠遗集已从《永乐大典》采掇成编〔一六〕，祁集亦于蠹蚀之馀，得以复见于

世,虽其文章足以自传,实亦幸际圣朝表章遗佚,乃得晦而再显,同邀乙夜之观,其遭遇之奇,良非偶然也。卷一百五十二

〔笺注〕

〔一〕传见《宋史》卷二百八十四。

〔二〕见《四库全书总目》卷七十。

〔三〕见《郡斋读书志·宋景文集》:"《宋景文集》一百五十卷。(中略)通小学,故其文多奇字。苏子瞻尝谓其'渊源皆有考,奇崛或难句',世以为知言。"(卷十九)苏句见《密州宋国博以诗见纪在郡杂咏次韵答之》:"吾观二宋文,字字照缣素。渊源皆有考,奇崛或难句。后来邈无继,嗣子其殆庶。"(《施注苏诗》卷十四,康熙刻本)

唐庚《书宋尚书集后》:"仁庙初号人物全盛时,而尚书与其兄郑公以文章擅天下,其后郑公作宰相,以事业显于时,而尚书独不至大用,徘徊掖垣十数年间,故其文特多特奇。兄弟于字学至深,故其文多奇字,读者往往不识。(中略)予典狱益昌,始得尚书平生所为文,读之粲然。东坡所谓'字字照缣素',渠不信哉。"(《眉山唐先生文集》卷十八,《北京图书馆古籍珍本丛刊》本)

〔四〕《直斋书录解题·宋景文集》:"景文未第时,为学于永阳僧舍,或问曰:'君好读何书?'答曰:'余最好《大诰》。'故景文为文谨严。至修《唐书》,其言艰,其思苦,盖亦有所自欤。"(卷十七)王得臣《麈史》卷二:"里人传宋景文未第时,为学于永阳僧舍,连处士因问曰:'君好读何书?'答曰:'予最好《大诰》。'故景文率多严谨。至修《唐书》,其言艰,其思苦,盖自有所自欤。"(《知不足斋丛书》本)连处士指连舜宾,应山人。生平见欧阳修《连处士墓表》(《文忠集》卷二十四)。

〔五〕《直斋书录解题·宋景文集》:"景文《笔记》:'余于为文似蘧瑗年五十知四十九年非,余年六十始知五十九年非,其庶几至于道乎。每见旧所作文章,憎之,必欲烧弃。梅尧臣喜曰:"公之文进矣。"'"是"祁自言",乃陈氏所引宋《笔记》也。又《宋景文笔记》卷上:"余于为文似蘧瑗,瑗年五十

知四十九年非,余年六十始知五十九年非,其庶几至于道乎。天禀余才,才及中人,中人之流,未能名一世,然自力于当时,则绰绰矣。""每见旧所作文章,憎之,必欲烧弃。梅尧臣喜曰:'公之文进矣,仆之为诗亦然。'"(《学海类编》本)

〔六〕《宋景文笔记》卷上:"余少为学,本无师友,家苦贫无书,习作诗赋,未始有志立名于当世也,愿计粟米养亲绍家阀耳。年二十四,而以文投故宰相夏公,公奇之,以为必取甲科,吾亦不知果是欤。天圣甲子,从乡贡试礼部,故龙图学士刘公叹所试辞赋,大称之朝,以为诸生冠。吾始重自淬砺力于学,摹写有名士文章,诸儒颇称以为是。年过五十,被诏作《唐书》,精思十馀年,尽见前世诸著,乃悟文章之难也。虽悟于心,又求之古人,始得其崖略。因取视五十以前所为文,赧然汗下,知未尝得作者藩篱,而所效皆糟粕刍狗矣(一作耳)。夫文章必自名一家,然后可以传不朽,若体规画圆,准方作矩,终为人之臣仆,古人讥屋下作屋,信然。陆机曰:'谢朝华于已披,启夕秀于未振。'韩愈曰:'惟陈言之务去。'此乃为文之要。五经皆不同体,孔子没后,百家奋兴,类不相沿,是前人皆得此旨。呜呼,吾亦悟之晚矣。虽然,若天假吾年,犹冀老而成云。"此云"年二十四",《提要》云"年二十五",相差一岁,盖误记耳。

〔七〕见注六引。陆语见《文赋》(《陆机集校笺》卷一),韩语见《答李翊书》(《韩昌黎文集校注》卷三)。

〔八〕《宋景文笔记》卷下:"吾生平语言无过人者,慎无妄编缀作集。"(《丛书集成》本)又《宋文鉴》卷一百八录祁《治戒》:"吾平生语言,无过人者,谨无妄编缀作集,使后世虫诋吾也。"(中华书局本)

〔九〕《宋史·宋祁传》:"修《唐书》十馀年,自守亳州,出入内外尝以稿自随,为列传百五十卷。预修《籍田记》、《集韵》。又撰《大乐图》二卷,《文集》百卷。"(卷二百八十四)又《宋史·艺文一》:"宋祁《大乐图》一卷。宋祁《摘粹》一卷"(卷二百二)《艺文四》:"宋祁《笔录》一卷。"(卷二百五)《艺文七》:"宋祁集一百五十卷。又《濡削》一卷。《刀笔集》二十卷。《西川(按,川为州之误写)猥藁》三卷。"(卷二百八)

〔一〇〕《文献通考·经籍考六十一》:"宋景文集一百五十卷。"(卷二百三

十四)《直斋书录解题·宋景文集》:"宋景文集一百卷。"《国史经籍志》卷五:"宋祁集一百卷。"(《粤雅堂丛书》本)

〔一一〕《东都事略》卷六十五《宋祁传》:"有《文集》一百卷,《广乐记》六十五卷。"《宋史·艺文一》:"宋郊《景祐广乐记》八十一卷。"(卷二百二)郊为祁字之误(余嘉锡已指出)。据此,《广乐记》卷数亦互殊。

〔一二〕陆游《施司谏注东坡诗序》:"近世有蜀人任渊,尝注宋子京、黄鲁直、陈无己三家诗,颇称详赡。"(《渭南文集》卷十五)按,陆游集中言及宋集事者唯此,无他语,馆臣云云,不知何所据也。

〔一三〕宋陈思编、元陈世隆补《两宋名贤小集》卷二十四,有《西州猥稿》一卷。

〔一四〕按,《四库全书》本并无补遗、考证。陆心源《仪顾堂集》卷十八《宋景文集跋》云:"《宋景文集》原本一百五十卷,久佚不传。乾隆中馆臣始从《大典》辑出,厘为六十二卷,又从他书辑《补遗》二卷。今聚珍本惟六十二卷,《补遗》则不可得也。愚采查各书,于六十二卷之外,尚可得六百馀篇。"(《续修四库全书》本)

〔一五〕《宋史·宋祁传》:"祁字子京,与兄庠同时举进士,礼部奏祁第一,庠第三。章献太后不欲以弟先兄,乃擢庠第一,而置祁第十。人呼曰'二宋',以大小别之。"

〔一六〕《四库全书总目·宋元宪集》:"《宋元宪集》四十卷,宋宋庠撰。(中略)馀书与文集并佚。国朝厉鹗编《宋诗纪事》,仅采掇《西清诗话》、《侯鲭录》、《合璧事类》、《扬州府志》所载,得诗八首,则海内绝无其本,已三四百年矣。《永乐大典》修于明初,距宋末仅百馀年,旧刻犹存,故得以采录。而庠文章渊雅,可取者多,故所载特为繁富。今以类排比,仍可得四十卷,疑当时全部收入也。"(卷一百五十二)

苏学士集十六卷 浙江鲍士恭家藏本

宋苏舜钦撰。舜钦字子美,其先梓州人,家开封。参政易简之孙,直集贤院耆之子。景祐中进士。累迁集贤校理,监进奏院,坐事除名,后复为湖州长史而卒。事迹具《宋史》本传[一]。是集据欧阳修序,乃舜钦没后四年,修于其妇翁杜衍家蒐得遗橐编辑[二]。修序称十五卷,晁、陈二家目并同。而此本乃十六卷,则后人又有所续入[三]。考费衮《梁溪漫志》载舜钦与欧阳公辨谤书一篇,句下各有自注,论官纸事甚详,并有修附题之语[四],盖修编是集时,以语涉于己,引嫌避怨而删之。此本仍未收入,则尚有所佚矣。宋文体变于柳开、穆修,舜钦与尹洙实左右之,然修作洙墓志,仅称其"简而有法"[五],苏辙作修墓碑,又载修言"于文得尹洙、孙明复,犹以为未足"[六],而修作是集序,独曰"子美齿少于余,而余作古文,反在其后"[七],推挹之甚至。集中昭应宫《火疏》、《乞纳谏书》、《诣匦疏》、答韩维书,《宋史》皆载之本传[八]。刘克庄《后村诗话》称其歌行雄放于梅尧臣,轩昂不羁,如其为人,及蟠屈为近体,则极平夷妥帖。其论亦允。惟称其《垂虹亭中秋月》诗"佛氏解为银色界,仙家多住月华宫"一联,胜其"金饼、玉虹"之句,则殊不然。二联同一俗格,在舜钦集中为下乘,无庸置优劣也[九]。王士禛《池北偶谈》颇讥其《及第后与同年宴李丞相宅》诗[一〇],然宋初去唐未远,犹沿贵重进士之馀习,亦未可以是深病之,存而不论可矣。卷一百五十二

〔笺注〕

〔一〕见《宋史》卷四百四十二。

〔二〕欧阳修《苏氏文集序》:"予友苏子美之亡后四年,始得其平生文章遗橐于太子太傅杜公之家而集录之,以为十卷。子美,杜氏壻也。"(《欧阳文忠公集·居士集》卷四十一,《四部丛刊》本)

〔三〕《苏学士文集》卷首欧阳修《苏学士文集原序》:"予友苏子美之亡后四年,始得其平生文章遗橐于太子太傅杜公之家而集录之,以为十五卷。"按,此云"十五卷",《居士集》本云"十卷",未知孰是。

〔四〕《梁溪漫志》卷八"苏子美与欧阳公书"条："苏子美奏邸之狱,当时小人借此以倾杜祁公、范文正,同时贬逐者皆名士,奸人至有'一网打尽'之语。独韩魏公、赵康靖论救之,而不能回也。其得罪在庆历四年之十一月,时欧阳公按察河北,子美贻书自辨于公,词极愤激,而集中不载,今录于此,以补史所遗者。"

〔五〕欧阳修《尹师鲁墓志铭》："师鲁为文章,简而有法,博学彊记,通知今古(一作古今)。"(《欧阳文忠公集·居士集》卷二十八,《四部丛刊》本)

〔六〕按此语误。苏辙撰《欧阳文忠公神道碑》,今见于《栾城后集》卷二十三,通篇无此语。考苏辙别有《颍滨遗老传》,见《栾城后集》卷十二,中有云："欧阳文忠公以文章独步当世,见先生而叹曰:'予阅文士多矣,独喜尹师鲁、石守道,然意常有所未足,今见君之文,予意足矣。'"馆臣所指,当是此节,而误记所出。中所云"先生",指苏洵。

〔七〕欧阳修《苏氏文集序》："子美之齿少于予,而予学古文反在其后。天圣之间,予举进士于有司,见时学者务以言语声偶擿裂,号为时文,以相夸尚,而子美独与其兄才翁及穆参军伯长作为古歌诗杂文,时人颇共非笑之,而(一无此字)子美不顾也。"

〔八〕《宋史》所录四文,《火疏》、《乞纳谏书》、《诣匦疏》并见《苏学士文集》卷十一,《答韩持国书》见《文集》卷十。

〔九〕《后村诗话》卷二："苏子美歌行雄放于圣俞,轩昂不羁,如其为人,及蟠屈为吴体,则极平夷妥帖。绝句云:'别院深深夏簟清,石榴开遍透帘明。树阴满地日卓午,梦觉流莺时一声。'又云:'春阴垂野草青青,时有幽花一树明。晚泊孤舟古祠下,满川风雨看潮生。'极似韦苏州。《垂虹亭观中秋月》云:'佛氏解为银色界,仙家多住玉华宫。'极工,而世惟咏其上一联'金饼、彩虹'之句,何也?'山蝉带响穿疏户,野蔓蟠青入破窗。'亦佳句。"按二句见《中秋松江新桥对月和柳令之作》:"月晃长江上下同,画桥横绝冷光中。雲头艳艳开金饼,水面沈沈卧彩虹。佛氏解为银色界,仙家多住玉华宫。地雄景胜言不尽,但欲追随乘晓风。"(《苏学士文集》卷七,《四部丛刊》本)

〔一〇〕《池北偶谈》卷十七"苏子美诗"条："《沧浪集》有《及第后与同年宴

李丞相宅》诗云:'拔身泥滓底,飘迹雲霄上。气和朝言甘,梦好夕魂王。轩眉失旧敛,举意有新况。爽如秋后鹰,荣若凯旋将。'一第常事,而津津道之如此,子美之早废不达,已略可见矣。昔人议孟郊'春风得意马蹄疾'之作,子美何以异此?"

《及第后与同年宴李丞相宅》:"十年苦学文,出语背时向。荣(沈文倬校本据光绪本改作策字)力不自知,艺围辄掉鞿。薄技遭休明,一第君所唱。拔身泥滓底,飘迹雲霞上。气和朝言甘,梦好夕魂王。轩眉失旧敛,举意有斯(沈校本改作新字)况。爽如秋后鹰,荣若凯旋将。台府张宴集,吾辈纵谑浪。花梢血点干,酒面玉纹涨。狂歌互喧传,醉舞迭阆伉。兹时实无营,此乐亦以壮。去去登显涂,幸无辍素尚。"(《苏学士文集》卷一)

元丰类稾五十卷 江西巡抚采进本

宋曾巩撰。巩字子固,建昌南丰人。嘉祐二年进士,官至中书舍人。事迹具《宋史》本传[一]。巩所作《元丰类稾》本五十卷,见于《郡斋读书志》[二]。韩维撰巩神道碑,又载有《续稾》四十卷、《外集》十卷,《宋史》本传亦同[三]。至南渡后,《续稾》、《外集》已散佚不传。开禧中,建昌郡守赵汝砺始得其本于巩族孙潍,缺误颇多,乃同郡丞陈东合《续稾》、《外集》校定之,而删其伪者,仍编定为四十卷,以符原数。元季兵燹,其本又亡[四]。今所存者,惟此五十卷而已。吴曾《能改斋漫录》所载《怀友》一首[五],庄绰《鸡肋编》所载《厄台记》一首[六],高似孙《纬略》所载《实录院谢赐砚纸笔墨表》一首[七],及世所传《书魏郑公传后》诸佚文见于《宋文鉴》、《宋文选》者,当即《外集》、《续稾》之文,故今悉不见集中也[八]。今世所行,凡有二本:一为明成化六年南丰知县杨参所刊,前有元丰八年王震序,后有大德甲辰东平丁思敬序,又有年谱、序二篇,无撰人姓名,而《年谱》已佚,盖已非宋本之旧,其中舛谬尤多〔九〕;一为国朝康熙中长洲顾崧龄所刊,以宋本参较,补入第七卷中《水西亭书事》诗一首、第四十七卷中《太子宾客陈公神道碑铭》中阙文四百六十八字,颇为清整〔一〇〕。然何焯《义门读书记》中有校正《元丰类稿》五卷,其中有如《杂诗五首》之颠倒次序者,有如《会稽绝句》之妄增题目者,有如《寄郓州邵资政》诗诸篇之脱落原注者,其他字句异同,不可殚举〔一一〕,顾本尚未一一改正。今以顾本著录,而以何本所点勘者补正其讹脱,较诸明刻,差为完善焉。卷一百五十三

〔笺注〕

〔一〕见《宋史》卷三百十九。

〔二〕《郡斋读书志·元丰类稿》:"曾子固《元丰类稿》五十卷。右皇朝曾巩字子固,南丰人。元丰中为中书舍人,卒。子固师事欧阳永叔,早以文章名天下。壮年,其文慓骛奔放,雄浑瑰玮。其自负要似刘向,貌视韩愈以下也。晚年始在掖垣,属新官制,方除目填委,占纸肆书,初若不经意,及属草授吏,所以本法意、原职守,为之训勒者,人人不同,赡裕雅重,自成一家。欧公门下士多为世显,人议者,独以子固为得其传,犹学浮屠者所谓嫡嗣云。"(卷十九)赵希弁《读书附志·续元丰类藁》:"《续元丰类藁》四十卷。右南丰先生遗文也。建昌郡丞陈东叔鲁刊而叙之。"(卷下)

《直斋书录解题·元丰类藁》:"《元丰类藁》五十卷、续四十卷、年谱一卷,中书舍人南丰曾巩子固撰。王震为之序,《年谱》朱熹所辑也。案韩持国为巩神道碑,称《类藁》五十卷,续四十卷,外集十卷。本传同之。及朱公为谱时,《类藁》之外,但有《别集》六卷,以为散逸者五十卷,而别集所存,其什一也。开禧乙丑,建昌守赵汝砺、丞陈东得于其族孙潍者,校而刊之,因碑传之旧,定著为四十卷。然所谓《外集》者,又不知何当,则四十卷亦未必合其旧也。"(卷十七)

《天禄琳琅书目·南丰先生元丰类稿》:"一函,八册。宋曾巩著。五十

卷,附行状碑铭一卷。前宋王震序。按《文献通考》祇载《南丰类稿》五十卷,而王偁《东都事略》则称有外集十卷。《宋史》本传与韩维所作神道碑及今《西江志》所载,又称有《续稿》四十卷。然近时流传,惟《类稿》为完书,而《续稿》、《外集》久经散佚。又按陈氏《书录解题》称,《类稿》为王震所序,而《年谱》则朱子所辑。今震序尚存卷首,而失列《年谱》,则非宋时原椠可知。每卷标题次行有'南丰后学邵廉校刊'八字,未详邵廉为何人。而版式纸质均系明制,无可掩袭。且书名《类稿》,则必撰人己作,始可编入卷数,是书末卷行状碑铭,宜称附录,而版心标为五十一卷,则编次之失,宜方家必不出此,宁可托为宋椠耶。"(卷十)

〔三〕韩维《朝散郎试中书舍人轻车都尉赐紫金鱼袋曾公神道碑》:"既没,集其遗稿为《元丰遗稿》五十卷,《续元丰遗稿》四十卷,《外集》十卷。"(《南阳集》卷二十九)《宋史·艺文七》:"曾巩《元丰类藁》五十卷,又《别集》六卷,《续藁》四十卷。"(卷二百八)《宋史》本传不载《类稿》,馆臣说误也(按,其误沿自《直斋书录解题》,见注二引),参观《四库提要辨证》1344页。

〔四〕按,此数语本何乔新,见注八引《义门读书记》,馆臣云云,乃辗转稗贩也。

〔五〕《能改斋漫录》卷十四"曾子固怀友寄荆公"条:"王荆公初官扬州幕职,曾南丰尚未第,与公甚相好也。尝作怀友一首寄公,公遂作同学一首别之,荆公集具有其文。其中云:'子固作怀友一首遗予,其大略欲相扳以蹢乎中庸而后已。'云云。然怀友一首,《南丰集》竟逸去,岂少作删之邪?其曰介卿者,荆公少字介卿,后易介甫。予偶得其文,今载此云。"

〔六〕见《鸡肋编》卷中(中华书局本)。

〔七〕按,此数语本何焯,《四库提要辨证》第四册1345—1346页已指出,讥为"用其言而不著其所本,非掠美欤"。何语见《义门读书记》卷四十四:"南丰有《怀友一篇寄介卿》,见《能改斋漫录》第十四卷中;又有《厄台记》,见庄绰《鸡肋编》中,但似非全文,《厄台记》亦见《圣宋文选》中;高似孙《纬略》有南丰《谢实录院赐砚纸笔墨表》,疑亦《续稿》。"

又按，《谢赐砚纸笔墨表》见《纬略》卷十二"阴璞"条，所录不过二联，云："南丰《谢实录院赐研纸笔墨表》曰：'阴山坚石之璞，阙二字芳松之烟。妍妙晖光，水苔之质；圆和正直，秋兔之毫。'其阙于笔墨推美之辞，固为精惬，然阴山之璞，盖用晋傅玄《研赋》曰：'采阴山之潜璞，简众材之攸宜。'此赋之妙，压倒古今众作，正为此句第一。一句之中，又以'潜璞'二字为妙。今若用'坚璞'，或恐研有怨言。李贺《研诗》：'孔研宽顽何足云。'亦病其坚耳。曾公似未知研也。"（《守山阁丛书》本）馆臣不检其书，仅据《义门读书记》，遂误为"一首"，亦太想当然矣。

〔八〕《书魏郑公传》，见《宋文选》卷十三、《宋文鉴》卷一百三十。此亦本何焯。

《义门读书记》卷四十四："何椒邱云：'南丰《续稿》、《外集》，南渡后散轶无传。开禧间，建昌郡守赵汝砺，始得其书于先生族孙灉，缺误颇多，乃与郡丞陈东合《续稿》、《外集》，较定而删其伪者，因旧题定为四十卷，缮写以传。元季又亡于兵火。国初，惟《类稿》藏于秘阁，士大夫鲜得见之。永乐初，李文毅公为庶吉士，读书秘阁，日记数篇，休沐日辄录之。今书坊所刻《南丰文粹》十卷是也。正统中，昆夷（二字疑作毘陵）赵司业琬始得《类稿》全书，以畀宜兴令邹旦刻之，然字多讹舛，读者病焉。成化中，南丰令杨参又取宜兴本重刻于其县，踵讹承谬，无能是正。太学生赵玺访得旧本，悉力雠校，而未能尽善。予取《文粹》、《文鉴》诸书参校，乃稍可读。《文鉴》载《杂识》二首并《书魏郑公传后》，《类稿》无之，意必《续稿》所载也。故附录于《类稿》之末。'明初，曾得之尝著《南丰类稿辨误》，则此集自南渡以后，善本难得久矣。得之书惜乎不传，吾将安所取正哉。"

又按，何焯所引语，见明何乔新《椒邱文集》卷十八《书元丰类稿后》："南丰曾先生之文，有《元丰类稿》五十卷，《续元丰类稿》四十卷，《外集》二十卷。南渡后，《续稿》、《外集》散轶无传。开禧间，建昌郡守赵汝砺始得其书于先生之族孙灉，缺误颇多，乃与郡丞陈东合《续稿》、《外集》校定，而删其伪者，因旧题定注为四十卷，缮写以传。元季又亡于兵火。国初惟《类稿》藏于秘阁，士大夫鲜得见之。永乐初，李文毅公为庶吉士,读书秘阁,日记数篇,休沐日辄录之。今书坊所刻《南丰文粹》十卷是也。正统中,昆夷赵司业琬始得《类稿》全书,以畀宜兴令邹旦刻之,然字多譌舛,读者病焉。成化中,南丰令杨参又取宜兴本重刻于其县,踵譌承谬,无能是正。太学生赵玺访得旧本,悉力校雠,而未能尽善。予取《文粹》、《文鉴》诸书参校,乃稍可读。《文鉴》载《杂识》二首并《书魏郑公传后》,《类稿》无之,意必《续稿》所载也。故附录于《类稿》之末。呜呼,先生之生当洛学未兴之前,而独知致知诚意正心之说,馆阁诸序,蔼然道德之言,其学粹矣。至其发之赋咏,平实雅健,昌黎之亚也,世或谓其不能诗者,非妄邪。校雠既完,谨识于卷末。"(《四库全书》本)《辨证》未指出。

〔九〕《年谱》为朱子所撰,非无撰人,见《四库提要辨证》1346—1347页所订。别参注八引。

〔一〇〕见《四库提要辨证》1348—1349页所订。

〔一一〕见《义门读书记》卷四十至四十四。《义门读书记》卷四十:"《会稽绝句三首送赵资政》。宋本无'送赵资政'四字为是。此知越州时寄兴之作也。成化以前刻皆无。""《寄郓州邵资政》。题下原注:'蒙郓州知府安抚资政书言,入秋以来,甚有游观之兴,而少行乐之地,因问敝邑山水之景,见索新诗。某荒废文字久矣,惟重意之辱,不能自已,谨吟二百字上寄。'俗本删节不完,今依宋本改正。"

宛陵集六十卷附录一卷 内府藏本

宋梅尧臣撰。尧臣字圣俞,宣城人。官屯田都官员外郎。事迹具《宋史》本传〔一〕。其诗初为谢景初所辑,仅十卷,欧阳修得其遗槀增并之,亦止十五卷〔二〕。其增至五十九卷,又他文赋一卷者,未详何人所编。陈振孙《书录解题》谓即景初旧本,修为作序者,未详考修序文也〔三〕。《通考》载正集六十卷,又有外集十卷〔四〕。此本为明姜奇芳所刊,卷数与《通考》合,惟无外集,祇有补遗三篇,及赠答诗文、墓志一卷,亦不知何人所附〔五〕。陈振孙谓外集多与正集复出,或后人删汰重复,故所录者止此耶。宋初诗文,尚沿唐末五代之习,柳开、穆修欲变文体,王禹偁欲变诗体,皆力有未逮。欧阳修崛起为雄,力复古格,于时曾巩、苏洵、苏轼、苏辙、陈师道、黄庭坚等皆尚未显,其佐修以变文体者尹洙,佐修以变诗体者,则尧臣也〔六〕。曾敏行《独醒杂志》载王曙知河南日,尧臣为县主簿,袖所为诗文呈览,曙谓其诗有晋宋遗风,自杜子美殁后二百馀年,不见此作〔七〕。然尧臣诗旨趣古淡,知之者希。陈善《扪虱新话》记苏舜钦称平生作诗,不幸被人比梅尧臣,又记晏殊赏其"寒鱼犹著底,白鹭已飞前"二句,尧臣以为非我之极致者,则其孤僻寡和可知〔八〕。惟欧阳修深赏之〔九〕,邵博《闻见后录》乃载传闻之说,谓修忌尧臣出己上,每商搉其诗,多故删其最佳者,殊为诬谩〔一〇〕。无论修万不至此,即尧臣亦非不辨白黑者,岂得失不自知耶。陆游《渭南集》有《梅宛陵别集序》曰:"苏翰林多不可古人,惟次韵和渊明及先生二家诗而已。"〔一一〕案苏轼和陶诗有传本〔一二〕,和梅诗则未闻,然游非妄语者,必原有而今佚之。是尧臣之诗,苏轼亦心折之矣。卷一百五十三

〔笺注〕

〔一〕见《宋史》卷四百四十三。

〔二〕欧阳修《梅圣俞诗集序》:"圣俞诗既多不自收拾,其妻之兄子谢景初惧其多而易失也,取其自洛阳至于吴兴已来所作,次为十卷。予尝嗜圣俞诗,而患不能尽得之,遽喜谢氏之能类次也,辄序而藏之。其后十五年,圣俞以疾卒于京师,余既哭而铭之,因索于其家,得其遗稿千馀篇,并旧所藏,掇其尤者六百七十七篇,为一十五卷。"(《居士集》卷四十三,《四部丛刊》本)

〔三〕《直斋书录解题·宛陵集》:"《宛陵集》六十卷、《外集》十卷,都官员外郎国子监直讲宣城梅尧臣圣俞撰。凡五十九卷为诗,他文赋才一卷而

已。谢景初所集,欧公为之序。《外集》者,吴郡宋绩臣所序,谓皆前集所不载。今考之首卷诸赋,已载前集,不可晓也。圣俞为诗古澹深远,有盛名于一时,近世少有喜者,或加毁訾,惟陆务观重之,此可为知者道也。自世竞宗江西,已看不入眼,况晚唐卑格方锢之时乎。杜少陵犹有窃议妄论者,其于宛陵何有?"(卷十七)

《郡斋读书志·宛陵集》:"梅圣俞《宛陵集》六十卷、《外集》十卷。右皇朝梅尧臣圣俞,宛陵人。少以荫补吏,累举进士,辄抑于有司。幼习为诗,出语已惊人。既长,学六经仁义之说。其为文章,简古纯粹,然最乐为诗。欧阳永叔与之友善,其意如韩愈之待郊、岛云。"(卷十九)

〔四〕《文献通考·经籍考六十一》:"梅圣俞《宛陵集》六十卷,外集十卷。"(卷二百三十四)

〔五〕按,姜奇芳名,"芳"应作"方"。奇方字孟博,监利人。隆庆五年(1517),知宣城县。见《江南通志》卷一百十六引《宣城县志》。参观《梅尧臣集编年校注》附《万历本宋仪望重刻宛陵梅圣俞诗集序》、《万历本姜奇方刻宛陵先生集后序》,二序皆作于万历丙子(1576)。

〔六〕参观《梅尧臣集编年校注》附《夏敬观梅尧臣诗导言》。

〔七〕《独醒杂志》卷一:"王文康公晦叔性严毅,见僚属未尝解颜。知河南日,梅圣俞时为县主簿,一日袖所为诗文呈公。公览毕,次日对坐客谓圣俞曰:'子之诗有晋宋遗风,自杜子美没后二百馀年,不见此作。'由是礼貌有加,不以寻常待圣俞矣。"《梅圣俞诗集序》:"昔王文康公尝见而叹曰:'二百年无此作矣!'"

〔八〕按,陈书所记,本于《六一诗话》。《六一诗话》云:"晏元献公文章擅天下,尤善为诗,而多称引后进,一时名士往往出其门。圣俞平生所作诗多矣,然公独爱其两联云:'寒鱼犹著底,白鹭已飞前。'又:'絮暖鲝鱼繁,露添莼菜紫。'余尝于圣俞家见公自书手简,再三称赏此二联。余疑而问之,圣俞曰:'此非我之极致,岂公偶自得意于其间乎。'乃知自古文士,不独知己难得,而知人亦难也。"

又《东轩笔录》卷十一:"尚书郎周越以书名盛行于天圣、景祐间,然字法软俗,殊无古气。梅尧臣作诗,务为清切闲淡,近代诗人鲜及也。皇祐以后,时人作诗尚豪放,甚者粗俗强恶,遂以成风。苏舜钦喜为健句,草书尤俊快,尝曰:'吾不幸写字为人比周越,作诗为人比梅尧臣,良可叹也。'盖欧阳公常目为'苏梅'耳。"《临汉隐居诗话》:"苏舜钦以诗得名,学书亦飘逸,然其诗以奔放豪健为主。梅尧臣亦善诗,虽乏高致,而平淡有工句(按,句字原无,据《四库全书》本补),世谓之苏梅,其实与苏相反也。舜钦尝自叹曰:'平生作诗被人比梅尧臣,写字比周越,良可笑也。'"(《历代诗话》本)

〔九〕见《六一诗话》第四、十二、十三条。

〔一〇〕《闻见后录》卷十八:"东坡《与陈传道书》云:'知传道日课一诗,甚善。此技虽高才,非甚习不能工。'盖梅圣俞法也。又韩少师云:'梅圣俞学诗日,欲极赋象之工,作挑灯杖子诗,尚数十首。'李邯郸诸孙亨仲云:'吾家有梅圣俞诗善本,世所传多为欧阳公去其尤者,忌能名之或压也。'予谓欧阳公在谏路,颇诋邯郸公,亨仲之言恐不实。然曾仲成云:'欧阳公有"韩孟于文词,两雄力相当。孟穷苦纍纍,韩富浩穰穰。郊死不为岛,圣俞发其藏"等句。'圣俞谓苏子美曰:'永叔自要作韩退之,强差我作孟郊。'虽戏语,亦似不平也。"

翁方纲《石洲诗话》卷四:"王明清记李邯郸孙亨仲言:'家有梅圣俞诗善本。世所传,多为欧阳公去其尤者,忌能名之压己也。'明清辨其非实。梅之能名,本不足以压欧阳;而邯郸此说,以小人诬君子,其谬妄固不必言。然亦实因都官全集警策处差少,所以致来诬者之口。若苏诗,则人虽欲为此诬言,其可得乎?"(《清诗话续编》本)

〔一一〕见陆游《梅圣俞别集序》(《渭南文集》卷十五)。

〔一二〕苏轼《和陶诗》凡四卷,见《郡斋读书志》卷十九、《直斋书录解题》卷十七。

文忠集一百五十三卷附录五卷 江西巡抚采进本

宋欧阳修撰。修有《诗本义》,已著录〔一〕。案《宋史·艺文志》

载修所著《文集》五十卷,《别集》二十卷,《六一集》七卷,《奏议》十八卷,《内外制集》十一卷,《从谏集》八卷[二]。诸集之中,惟《居士集》为修晚年所自编,其馀皆出后人裒辑,各自流传。如衢州刻《奏议》,韶州刻《从谏集》,浙西刻《四六集》之类。又有庐陵本、京师旧本、绵州本、宣和吉本、苏州本、闽本,诸名分合不一。陈振孙《书录解题》谓修集遍行海内,而无善本,盖以是也。此本为周必大所编定,自《居士集》至《书简集》,凡分十种。前有必大所作序[三]。陈振孙以为益公解相印归,用诸本编校,刊之家塾,其子纶又以所得欧阳氏传家本欧阳棐所编次者,属益公旧客曾三异校正,益完善无遗恨[四]。然必大原序又称郡人孙谦益、承直郎丁朝佐遍搜旧本,与乡贡进士曾三异等互相编校,起绍熙辛亥,迄庆元庚辰[五]。据此,则是书非三异独校,亦非必大自辑,与振孙所言俱不合[六]。检书中旧存编校人姓名,有题"绍熙三年十月丁朝佐编次、孙谦益校正"者,有题"绍熙五年十月孙谦益、王伯刍校正"者,又有题"郡人罗泌校正"者,亦无曾三异之名。惟卷末《考异》中,多有云"公家定本作某"者,似即周纶所得之欧阳氏本[七]。疑此书编次义例,本出必大,特意存让善,故序中不自居其名,而振孙所云纶得欧阳氏本付三异校正者,乃在朝佐等校定之后,添入刊行,故序亦未之及欤。其书以诸本参校同异,见于所纪者,曰《文纂》,曰薛齐谊《编年庆历文粹》(按,疑此为二书,"编年"后脱一"曰"字,《编年》盖指薛所编《六一年谱》也),曰《熙宁时文》,曰《文海》,曰《文薮》,曰《京本英辞类槀》,曰《缄启新范》,曰《仕途必用》,曰《京师名贤简启》[八],皆广为蒐讨,一字一句,必加考覈。又有两本重见而删其复出者,如《濮王典礼奏》之类;有他本所无而旁采附入者,如《诗解统序》之类;有别本所载而据理不取者,如钱镠等传之类[九]。其鉴别亦最为详允。观楼钥《攻媿集》有《濮议跋》,称庐陵所刊《文忠集》,列于一百二十卷以后,首尾俱同。又第四卷劄子注云"是岁十月撰,不曾进呈"[一〇]。检勘所云,即指此本。以钥

之博洽，而必引以为据，则其编订精密，亦椠可见矣。卷一百五十三

〔笺注〕

〔一〕见《四库全书总目》卷十五。

〔二〕《宋史·艺文七》："欧阳脩集五十卷，又别集二十卷，六一集七卷，奏议十八卷，内外制集十一卷，从谏集八卷。"（卷二百八）《郡斋读书志·欧阳文忠公集》："《欧阳文忠公集》八十卷，《谏垣集》八卷。"（卷十九）

〔三〕周必大《欧阳文忠公集后序》："欧阳文忠公集，自汴、京、江、浙、闽、蜀皆有之。前辈尝言公作文，揭之壁间，朝夕改定。今观手写《秋声赋》凡数本，刘原父手帖亦至再三，而用字往往不同，故别本尤多。后世传录既广，又或以意轻改，殆至讹谬不可读。庐陵所刊，抑又甚焉，卷帙丛脞，略无统纪。私窃病之，久欲订正，而患寡陋未能也。会郡人孙谦益老于儒学，刻意斯文，承直郎丁朝佐博览群书，尤长考证，于是遍搜旧本，傍采先贤文集，与乡贡进士曾三异等互加编校，起绍熙辛亥春，迄庆元丙辰夏，成一百五十三卷，别为附录五卷，可缮写模印。惟《居士集》经公决择，篇目素定，而参校众本，有增损其词至百字者，有移易后章为前章者，皆已附注其下。如《正统论》、《吉州学记》、《泷冈阡表》，又迥然不同，则收置外集。自馀去取因革，粗有据依，或不必存而存之，各为之说，列于卷末，以释后人之惑。第首尾浩博，随得随刻，岁月差互，标注牴牾，所不能免。其视旧本，则有间矣。既以补乡邦之阙，亦使学者据旧鉴新，思公所以增损移易，则虽与公生不同时，殆将如升堂避席，亲承指授，或因是稍悟为文之法，此区区本意也。六月己巳，前进士周某谨书。"（《文忠集·平园续稿》卷十二）

〔四〕按，自"陈振孙《书录解题》"至此，皆本陈书。《直斋书录解题·六一居士集》："《六一居士集》一百五十二卷、附录四卷、年谱一卷，参政文忠公庐陵欧阳修永叔撰。本朝初为古文者，柳开、穆修，其后有二尹、二苏兄弟。欧公本以辞赋擅名场屋，既得韩文，刻意为之。虽皆在诸公后，而独出其上，遂为一代文宗。其集遍行海内，而无善本。周益公解相印

归,用诸本编校,定为此本,且为之《年谱》。自《居士集》、《外集》而下,至于《书简集》,凡十,各刊之家塾。其子纶又以所得欧阳氏传家本,乃公之子棐叔弼所编次者,属益公旧客曾三异校正,益完善无遗恨矣。《居士集》,欧公手所定也。"(卷十七)

〔五〕绍熙辛亥为二年(1191)。庆元庚辰误,庆元无庚辰年,实为丙辰(见上注引周序),庆元二年(1196)也。见筧文生、野村鲇子《四库提要北宋五十家研究》(《四库全书总目汇订》引)。别参注三所引。

〔六〕其说是也。又《天禄琳琅书目·欧阳文忠公文集》:"五函,四十五册。宋欧阳修著。《居士集》五十卷,《外集》二十五卷,《易童子问》三卷,《外制集》三卷,《内制集》八卷,《表奏书启四六集》七卷,《奏议集》十八卷,《杂著述》十九卷,《集古录跋尾》十卷,《书简》十卷,共一百五十三卷。总目后有宋胡柯撰《年谱》一卷并记,书后有附录五卷,及编校姓氏、宋周必大序。胡柯记、周必大序,皆作于宋宁宗庆元二年,必大序称郡人孙谦益、丁朝佐、曾三异互加编校,起绍熙辛亥之春,迄庆元丙辰之夏,始成是书。云云。按陈振孙《书录解题》曰:欧公为一代文宗,'其集遍行海内,而无善本。周益公解相印归,用诸本编校,定为此本,且为之《年谱》,曰《居士集》、《外集》而下,至于《书简》,凡十,各刊之家塾。其子纶又以所得欧阳氏传家本,乃公之子棐所编次者,属益公旧客曾三异校正,益完善无遗恨矣'。今以必大序考之,三异本预校雠之列,书中并无必大子纶重加编次之语,且《年谱》系出胡柯之手,而非必大所作,岂振孙所见又为别本耶。(中略)曾三异,《宋史》无传。凌迪知《万姓统谱》载:三异字无疑,临江新淦人。少有诗名,尤尊经学,屡从朱子问辨,因颜读书之堂曰'仰高'。部使荐于朝,授承务郎。端平初,以秘阁校勘召,力辞。年八十一卒。孙谦益,字彦撝。丁朝佐,字怀忠。胡柯,字伯信。俱吉州人。其事迹无考。"(卷六)

〔七〕参观《四库全书总目提要补正》1263—1265页所考。

〔八〕此所列数书,《四库》本《文忠集》中题下注,仅及《文海》、《英辞类稾》、《缄启新范》及《名贤简启》,其他无有,盖为馆臣所删。

〔九〕《中书请议濮王典礼奏状》见《濮议》卷三。《诗解统序》见《居士外集》

卷十,题下注云:"蜀中《诗本义》有此九篇,他本无之,故附于此。"

〔一〇〕楼钥《跋赵清臣所藏濮议》:"嘉泰元年三月乙巳,访馀姚令君赵清臣,观书阅画。久之,清臣曰:'尝见《濮议》乎?'余曰:'固尝见之,君所藏何书也?'曰:'顷丞金坛,得于苏氏,云欧阳公以此议献之神宗,而出镇道遇苏魏公,语及此事,径以奏藁授之,遂为苏氏家宝。'余归而阅近岁庐陵所刊《文忠公集》,则此卷列在一百二十卷以后,首尾俱同,而录本多误,亦间有胜于版行者,因并为手校而归之。公序此议而进之神宗时,罢政而出为观文殿学士,行刑部尚书知亳州,以年谱考之,寔治平四年正月。盖神宗即位三月,公得亳社,故序称先帝,议称英宗。其第四卷《劄子》注云:'是岁十月撰,不曾进呈。'谓治平三年也。三月以言者,指《濮议》为邪说,求去,不允。十月成而不及进者,英宗时已服药,故并进之神宗也。"(《攻媿集》卷七十二)劄子见《濮议》卷四,注云"是岁十月撰",是岁指治平二年(1065)。

王荆公诗注五十卷_{江苏巡抚采进本}

宋李壁撰。考《宋史》及诸刊本,壁或从玉作璧,然壁为李焘第三子,其兄曰垕、曰塾,其弟曰㙜,名皆从土,则作璧误也〔一〕。壁字季章,号雁湖居士。初以荫入官,后登进士,宁宗朝累迁礼部尚书、参知政事,兼同知枢密院事。谥文懿。事迹具《宋史》本传〔二〕。是书乃其谪居临川时所作〔三〕。刘克庄《后村诗话》尝讥其注"归肠一夜绕锺山"句,引《韩诗》不引《吴志》;注"世论妄以虫疑冰"句,引《庄子》不引卢鸿一、唐彦谦语,指为疏漏〔四〕。然大致捃摭蒐采,具有根据,疑则阙之,非穿凿附会者比。原本流传绝少,故近代藏书家俱不著录〔五〕。海盐张宗松得元人椠本,始为校刊,集中古今体诗,以世行《临川集》较之,增多七十二首,其所佚者,附录卷末〔六〕。考叶绍翁《四朝闻见录》称"开禧初,韩平原欲兴兵,遣张嗣古觇敌,张还,大拂韩旨。复遣壁,壁还,与张异词,阶是进政府"云云〔七〕,

是壁附和权奸,以致丧师辱国,实堕其家声,其人殊不足重。而笺释之功,足裨后学,固与安石之诗均不以人废云。卷一百五十三

〔笺注〕

〔一〕《宋史·李壁传》:"李壁字季章,眉之丹陵人。父焘,典国史。壁少英悟,日诵万馀言,属辞精博,周必大见其文,异之曰:'此谪仙才也。'"又:"壁嗜学如饥渴,群经百氏搜抉靡遗,于典章制度尤综练。为文隽逸,所著有《雁湖集》一百卷、《涓尘录》三卷、《中兴战功录》三卷、《中兴奏议》若干卷、内外制二十卷、《援毫录》八十卷、《临汝闲书》百五十卷。壁父子与弟壁皆以文学知名,蜀人比之三苏云。"(卷三百九十八,中华书局本皆改作"壁")《宋史·李焘传》:"子垕、垈、塾、壁、𡑅。垕著作郎,垈夔州路提点刑狱。壁、𡑅皆执政,别有传。"(卷三百八十八)

〔二〕见《宋史》卷三百九十八。

〔三〕张宗松《重刊王荆公诗笺注略例》第一条:"陈氏云:参政眉山李壁季章譔,谪居临川时所作。助之者曾极景建,魏鹤山作序。"(《王荆文公诗笺注》卷首,中华书局本)《直斋书录解题·注荆公集》:"《注荆公集》五十卷,参政眉山李璧(按,应作壁)季章撰。谪居临川时所为也。助之者曾极景建,魏鹤山为作序。"(卷二十)

〔四〕《后村诗话》卷二:"雁湖注半山'归肠一夜绕锺山'之句,引韩昌黎诗'肠胃绕万象',非也。孙坚母怀妊坚,梦肠出绕吴阊门,半山本此。见《吴志》。《和王贤良龟诗》云:'世论妄以虫疑冰。'注虽引《庄子》,但出处无'疑'字,意公别有所本。后读卢鸿(按,卢鸿即卢鸿一,云卢鸿者本《新唐书》,云卢鸿一者据《旧唐书》)。此事之考证,见《困学纪闻》卷十四、《潜邱劄记》卷一等)《嵩山十志》,有'疑冰'之语。又唐彦谦《中秋诗》云:'雾净不容玄豹隐,水寒却恐夏虫疑。'乃知唐人已屡用之矣。"钱锺书《谈艺录》(补订本)一九"荆公诗注"云:"后村引卢唐两氏句,亦未得其朔。孙绰《游天台山赋》曰:'哂夏虫之疑冰',陆龟蒙《赋萤》亦云:'戚促并疑冰'。"是也。

〔五〕张宗松《笺注略例》第九条:"李氏之注王诗,犹施氏之注苏诗,任氏之注黄、陈二家诗也。山谷、后山诗注,尚有前明雕板;东坡诗注,则宋漫堂先生获宋椠本刊行于吴中,今遂家有其书矣。独是书绝无仅有,近代储藏之家,若绛雲、若传是,俱不列其目。华山马氏至晚岁始得之,故《道古楼书目》亦未之载。衍斋没后,复随雲烟飘荡,流转数姓,归予插架。"

〔六〕张宗松《重刊王荆公诗笺注序》:"王荆公诗五十卷,雁湖先生李壁季章笺注。予十年前购得华山马氏所藏元刻本,间取通行《临川集》勘之,篇目既多寡不同,题字亦增损互异,乃叹是书之善,不独援据该洽,可号王氏功臣也。史称季章'嗜学如饥渴,群经百氏,搜抉靡遗',今《雁湖集》既不存,其他著录亦尽逸,惟是书见称艺林,而流布绝少。因重锓之,以广其传,俾嗜古者得窥先生之蕴涵,识临川之意匠,而并可正俗本之纰缪,殆如景星凤凰,争先睹之为快已。乾隆辛酉上巳后五日,武原张宗松题于清绮斋。"(《王荆文公诗笺注》卷首,中华书局本)《笺注略例》第七条:"诗中先后序次,与世俗所行《临川集》本,亦无大异,但俗本遗漏甚多。(中略)通计古今体诗七十二首,皆此本所有,而俗本所无也。"

〔七〕见《四朝闻见录》乙集"开禧兵端"条:"韩侂胄亟欲兴师北伐,先因生辰使张嗣古(时为左史)假尚书入敌中,因伺虚实。张即韩之甥也。使事告旋,引见未毕,韩已使人候之。引见毕,不容张归,即邀至第,亟问张以敌事。张曰:'以某计之,敌未可伐,幸太师勿轻信人言。'韩默然。风国信所奏嗣古诣金廷几乎坠笏,免所居官。韩败,张未尝以语人也。韩后又遣李壁因使事往伺。壁归,力以'敌中赤地千里,斗米万钱,与鞑为雠,且有内变'。韩大喜,壁遂以是居政府。予尝观巽岩李公焘题名金山云:'眉山李焘携子垕、塾、壁、皇来。'可谓名父子矣,惜其仲子未熟《颜氏家训》尔。"

广陵集三十卷拾遗一卷两淮盐政采进本

宋王令撰。令元城人,幼随其叔祖乙居广陵,遂为广陵人。初字钦美,后王萃字之曰逢原。少不检,既而折节力学,王安石以妻吴氏之妹妻之,年二十八卒。遗腹一女,适吴师礼,生子曰说〔一〕。其集即说所编〔二〕。凡诗赋十八卷,文十二卷,又拾遗一卷,墓志、事状及交游投赠追思之作皆附焉。令才思奇轶,所为诗磅礴奥衍,大率以韩愈为宗,而出入于卢仝、李贺、孟郊之间,虽得年不永,未能锻炼以老其材,或不免纵横太过,而视局促剽窃者流,则固偘偘乎远矣〔三〕。刘克庄《后村诗话》尝称其《暑旱苦热》诗骨力老苍,识度高远;又称其《富公并门入相》、《答孙莘老》、《闻雁》诸篇〔四〕。明冯惟讷编《古诗纪》,以其《於忽操》三章误收入古逸诗中,以为庞德公作,岂非其气格遒上,几与古人相乱,故惟讷不能辨欤〔五〕。古文如《性说》等篇,亦自成一家之言〔六〕。王安石于人少许可,而最重令,同时胜流如刘敞等,并推服之,固非阿私所好矣〔七〕。其集久无刊本,传写谲脱,几不可读,今于有可考校者,悉为厘正,其必不可通者,则姑仍旧本,庶不失阙疑之意焉。卷一百五十三

〔笺注〕

〔一〕王令生平,见王安石《王逢原墓志铭》(《临川文集》卷九十七)、刘發《广陵先生传》(《广陵集》附)。《广陵先生传》:"初字锺美,建安黄莘以其造道之深,字之曰逢原。"《提要》作钦美、王莘,并误。黄莘字仁道,《广陵集》有赠其诗。

〔二〕吴说字传朋,钱塘人。以书擅名。见《增补武林旧事》卷七、《书史会要》卷六。

〔三〕张邦基《墨庄漫录》卷二"王逢原假山诗"条:"王逢原作《假山》诗云:'鲸牙鲲鬣相摩捽,巨灵戏撮天凹突。旧山风老狂雲根,重湖冻脱秋波骨。我来谓怪非得真,醉揭碧海瞰蛟窟。不然禹鼎魑魅形,神颠鬼胁相撑揆。'夏倪均父为予言:此诗奇险不蹈袭前人,韩退之所谓'惟陈言之是去'者,非笔力豪放不能为也。"《宋诗钞·广陵诗钞》:"令诗学韩、孟,而识度高远,非安石所及,不第以瓌奇也。惜限于年耳。"(中华书局本)《答束徽之索诗》:"努力排韩门,屈拜媚孟灶。惟此二公才,百牛饱怀

抱。"(《广陵集》卷四)

〔四〕按,题为《闻富并州入相》,见《广陵集》卷四。《答孙莘老见寄》、《闻雁》,亦见《广陵集》卷四。《后村诗话》卷二:"王逢原《暑旱苦热》云:'清风无力屠得热,落日著翅飞上山。人固已惧江海竭,天岂不惜河汉干。崑仑之高有积雪,蓬莱之远常遗寒。不能手提天下往,何忍身去游其间。'其骨气老苍,识度高远如此,岂得不为荆公所推?"又:"富公由并州入相,外廷至于举笏相贺,王逢原独云:'要须待见成尧舜,未敢轻浮作颂声。'所见高于石徂徕一等矣。《答孙莘老》云:'生无人愧宁非乐,死有天知岂待名。'其固穷自守,亦士之高致也。"又:"王逢原《闻雁》云:'万里波涛九秋后,五更风雨一灯旁。'不待著雁字而题见矣。"

〔五〕按,此本冯舒《诗纪匡谬》,而未注出处。《於忽操》见《广陵集》卷一。其序云:"刘表见庞公,将起之,而公不愿也。表曰:'然则何谓?'公曰:'我可歌乎。'既歌,命弟子治之。凡三操。"冯惟讷《古诗纪》卷十四录此诗,作"庞德公";《诗纪匡谬》"庞德公於忽操"条正之云:"《於忽操》三章,《选诗拾遗》云:'出《襄阳耆旧传》。'此书亡亦已久。初尚意余辈见闻寡陋,用修或有此书,今按宋王令逢原所著《广陵先生集》,其外孙邵(按,邵应作吴)说所编者,共二十卷,其第一卷赋后第九篇,即此操。"(《知不足斋丛书》本)

《四库全书总目·古乐苑》:"是编因郭茂倩《乐府诗集》而增辑之,(中略)其所补者,如琴曲歌词庞德公之《於忽操》,见《宋文鉴》中,乃王令拟作,非真庞所自作也。"(卷一百八十九)亦本冯舒之说,而云其出处,在《宋文鉴》中,已是前后不一。而后《汉诗说》提要又云:"其中仍冯氏《诗纪》、梅氏《诗乘》之谬,皆不及订正。他姑勿论,如庞德公《於忽操》三章,本王禹偁所拟,今载于《宋文鉴》中,而列于汉诗之内,一例推尊,茫无鉴别,是可云识曲听真乎。"(卷一百九十四)又复以其著作权,归之王禹偁,则是记忆舛错,颠三倒四矣,而斥他人"茫无鉴别",岂非五十笑百乎。

〔六〕见《广陵集》卷十八。

〔七〕参观《广陵集》附录所载安石诗文。刘敞之称语,见《公是集》卷四十八《杂录》:"处士之有道者,孙侔、常秩、王令。(中略)令亦扬州人,少时落拓不检,未为乡里所重。后折节读书,作文章有古人风,王介甫独知之,以比颜回也。"

施注苏诗四十二卷东坡年谱一卷王注正讹一卷苏诗续补遗二卷_{内府藏本}

宋施元之注。元之字德初,吴兴人。陆游作是书序,但称其官曰司谏,其始末则无可考矣[一]。其同注者为吴郡顾禧,游序所谓"助以顾君景繁之赅洽"也[二]。元之子宿又为补缀[三],《书录解题》所谓"其子宿从而推广,且为《年谱》以传于世"也[四]。《吴兴掌故》但言宿推广为《年谱》,不言补注,与《书录解题》不同。今考书中实有宿注[五],则《吴兴掌故》为漏矣。嘉泰中,宿官馀姚,尝以是书刊板,缘是遭论罢[六],故传本颇稀。世所行者,惟王十朋"分类注本"[七]。康熙乙(按,乙字误,《四库全书》本、《施注苏诗》卷首提要皆作己,浙本误改耳)卯,宋荦官江苏巡抚,始得残本于藏书家,已佚其卷一、卷二、卷五、卷六、卷八、卷九、卷二十三、卷二十六、卷三十五、卷三十六、卷三十九、卷四十。荦属武进邵长蘅补其阙卷,长蘅撰《王注正讹》一卷,又订定王宗稷《年谱》一卷,冠于集首[八]。其注则仅补八卷,以病未能卒业,更倩高邮李必恒续成三十五卷、三十六卷、三十九卷、四十卷。荦又摭拾遗诗为施氏所未收者,得四百馀首,别属钱塘冯景注之,重为刊板[九]。乾隆初,又诏内府刊为巾箱本[一〇],取携既便,遂衣被弥宏。元之原本,注在各句之下,长蘅病其间隔,乃汇注于篇末,又于原注多所刊削,或失其旧。后查慎行作《苏诗补注》,颇斥其非,亦如长蘅之诋王注[一一]。然数百年沉晦之笈,实由荦与长蘅复见于世,遂得以上邀乙夜之观,且剞劂枣梨,寿诸不朽,其功亦何可尽没欤。_{卷一百五十四}

〔笺注〕

〔一〕施元之、施宿生平,见陈乃乾《宋长兴施氏父子事迹考》(《学林》1941年第6辑,又《陈乃乾文集》下册542—592页)。《注苏姓氏》:"司谏施元之字德初,注东坡诗四十二卷,年谱、目录各一卷,与吴郡顾景蕃共为之。元之之子宿推广为《年谱》。陆放翁序。(见《吴兴掌故》。按二书,则施氏当别有《年谱》,今所传《年谱》,乃五羊王宗稷编,《纪年录》乃仙谿傅藻编。施氏谱无考。)"(康熙刻本《施注苏诗》卷首)明董斯张《吴兴备志》卷十一《人物徵》:"施元之字德初,长兴人。左宣教郎、衢州刺史,于郡立风亭及超览堂,洪迈、毛开为记。(《衢州府志》)"又:"元之任赣州太守,见刘后村《杜郎中颖志》。"按,其事见刘克庄《杜郎中墓志铭》:"(颖)历赣州观察推官,太守施司谏元之绳吏急,一日缄片纸来,云某吏方游饮,亟簿录其家。公袖还之曰:'罪由逻发,惧者众矣。'施公矍然,为罢逻卒去。"(《后村集》卷三十九)

〔二〕《注苏姓氏》:"顾禧字景繁,吴郡人。祖沂知龚州,父彦成两浙运使。禧不求禄仕,居光福山,闭户诵读,著述甚富。绍兴间,有司以遗逸荐,不起。隐居五十年,筑室邠村,表曰'漫庄'。尝与吴兴施元之注苏子瞻诗行世。(见《府志·隐逸传》)"别参《四库提要辨证》1371—1372页。

〔三〕《注苏姓氏》:"施宿字武子,知馀姚县,兴废举坠,加意风教,市田置书,教诲学者。姚北濒海,岁役民修堤,民甚苦之,宿为石堤,建庄田二千亩,以备修堤之役。功与前令谢景初同称。(见《浙江通志·名宦传》,《万姓统谱》亦云。按苏诗第二十卷《别子由》三首注题下有云:'宿守都梁,得东平康师孟,元祐二年三月刻二苏公所与九帖于洛阳。'乃知武子又尝守都梁,而传未之及云。都梁山在今盱眙。)"《吴兴备志》卷十一《人物徵》:"施宿字武子,长兴人。庆元初知馀姚县。其为政务大体,兴废举坠,不争细谨,尤加意风教,市田置书,教诲学者。姚北濒海,岁役民修堤,民甚苦之,宿更筑石堤,建庄田二千亩,以备修堤之役。与前令谢景初同称。(《浙江通志》、《两浙名贤录》)"别参注一、《四库提要辨证》413—417页。

〔四〕《直斋书录解题·注东坡集》:"《注东坡集》四十二卷、年谱目录各一卷,司谏吴兴施元之德初与吴郡顾景蕃共为之。元之子宿从而推广,且为《年谱》,以传于世。陆放翁为作序,颇言注之难,盖其一时事实,既非亲见,又无故老传闻,有不能尽知者。噫,岂独坡诗也哉。注杜诗者非不多,往往穿凿傅会,皆臆决之过也。沈括先与坡同在馆阁,后察访两浙,至杭,求坡近诗签贴,以为讪怼。李定等论诗置狱,实本于括云。"(卷二十)

〔五〕徐献忠辑《吴兴掌故集》卷四"著述类":"注东坡诗四十二卷,年谱、目录各一卷。司谏施元之字德初与吴郡顾景蕃共为之。元之子宿推广为《年谱》。陆放翁序。"(《四库全书存目丛书》本)云"《吴兴掌故》但言宿推广为《年谱》",疑即据《施注苏诗》卷首《注苏姓氏》(见注一所引),未必检过原书也。又施宿之注,为题下之补注,并无句中之注。《提要》云云,固亦臆测也。《四库提要辩证》1373—1374页考此事,则以为题下之注,亦非出于宿,宿所为者,不过"题注末补载墨迹石刻及校改同异之字,间有引证及增辑年谱所无"耳。惟余氏未睹宋本,故所考亦非是。参观王友胜《苏诗研究史稿》38—41页。

〔六〕《癸辛杂识》别集卷上"施武子被劾"条:"施宿字武子,湖州长兴人。父元之,绍兴张榜,乾道间为左司谏。宿晚为淮东仓曹,时有故旧在言路,因书遗以番葡萄。归院相会,出以荐酒,有问,知所自,憾其不已致也。劾之无以蔽罪。宿尝以其父所注坡诗刻之仓司,有所识傅穉字汉孺(湖州人),穷乏相投,善欧书,遂俾书之锓板,以赒其归。因摭此事,坐以赃私。其女适章农卿良朋云。"

〔七〕按指《东坡诗集注》。《四库全书总目·东坡诗集注》:"旧本题宋王十朋撰。(中略)是集前有赵夔序,称分五十类,此本实止二十九类,盖有所合并。(中略)其分类颇多颠舛。如《芙蓉城》诗入古迹,《虎儿》诗入咏史之类,不可殚数,不但以《画鱼歌》入书画,为查慎行《东坡诗补注》所讥。(中略)核书中体例,与杜诗千家注相同,殆必一时书肆所为,借十朋之名以行耳。"(卷一百五十四)

〔八〕康熙己卯,三十八年(1699)也。《提要》所据,为"康熙己卯夏五商丘宋荦序"。邵长蘅《题旧本施注苏诗》:"施氏注东坡诗四十二卷,镂版于宋嘉泰间,世之学者往往知有其书,而流传绝少。商丘公购之数年,从江南藏书家得此本,又残阙仅存三十卷。是书卷端题吴兴施氏、吴郡顾氏,而不著名,而序文目录又阙,故览者莫得其详也。其后得陆放翁所作《施注苏诗序》,有云'施宿武子出其先人司谏公所注数十大编,属某序',又云'助之以顾子景繁之该洽'。又按《文献·经籍考》载司谏名元之字德初,其注诗本末与序合。又参考郡邑志及它书,而三君之名字乃灼然亡疑。商丘公幸是书之存,而惜其残阙也,进门下士邵长蘅属以订补,为之缀阙正讹,芟芜省复,而所为四十二卷者,犁然复完,可版行。"(康熙刻本《施注苏诗》卷首)

〔九〕宋荦序:"公诗故有吴兴施氏元之注四十二卷,元之子宿推广为年谱,而陆放翁序之。宋嘉泰间镂版行世,其后罕流传。予尝求之数十年,莫能得及,抚吴又数数购求,始得此本于江南藏书家。第阙者十二卷,乃属毗陵邵长蘅子湘订补,且为之芟复正讹,而佐之以吴郡顾嗣立侠君泊儿子至。其续补遗诗四百馀首,采撷施本所未备,别为二卷,则以属钱塘冯景山公为之注。"(康熙刻本《施注苏诗》卷首)

邵长蘅《注苏例言》第二条:"施注佳处,每于注题之下,多所发明,少或数言,多至数百言,或引事以徵诗,或因诗以存人,或援此以证彼,务阐诗旨,非取汎澜,间亦可补正史之阙遗。即此一端,迥非诸家可及。"第三条:"施氏注苏,原厘四十二卷,世传之者绝少。商丘公购得宋椠旧本,阙十二卷,仅存三十卷,而虫蠹腐蚀,脱简又几什二。是书于阙卷则参酌王注,徵引群书以补之,脱行残幅,可补者补之,不可补则阙之。至旧注所未收,不敢轻有增益,惧失实也。计阙(一卷、二卷、五卷、六卷、八卷、九卷、二十三卷、二十六卷、三十五卷、三十六卷、三十九卷、四十卷。)"第十二条:"是书编纂开于五月,蒇事于腊月。发凡起例,商丘公实总其成。其间缀残葺旧,则顾子侠君(嗣立)。经其始,校疑订讹,则宋子山言(至);襄其终,至于补者补、删者删,长蘅于此不无小补。所媿闻见浅尠,时日趣迫,宁免误漏,请竢后贤。是冬长蘅适以病归里,未帙阙注四卷(三十五、三十六、三十九、四十),则属高邮李子百药(必恒)代笺,劳不可没也。乃附著之。"(康熙刻本《施注苏诗》卷首)

〔一〇〕按，所云"巾箱本"，指《古香斋袖珍板书十种》本，为乾隆十三年（1748）刊，参观《续修四库全书总目提要》（齐鲁书社本）第31册192—193页。《增订四库简明目录标注》卷十五著录此本，云"古香斋小字本"。

〔一一〕《四库全书总目·补注东坡编年诗》："初宋荦刻《施注苏诗》，急遽成书，颇伤潦草。又旧本黴黯，字迹多难辨识，邵长蘅等惮于寻绎，往往臆改其文，或竟删除以灭迹，并存者亦失其真。慎行是编，凡长蘅等所窜乱者，并勘验原书，一一厘正。又于施注所未及者，悉蒐采诸书以补之。其间编年错乱，及以他诗溷入者，悉考订重编。凡为正集四十五卷，又补录帖子词、致语、口号一卷，遗诗补编二卷，他集互见诗二卷。别以《年谱》冠前，而以同时倡和散附各诗之后。虽卷帙浩博，不免牴牾，（中略）如斯之类，皆不免炫博贪多。（中略）其他譌漏之处，为近时冯应榴合注本所校补者，亦复不少。然考核地理，订正年月，引据时事，原原本本，无不具有条理，非惟邵注新本所不及，即施注原本，亦出其下。现行苏诗之注，以此本居最，区区小失，固不足为之累矣。"（卷一百五十四）

山谷内集注二十卷外集注十七卷_{两淮盐政采进本}别集注二卷_{编修翁方纲家藏本}

宋任渊、史容、史季温所注黄庭坚诗也。任渊所注者《内集》，史容所注者《外集》，其《别集》则容之孙季温所补，以成完书。《内集》一称《正集》，其又称《前集》者，盖《内集》编次成书在《外集》之前，故注家相承谓《内集》为《前集》耳。《外集》之诗，起嘉祐六年辛丑，庭坚时年十七〔一〕；而《内集》之诗，起元丰元年戊午，庭坚时年三十四〔二〕。故《外集》诸诗转在《内集》之前。黄㽦所编庭坚《年谱》云："山谷以史事待罪陈留，偶自编退听堂诗，初无意尽去少作。胡直孺少汲建炎初帅洪井，类山谷诗文为《豫章集》，命汝阳朱敦孺、山房李彤编集,而洪炎玉父专其事,遂以退听为断。"〔三〕史容《外集序》亦云:"山谷自言欲仿庄周分其诗文为内、外篇,意固有在,非欲去此取彼也。"〔四〕《谱》又云:"洪氏旧编以《古风二篇》为首,今任渊注本亦云东坡报山谷书推重此二诗,故置诸篇首。"是任渊所注《内集》,即洪炎编次之本〔五〕。史季温《外集跋》云:"细考出处岁月,别行诠次,不复以旧集古律诗为拘。"则所谓《外集》者,已非复原次。再考李彤《外集跋》云:"彤闻山谷自巴陵取道通城,入黄龙山,为清禅师遍阅《南昌集》,自有去取,仍改定旧句。彤后得本,用以是正。其言'非予诗者'五十馀篇,彤亦尝见于他人集中,辄已(按,原误为以字,据《四库全书》本改)除去。"又云:"《前集》内《木之彬彬》诸篇,皆山谷晚年删去。"〔六〕其去取据此而已。然季温跋称其大父为增注、考订,在嘉定戊辰后,又近十年,则上距庭坚之殁,已百有十年〔七〕,而《外集》原本卷次,至是始经史容更定,则所谓《外集》者,并非庭坚自删之本矣。然则是三集者,皆赖注本以传耳。赵与旹《宾退录》尝论渊注《送舅氏野夫之宣城》诗,不得"春网琴高"出典〔八〕,然注本之善,不在字句之细琐,而在于考核出处、时事,任注《内集》、史注《外集》,其大纲皆系于目录每条之下,使读者考其岁月,知其遭际,因以推求作诗之本旨,此断非数百年后以意编年者所能为,何可轻也。《外集》有嘉定元年晋陵钱文子序,而《内集》鄱阳许尹序,世传抄本皆佚之,惟刘壎《水雲村泯稾》载其大略〔九〕,目录亦多残阙。此本独有尹序全文,且三集目录,犁然皆具,可与注相表里,是亦足为希觏矣。渊字子渊,蜀之新津人。绍兴元年乙丑,以文艺类试有司第一。仕至潼川宪。其称天社者,新津山名也〔一〇〕。容字公仪,号芗室居士,青衣人。仕至太中大夫〔一一〕。其孙季温字子威,举进士,宝祐中官秘书少监〔一二〕。渊又尝撰《山谷精华录》,诗赋铭赞六卷,杂文二卷,自序谓节其要而注之〔一三〕。然原本已佚,今所传者出明人伪托。独此注则昔人谓独

为其难者,与史氏二注本,艺林宝传,无异辞焉。卷一百五十四

〔笺注〕

〔一〕嘉祐六年为1061年。据《山谷年谱》,庭坚生于庆历五年(1045)六月十二日(乙酉年癸未月丙寅日壬辰时),嘉祐六年(1061),为十七岁。

〔二〕元丰元年为1078年,为三十四岁,《内集》冠首之诗,为《古诗二首》,而据《山谷年谱》,此二诗为此年二月寄苏轼者,是《内集》所存诗,始元丰元年(1078)二月也。

〔三〕按,据《山谷年谱》,"汝阳"当作"洛阳","敦孺"当作"敦儒"。《山谷年谱》卷一嘉祐六年:"按赵伯山《中外旧事》云:先生少有诗名,未入馆时,在叶县、大名、德州、德平,诗已卓绝。后以史事待罪陈留,偶自编退听堂诗,初无意尽去少作。胡直孺少汲建炎初帅洪井,首为先生类诗文,为《豫章集》,命洛阳朱敦儒、山房李彤编集,而洪炎玉父专其事,遂以退听为断。"(《适园丛书》本)

又按,《山谷年谱》此节,陈鹄《西塘集耆旧续闻》卷三亦载之,亦作:"胡直孺少汲建炎初帅洪州,首为鲁直类诗文,为《豫章集》,命洛阳朱敦儒、山房李彤编集。"《耆旧续闻》数录赵子崧《中外旧事》,此条则未注所出,而据《山谷年谱》观之,亦必出赵书无疑;是"汝阳朱敦孺"五字误也。又自来文献,皆以朱敦儒为洛阳人,无作汝阳者,可参观邓子勉《朱敦儒杂考五则》二"祖籍考略"(见《南京师大学报》1992年第1期)。

〔四〕史容《山谷外集诗注原目》:"山谷自言欲仿庄周分其诗文为内、外篇,意固有在,非去此取彼。今内集诗已有注,而外集未也,疑若有所去取焉者,兹岂山谷之意哉。秦少游《与李德叟简》云:'黄鲁直过此,为留两日,其《敝帚》、《焦尾》两编,文章高古,邈然有二汉之风。今时交游中,以文墨自业者,未见其比。'又简参寥云:'鲁直近从此赴太和令,得渠新诗一编,高古绝妙,吾属未有其比。仆顷不自揆,妄欲与之后先而驱,今乃知不及远甚。'赴太和,盖元丰庚申岁,而《焦尾》、《敝帚》即外集诗文也,其为时辈所推如此。建炎间,山谷之甥洪玉父为胡少汲编《豫章

集》,独取元祐入馆后所作,盖必有谓,未可据依,此续注之所不得已也。因以少游语冠于篇首。其作诗岁月,别行铨次,有不可考者,悉皆附见。旧多舛误,略加是正,馀且从疑,以俟博识。"(《山谷外集诗注》卷首)

〔五〕见《山谷年谱》卷七元丰元年。《山谷年谱》卷一嘉祐六年:"据今所传《豫章文集》,即洪氏所次,而先生平生得意之诗及尝手写者,多在《外集》。禬窃识之。后见晋陵尤公袤亦疑编次之未当,禬即具以所闻对,公击节三叹。盖前辈读书精确,自具眼目如此。禬尝考洪氏、李氏旧编,洪氏则以《古风二首》为首,不及古赋、楚词,而李氏所编文集,则第一卷首载古赋、楚词,第二卷方及古诗,乃以《赠别李次翁》为首,而《古风二首》反置之卷末。"

〔六〕《山谷年谱》卷一嘉祐六年:"李氏所编文集,(中略)而外集之末跋云:'肜曩闻先生自巴陵取道通城,入黄龙山,盘礴雲窗,为清禅师遍阅《南昌集》,自有去取,仍改定旧句。肜后得此本于交游间,用以是正。其言非予诗者五十馀篇,肜亦尝见于他人集中,辄已除去。'又:'又于第十四卷后跋云:'前集内《休亭赋》、《墨戏赋》、《白山茶赋》、《木之彬彬》、《悲秋》、《演雅》、《次韵答王慎中》、《题张澄居士隐居三首》(按,此首题应作《平阴张澄居士隐处三首》)、《题少章寄寂斋》、《谢从善司业送惠山泉》、《送刘士彦赴福建运判》、《论语断篇》,皆属先生晚年删去。'卷二十九崇宁元年:"李肜季敌《书豫章集后》云:'先生自巴陵取道通城,入黄龙山,为清禅师遍阅《南昌集》,自有去取。'即此诗也。"

〔七〕戊辰为嘉定元年(1208)。据《山谷年谱》,庭坚卒于崇宁四年(1105)九月三十日,其间相距,不过一百四年,馆臣云"百有十年",亦不确。

〔八〕按,此当本何焯说。《义门先生集》卷五《与友人书》:"二十年前曾尝宣城琴高鱼,始知山谷'春网荐琴高'之句善道土风,而已苍驳之为过。后见赵与旹《宾退录》亦载之。"又《瀛奎律髓汇评》卷四《送舅氏野夫萃之宣州二首》下引何义门驳冯舒批云:"琴高鱼事详赵与旹《宾退录》,二冯似未见此书,以为琴高代鲤鱼用者,反误于任渊注也。宣城有琴高鱼,纤细如柳叶,碧色无骨,土人甚珍之。"(上古1986年本,177页)纪昀有《瀛奎律髓刊误》之撰,必睹何说。后来沈涛《匏庐诗话》卷上、李联琇

《好雲楼二集》卷十四《杂说》亦均及此事。参观钱锺书《谈艺录》(补订本)第8、314页。近人黄公渚选注《黄山谷诗》第11页于此诗琴高,仍沿任注之误,以为借指鲤鱼,盖《四库提要》亦不读也。

《宾退录》卷五:"《列仙传》:'琴高,赵人也,以鼓琴为宋康王舍人。行涓、彭之术,浮游冀州、涿郡间二百馀年。后辞入涿水中取龙子,弟子洁斋候于水旁,且设祠屋。果乘赤鲤出,祠中留一月馀,复入水去。'今宁国泾县东北二十里有琴溪,溪之侧有石台,高一丈,曰琴高台,相传琴高隐所,有庙存焉。溪中别有一种小鱼,他处所无,俗谓琴高投药滓所化,号琴高鱼。岁三月,数十万一日来集。渔者网取,渍以盐而曝之。州县须索无艺,以为苞苴土宜,其来久矣。旧亦入贡,乾道间始罢。前辈多形之赋咏,梅圣俞、王禹玉、欧阳文忠公,皆有《和梅公仪(挚)琴高鱼》诗。圣俞诗云:'大鱼人骑上天去,留得小鳞来按觞。吾物吾乡不须念,大官常膳有肥羊。'禹玉诗云:'三月江南花乱开,清溪曲曲水如苔。琴高一去无踪迹,枉是渔人尚见猜。'文忠诗云:'琴高一去不复见,神仙虽有亦何为。溪鳞佳味自可爱,何必虚名矜好奇。'圣俞又有《宣州杂诗》二十首,其一云:'古有琴高者,骑鱼上碧天。小鳞随水至,三月满江边。少妇自捞漉,远人无弃捐。凭书不道薄,卖取青铜钱。'圣俞宣人也。汪彦章尝赋长篇:'百川萃南州,水族何磊砢。其间琴高鱼,初未列楚些。岂堪陪薦鲜,裁用当殽果。土人私自珍,千里事封裹。遂令四方传,噍嚼亦云颇。俗云琴高生,控鲤宛溪左。灵踪散如烟,遗鬣尚馀颗。向来骑鲸人,逸驾尝慕我。不应当时游,反用此么麽。得非效齐谐,怪者记之过。彭越小如钱,踪迹由汉祸。越书载王馀,变化更微琐。因知天地间,人莫穷物夥。区区于其中,臆决盖不可。伪真吾何知,且用慰颐朵。'故山谷《送舅氏野夫之宣城》诗有云:'籍甚宣城郡,风流数贡毛。霜林收鸭脚,春网荐琴高。'蜀人任渊注此诗,不知宣城土地所宜,但引《列仙传》事,直云'琴高,鲤也',误矣。公仪诗恨未见,汪诗不载集中。"

〔九〕钱序末署"嘉定元年十二月乙酉晋陵钱文子序"。许尹《黄陈诗注原序》,见《隐居通议》卷六,其略云:"蜀士任子渊尝注黄陈诗,番阳许尹为之序,其略云云。许公此序断制古今诗体,深合绳尺,自三百篇沿汉晋以来下至唐宋数语,核之靡不的确,而于黄陈所学,又窥其奥,信名言矣。愚观许公必力于学、深于诗者,尚未见其佗文,可恨耳。"(《海山仙馆丛书》本)又《四库全书总目·隐居通议》:"壎所著《水雲村稿》,世有二本,其一本别题曰《泯稿》,卷帙颇少,不知何人删取是书三分之一,附诸稿末,殊为阙略。"(卷一百二十二)是《隐居通议》尝为人删取,题作《水雲村泯稿》也。

〔一〇〕按,此说有误。绍兴元年(1131)为辛亥,乙丑为绍兴十五年(1145),其间实牴牾。《直斋书录解题·訢庵集》:"《訢庵集》四十卷,新津任渊子渊撰。绍兴乙丑类试第一人,仕至潼川宪。尝注山谷、后山诗,行于世。新津有天社山,故称天社任渊。"(卷十八)《文献通考·经籍考六十七》(卷二百四十)"訢庵"作"泝庵",其馀皆同。而明曹学佺《蜀中广记》卷九十九《著作记》、王士禛《古夫于亭杂录》卷三,皆谓渊"绍兴元年乙丑类试第一人",添出"元年"二字,《提要》屡引王氏书,此"元年"二字,亦必从王氏来也。

〔一一〕按此数句,本于钱文子《芗室史氏注山谷外集诗序》,其略云:"公,蜀青衣人,名容,号芗室居士,仕至太中大夫。晚谢事,著书不自休,尝为《补韵》及《三国地名》,皆极精密。今年馀七十,耳目清明,齿发不衰。"(《山谷外集诗注》卷首)序作于嘉定元年(1208),据之上推,史容之生,必当在淳熙五年(1138),或前之一二年(《宋人生卒行年考》云生于1148年,误)。

〔一二〕按此数句,本于《宋诗纪事》卷六十七史季温小传:"季温字子威,眉山人,举进士。宝祐中官秘书少监。"据《南宋馆阁续录》卷八:"史季温,字子威,贯眉州。习诗赋,壬辰徐榜进士出身。(嘉熙)四年十一月,以太府丞除。淳祐元年五月,为著作佐郎。"据此,知季温举进士,在绍定五年(1232)。宝祐,为理宗年号,在1253—1258年。别参《四库提要辨证》1374—1375页所考。

〔一三〕《居易录》卷三十:"宋任渊撰《山谷精华录》八卷,诗赋铭赞六卷、杂文二卷,宋椠本也。有章丘李中麓太常(开先)图书印记。渊自序云:'万宝集于前,则万其价、万其色,因不无去取,择而千之,亦自具一可否,有上选焉。黄太史《山谷集》几万其篇章,走常节其要而谬注之,什之一也。然其间犹有幽兰丛桂、奇玉特珠,萃类拔出者,又别帙焉,是上选也。一日雷子诚过而见之,喜欲授梓,来索实版,故并述其所以然而与之。天社任渊序。'按渊即注陈后山集者,惜录中取舍未惬人意耳。"(康熙刻本)

《四库全书总目·精华录》:"《精华录》八卷,(中略)何景明曰:《山谷精华录》任渊选者,其所采取,多不惬人意。王士禛曰:《精华录》八卷,有天社任渊自序,录中取舍,未惬人意。张宗柟亦曰:观其录取大意,祇以备体,且多阑入游戏之作,非上选也。"(卷一百七十四)

后山诗注十二卷 浙江巡抚采进本

宋陈师道撰[一],任渊注。原本六卷,此本作十二卷,则渊作注时,每卷厘为二也。渊生南北宋间,去元祐诸人不远,佚文遗迹,往往而存,即同时所与周旋者,亦一一能知始末,故所注排比年月,钩稽事实,多能得作者本意。然师道诗得自苦吟,运思幽僻,猝不易明。方回号曰知诗,而《瀛奎律髓》载其《九日寄秦观》诗,犹误解末二句[二],他可知矣。又魏衍作师道集记,称其诗未尝无谓而作[三],故其言外寄托,亦难以臆揣。如送郭概四川提刑诗之"功名何用多,莫为分外虑",送杜纯陕西转漕诗之"谁能留渴须远井",赠欧阳棐诗之"岁历四三仍此地,家馀五一见今朝",观六一堂图书诗之"历数况有归,敢有贪天功",次韵苏轼观月听琴诗之"信有千丈清,不如一尺浑",次韵苏轼劝酒与诗之"五七三不同,夙纪鸣蝉赋",寄苏轼诗之"功名不朽聊通袖,海道无违具一舟",寄张耒诗之"打鸭起鸳鸯",《离颍》诗之"丛竹防供爨,池鱼已割鲜",《送刘主簿》诗之"二父风流皆可继,排禅诋道不须同",《送王元均》诗之"故国山河开始终",以及《宿深明阁》、陈州门《绝句》、《寄曹州晁大夫》等篇〔四〕,非渊一一详其本事,今据文读之,有茫不知为何语者。即《巨野》诗之"蒲港"对"莲塘",俪偶相配,似乎不误,非渊亲见其地,亦不知"港"字当为"巷"也〔五〕。其中如寄苏轼诗之"遥知丹地开黄卷,解记清波没白鸥"二语,盖宋敏求校定杜诗,误改"白鸥没浩荡"句,轼尝论之,见《东坡志林》,故师道借以为讽,渊惟引其寄弟辙诗"万里沧波没两鸥"句,则与上句"丹地黄卷"不相应矣〔六〕。他如"儿生未知父"句,实用孔融诗〔七〕;"情生一念中"句,实用陈鸿《长恨歌传》〔八〕;"度越周汉登虞唐"句,"虞唐"颠倒,实用韩愈诗〔九〕;"孰知诗有验"句,以"熟"为"孰",实用杜甫诗〔一〇〕,而皆遗漏不注。《次韵春怀》诗"尘生鸟迹多"句,"鸟迹"当为"马迹"之譌,而引晋简文"床尘鼠迹"附会之〔一一〕。《斋居》诗"青奴白牡静相宜"句,"牡"字必误,而引"白角簟"附会之〔一二〕。谒庞籍墓诗"丛篁侵道更须东"句,"东"字必误,而引《齐民要术》"东家种竹"附会之〔一三〕。至于以谢客儿为客子,以龙为龙伯,皆舛谬显然〔一四〕,渊亦绝不纠正。是皆不免于微瑕。据渊自序,其编次先后,亦如所注《山谷集》例,寓年谱于目录。今考《和豫章公黄梅二首》注曰:"此篇编次不伦,姑仍其旧。"又于绍圣三年下注曰:"是岁春初,后山当罢颍学,而《离颍》等诗反在卷终,又有未离颍时所作。魏本如此,不欲深加改正。"而于《示三子》诗则注曰:"此篇原在晁张见过诗后,今迁于此。"于《雪后黄楼寄负山居士》诗则注曰:"此诗原在《秋怀》前,今迁于此。"于《再次韵苏公示两欧阳》五诗则注曰:"以东坡集考之,原在《涉颍》诗后,今迁于此。"〔一五〕则亦有所审定,非衍之旧。又衍记称师道卒于建中靖国元年,年四十九,此集托始于元丰六年,则师道年已三十一,不应三十岁前都无一诗〔一六〕。观《城南寓居》二首列于元丰七年,而注曰:"或云熙宁间作。"〔一七〕则渊亦自疑之。《题赵士睍高轩过图》一首,渊引王立之《诗话》,称作此诗后数月间遂卒,故其后更列送欧阳棐、晁端仁、王巩三诗。今考王立之《诗话》,实作"数日无己卒,士暕赠以百缣",校其所录情事,作数日为是〔一八〕。则小误亦所不免。然援证古今,具有条理,其所得者实多。庄绰《鸡肋编》尝摭师道诗采用俚语者十八条〔一九〕,大致皆渊注所已及,可知其用意之密矣。固与所注《山谷集》,均可并传不朽也。卷一百五十四

〔笺注〕

〔一〕师道传见《宋史》卷四百四十四。

〔二〕按,"秦观"应作"秦觏"。《九日寄秦觏》:"疾风回雨水明霞,沙步丛祠欲暮鸦。九日清樽欺白发,十年为客负黄花。登高怀远心如在,向老逢辰意有加。淮海少年天下士,独能无地落乌纱。"方回云:"'无地落乌纱',极佳。孟嘉犹有一桓温客之,秦并无之也。"纪昀驳云:"后四句言己已老,兴尚不浅,况以秦之豪俊,岂有不结伴登高者乎?乃因此以寄相忆耳,解谬。"(《瀛奎律髓汇评》卷十六)此诗见《后山诗注》卷二。

〔三〕魏衍《彭城陈先生集记》:"窃惟先生之文,简重典雅,法度谨严,诗语精妙,盖未尝无谓而作。其志意行事,班班见于其中,小不逮意,则弃去。"(《后山诗注补笺》卷首)

〔四〕《送外舅郭大夫槩西川提刑》见《后山诗注》卷一,《送杜侍御纯陕西转运》、《赠欧阳叔弼》见卷二,《观兖国文忠公家六一堂图书》、《次韵苏公观月听琴》、《次韵苏公劝酒与诗》并见卷三,《寄送定州苏尚书》、《寄张宣州(耒)》、《离颍》并见卷四,《送刘主簿》见卷六,《送王元均贬衡州兼寄元龙二首》见卷七,《宿深明阁二首》见卷五,《寄曹州晁大夫》见卷九、陈州门《绝句》见卷一。

〔五〕《巨野二首》之二:"蒲港侵衣绿,莲塘乱眼红。"任注:"《宋莒公集》:'梁山泊水无岸,行舟多穿菰蒲为道,州人谓之蒲巷。此"港"字恐当作"巷"。'"冒广生《补笺》云:"后山《逸诗》别有《巨野泊触事》一首,起句亦云'蒲港牵丝直,平湖堕镜清',则蒲港之误,似非确论。"(《后山诗注补笺》卷二)余嘉锡亦不以为然,见《四库提要辨证》1375页。

〔六〕二句见《寄侍读苏尚书》,任注:"此篇又劝苏公高退。苏公在颖和子由诗有'明年兼与士龙去,万顷沧波没两鸥'之句。"(《后山诗注补笺》卷四)苏句见《次韵子由书王晋卿画山水一首而晋卿和二首》之二(《施注苏诗》卷三十)。《四库全书》本《东坡志林》卷五、卷七,均有论"白鸥没浩荡"条,卷五云:"杜子美云:'白鸥没浩荡,万里谁能驯。'盖灭没于烟波间耳。而宋敏求谓余云:'鸥不解没。'改作波字。二诗改此两字,便觉一篇神气索然也。"

〔七〕《送外舅郭大夫棨西川提刑》:"何者最可怜,儿生未知父。"(《后山诗注补笺》卷一)按,馆臣以此本孔融诗,指《孔北海集》中《杂诗》所云"生时不识父"(逯钦立《先秦汉魏晋南北朝诗》342页以为此诗非孔融作)。但二句用意,迥然有别。《补笺》于此无一语,亦可怪也。

〔八〕《雪中寄魏衍》:"意在千山表,情生一念中。"任注:"情生见前注。乐天《与元微之书》曰:'平生故人,去我万里,瞥然尘念,此际暂生。'"(《后山诗注补笺》卷十)按,"情生见前注",指本卷第一首《寄张学士》"情生不自还"句注引《晋书》郭文云:"情由忆生,不忆故无情。"馆臣以为本《长恨歌传》,盖指"由此一念"句,实不然也。

〔九〕《赠二苏公》:"典谟雅颂用所长,度越周汉登虞唐。"(《后山诗注补笺》卷一)按,馆臣云本韩诗,见《赠唐衢》:"胡不上书自荐达,坐令四海如虞唐。"(《东雅堂昌黎集注》卷三)

〔一〇〕《送张秀才》:"孰知诗有验,莫愠路无粮。"(《后山诗注补笺》卷八)按,《提要》所云杜诗,应指《舍弟占归草堂检校聊示此诗》:"孰(今本作熟)知江路近,频为草堂回。"(《杜诗详注》卷十二)汪元量《杭州杂诗和林石田》二十三首之七云:"一枝巢越鸟,八茧熟吴蚕。"王国维校引《永乐大典》"熟"作"孰",亦可证也。

〔一一〕《次韵春怀》:"尘生鸟迹多。"任注:"《世说》:晋简文帝为抚军时,床上尘不听拂,见鼠行迹,视以为佳。后山盖用此意。"(《后山诗注补笺》卷二)余嘉锡以"鸟迹"云云,为用《孟子》"兽蹄鸟迹之道交于中国",刺小人也。其说较可取。

〔一二〕《斋居》:"青奴白牯静相宜,老罷形骸不自持。"任注:"黄鲁直云:

赵子充示《竹夫人》诗,盖凉寝竹器,憩臂休膝,似非夫人之职。为名曰青奴。《传灯录》:长沙岑和尚曰:'狸奴白牯却知有。'盖谓水牯牛也。此诗借用,似言白角簟也。"(《后山诗注补笺》卷三)

〔一三〕《东山谒外大父墓》:"万木刺天元自直,丛篁侵道更须东。"任注:"《齐民要术》曰:竹性爱西南。引谚云:'东家种竹,西家治地。'此言更须东,谓自已侵道,不须复东引也。"(《后山诗注补笺》卷五)《瀛奎律髓》卷二十八有此诗,纪昀批云:"'更须东'三字欠通,任渊注亦附会无理,余定为'通'字之误。盖此三句比庞之孤直,四句比小人之党尚在。"(《瀛奎律髓汇评》1250 页)别参《四库提要辨证》1377—1380 页所说。

〔一四〕《九月九日魏衍见过》:"语到君房妙,诗同客子游。"任注:"《南史·谢弘微传》:谢灵运小名客儿。按灵运有《九月九日从宋公戏马台集》诗。"(《后山诗注补笺》卷五)《谢寇十一惠端砚》:"探颔适遭龙伯睡。"任注:"《庄子》曰:千金之珠,必在九重之渊,而骊龙颔下,子能得珠者,必遭其睡也。《列子》有龙伯之国。"(《后山诗注补笺》卷十)

〔一五〕《示三子》、《雪后黄楼寄负山居士》见卷二,《再次韵苏公示两欧阳》等五诗见卷三,注语云云,并见《目录》诗题下。

〔一六〕《彭城陈先生集记》:"殁于建中靖国元年十二月之二十九日,年四十九。"建中靖国元年,为1101 年;元丰六年,为1083 年。

〔一七〕见《目录》注,诗在第一卷。元丰七年,为 1084 年。熙宁年间,为1068—1077 年。

〔一八〕见《目录》注,诗在第十二卷。题为《题明发高轩过图》。《诗话总龟》卷十九引《王直方诗话》:"数日无己卒,士悚赠以十缣。"《宋诗纪事》卷三十三引《王直方诗话》:"数日无己卒,士悚赠以百缣。"均作"数日",唯缣一作十,一作百耳。《四库提要订误》以馆臣作"百缣"误,不知其所据不同,未可指为误也。又作"数日"、"数月",何者为是,《订误》亦有所考,然不知余嘉锡已先发之,见《四库提要辨证》1400 页,《订误》作者盖未读也。

〔一九〕《鸡肋编》卷下:"杜少陵《新婚别》云:'鸡狗亦得将。'世谓谚云'嫁得鸡,逐鸡飞;嫁得狗,逐狗走'之语也。而陈无己诗,亦多用一时俚语。

如：'昔日剜疮今补肉'，'百孔千窗容一罅'，'拆东补西裳作带'，'人穷令智短'，'百巧千穷只短檠'，'起倒不供聊应俗'，'经事长一智'，'称家丰俭不求馀'，'卒行好步不两得'。皆全用四字。'巧手莫为无麫饼'（巧媳妇做不得无面餑饦），'不应远水救近渴'、'谁能留渴须远井'（远水不救近渴），'瓶悬甃间终一碎'（瓦罐终须井上破），'急行宁小缓'（急行赶过慢行迟），'早作千年调'，'一生也作千年调'（人作千年调，鬼见拍手笑），'拙勤终不补'（将勤补拙），'斧斫仍手摩'（大斧斫了手摩娑），'惊鸡透篱犬升屋'（鸡飞狗上屋），'割白鹭股何足难'（鹭鹚腿上割股），'荐贤仍赌命'。"（中华书局本）按，庄氏所摘，凡二十一条，而《提要》云"十八条"，亦不可解。

简斋集十六卷_{浙江鲍士恭家藏本}

宋陈与义撰。与义字去非，洛阳人，简斋其号也。登政和三年上舍甲科。绍兴中，官至参知政事。事迹具《宋史》本传[一]。是集第一卷为赋及杂文九篇，第十六卷为诗馀十八首，中十四卷皆古今体诗。方回《瀛奎律髓》称《简斋集》中无全首雪诗，惟以《金潭道中》一首有"后岭雪槎枒"句，编入"雪类"[二]。今考集中古体绝句，并有雪诗，与回所言不合，盖回所选录，惟五七言近体，故但就近体言之，非后人有所窜入也[三]。与义之生，视元祐诸人稍晚，故吕本中《江西宗派图》中不列其名。然靖康以后，北宋诗人凋零殆尽，惟与义为文章宿老，岿然独存，其诗虽源出豫章，而天分绝高，工于变化，风格遒上，思力沈挚，能卓然自闢蹊径。《瀛奎律髓》以杜甫为一祖，以黄庭坚、陈师道及与义为三宗[四]，是固一家门户之论，然就江西派中言之，则庭坚之下，师道之上，实高置一席无愧也。初与义尝作《墨梅》诗，见知于徽宗[五]，其后又以"客子光阴诗卷里，杏花消息雨声中"句为高宗所赏，遂驯至执政[六]。在南渡诗人之中,最为显达。然皆非其杰构。至于湖南流落之馀,汴京板荡以后,感时抚事,慷慨激越,寄迹遥深,乃往往突过古人。故刘克庄《后村诗话》谓其"造次不忘忧爱,以简严扫繁缛,以雄浑代尖巧,第其品格,当在诸家之上"〔七〕。其表姪张嵲为作《墓志》云:"公诗体物寓兴,清邃超特,纡馀闳肆,高举横厉。"亦可谓善于形容。至以陶谢韦柳拟之,则殊为不类〔八〕,不及克庄所论,为得其真矣。卷一百五十六

〔笺注〕

〔一〕见《宋史》卷四百四十五。

〔二〕按此说误。陈诗编入《瀛奎律髓》卷二十一"雪类",不止《金潭道中》一首,尚另有《年华》也。方回评云:"陈简斋无专题雪诗,此二首一云'春生残雪外',一云'后岭雪槎牙',皆于雪如画,佳句也。且诗律绝高,特取诸此,以备玩味。""春生"句见《年华》。

〔三〕按,方回说亦不确。检《简斋集》卷十二有《又用韵春雪》一首,即是七律,不得云无近体雪诗。方回之误,日人筧文生、野村鮎子《四库提要南宋五十家研究》已指出。

〔四〕《瀛奎律髓》卷二十六陈与义《清明》后方回批云:"古今诗人当以老杜、山谷、后山、简斋四家,为一祖三宗,馀可预配飨者有数焉。"参注七引方批。

〔五〕《苕溪渔隐丛话》前集卷五十三:"去非《墨梅》绝句云:'含章帘下春风面,造化功成秋兔毫。意足不求颜色似,前身相马九方皋。'后徽庙召对,称赏此句,自此知名,仕宦亦寖显。"参观钱锺书《容安馆札记》第四百五十六则。

〔六〕《朱子语类》卷一百四十:"'高宗最爱简斋"客子光阴诗卷里,杏花消息雨声中"'。又问坐间云:'简斋《墨梅》诗,何者最胜?'或以'皋'字韵一首对。先生曰:'不如"相逢京洛浑依旧,惟恨缁尘染素衣"。'"
《瀛奎律髓》卷二十三陈与义《山中》后方回批云:"自黄、陈绍老杜之后,

惟去非与吕居仁,亦登老杜之坛。居仁主活法,而去非格调高胜,举一世莫之能及。初以《墨梅》诗见知于徽庙;'客子光阴诗卷里,杏花消息雨声中',大为高庙所赏。欲学老杜,非参简斋不可。"

〔七〕见《后村诗话》卷二:"元祐后,诗人迭起,一种则波澜富而句律疏,一种则锻炼精而性情远,要之不出苏、黄二体而已。及简斋出,始以老杜为师,《墨梅》之类,尚是少作。建炎以后,避地湖峤,行路万里,诗益奇壮。(中略)造次不忘忧爱,以简严扫繁缛,以雄浑代尖巧,第其品格,故当在诸家之上。"馆臣之评,亦颇取之。

〔八〕按,此引张嵲语,亦本于《后村诗话》。《后村诗话》卷四:"陈简斋墓志,张巨山笔也,称公诗'体物寓兴,清邃超特,纡馀闳肆,高举横厉,上下陶谢韦柳之间。'"张语云云,见张嵲《陈公资政墓志铭》(《紫微集》卷三十五)。

茶山集八卷 永乐大典本

宋曾幾撰。幾字吉甫,赣县人。徙居河南。以兄弼恤恩授将仕郎,试吏部优等,赐上舍出身,历校书郎。高宗朝,历官江西、浙西提刑。忤秦桧去位,侨寓上饶茶山寺,自号茶山居士。桧死,召为秘书少监,权礼部侍郎,提举玉隆观,致仕。卒谥文清〔一〕。陆游为作《墓志》云:"公治经学道之馀,发于文章,而诗尤工,以杜甫、黄庭坚为宗。"魏庆之《诗人玉屑》则云:"茶山之学,出于韩子苍。"其说小异〔二〕。然韩驹虽苏氏之徒,而名列江西诗派中,其格法实近于黄,殊途同归,实亦一而已矣。后幾之学传于陆游,加以研练,面目略殊,遂为南渡之大宗。又《诗人玉屑》载赵庚夫《题茶山集》曰:"清于月白初三夜,淡似汤烹第一泉。咄咄逼人门弟子,剑南已见一灯传。"〔三〕其句律渊源,固灼然可考也。又游跋幾奏议槀曰:"绍兴末,先生居会稽禹迹精舍,某自敕局归,无三日不进见,见必闻忧国之言。先生时年过七十,聚族百口,未尝以为忧,忧国而已。"〔四〕

据此,则幾之一饭不忘君,殆与杜甫之忠爱等,故发之文章,具有根柢,不得仅以诗人目之,求诸字句间矣。《墓志》称有《文集》三十卷,《易释象》五卷。《易释象》已不传,文集则《书录解题》及《宋史·艺文志》均作十五卷〔五〕,是当时已佚其半。自明以来,并十五卷亦佚,仅仅散见各书,偶存一二。兹从《永乐大典》中搜采编辑,勒为八卷,凡得古今体五百五十八首,虽不足尽幾之长,然较刘克庄《后村诗话》所记九百一十篇之数,所佚者不过三百五十二篇耳〔六〕。残膏賸馥,要足沾匄无穷也。卷一百五十八

〔笺注〕

〔一〕幾传见《宋史》卷三百八十二。

〔二〕陆游《曾文清公墓志铭》:"公治经学道之馀,发于文章,雅正纯粹,而诗尤工。以杜甫、黄庭坚为宗,推而上之,由黄初、建安以极于《离骚》、《雅》、《颂》、虞、夏之际。初与端明殿学士徐俯、中书舍人韩驹、吕本中游,诸公继没,公岿然独存。道学既为儒者宗,而诗益高,遂擅天下。"(《渭南文集》卷三十二)《诗人玉屑》云云,见其书卷十九,详注三所引。按,韩驹字子苍,曾幾既与之游,诗学遂擩染之,自为情理中事,陆游云云,其意盖出推尊,不免稍张大,而《玉屑》似较可据也。

〔三〕按引诗字误,殆凭记忆,又未覆按故也。《诗人玉屑》卷十九:"陆放翁诗,本于茶山,故赵仲白题曾文清公诗集云:'清于月出初三夜,澹似汤烹第一泉。咄咄逼人门弟子,剑南已见一灯传。'剑南谓放翁也。然茶山之学,亦出于韩子苍,三家句律,大概相似,至放翁则加豪矣。"是"月白"当作"月出"。

又赵庚夫字仲白,莆田人。其《读曾文清公集》云:"茶山八十二癯仙,千首新诗手自编。吟到瘴烟因避寇,贵登丛棘只栖禅。新如月出初三夜,澹比汤煎第一泉。咄咄逼人门弟子,剑南已见祖灯传。"见宋陈起编《江湖后集》卷八(《四库全书》本,据《永乐大典》辑)。又《宋诗纪事》卷八十五录此诗,则据元韦居安《梅磵诗话》,今人编《全宋诗》第五五册34296

页从之,只"新如"作"新于",一字小异,其他无不同。是"清于月出"当作"新如月出","澹似汤烹"当作"澹比汤煎","一灯传"当作"祖灯传";《诗人玉屑》所引二联,亦不确。

〔四〕陆游《跋曾文清公奏议稿》:"绍兴末,贼亮入塞,时茶山先生居会稽禹迹精舍,某自敕局罢归,略无三日不进见,见必闻忧国之言。先生时年过七十,聚族百口,未尝以为忧,忧国而已。"(《渭南文集》卷三十)

〔五〕陆游《曾文清公墓志铭》:"有《文集》三十卷,《易释象》五卷,他论著未诠次者,尚数十卷。"《经义考》卷二十三:"曾氏(幾)《周易释象》,《宋志》五卷,佚。"《宋史·艺文七》:"曾幾集十五卷。曾幾《易释象》五卷。"(卷二百八)《直斋书录解题》卷二十:"《曾文清集》十五卷。"

〔六〕按,此语亦误。《后村诗话》续集卷四云:"茶山诗十五卷,九百一十篇者是也。续刊后集亦十五卷,然中间多泛应漫与者。前辈所作,犹自删其半,今人乃并存而不削,欲其行世难矣。"据此,《茶山集》前后共三十卷,后集之诗,亦应略同前集之数,合之必有一千七八百篇,则所佚去者,又何止三百五十二篇?馆臣此语,亦太笨矣。

石湖诗集三十四卷 江苏巡抚采进本

宋范成大撰〔一〕。成大有《吴郡志》,已著录〔二〕。案陈振孙《书录解题》,成大有集一百三十六卷,《宋史·艺文志》亦载《石湖大全集》一百三十六卷,与陈氏著录同,而又有《石湖别集》二十九卷,又有《石湖居士文集》,亡其卷数〔三〕。此本为长洲顾嗣立等所订,乃于全集之中,独摘其诗别行,而附以赋一卷〔四〕。前有杨万里、陆游二序。然万里所序者乃其全集,不专序诗〔五〕;游所序者乃其《西征小集》〔六〕,亦非序全诗。以名人之笔,嗣立等姑取以弁首耳。据万里序,集乃成大所自编〔七〕,考十一卷末有自注云:"以下十五首,三十年前所作,续得残稾,附此卷末。"〔八〕其馀诸诗,亦皆注"以下某处作"〔九〕,是亦手订之明证矣。诗不分体,亦不分立名目,惟编年为次。然送洪迈使金诗凡四首,其两首在第八卷,列于迈使还入境以诗迓之之前,其两首乃在第十卷,列于何溥挽词之后。迈未尝再使金,则送别之诗,不应前后两见〔一〇〕。又《南徐道中》诗下注曰:"以下赴金陵漕试作。"则是当在第二卷之首,不应孤赘第一卷之末〔一一〕,或后人亦有所窜乱割并欤。成大在南宋中叶,与尤袤、杨万里、陆游齐名,裒集久佚,今所传者仅尤侗所辑之一卷〔一二〕,篇什寥寥,未足定其优劣。今以杨、陆二集相较,其才调之健不及万里,而亦无万里之麤豪;气象之阔不及游,而亦无游之窠臼。初年吟咏,实沿溯中唐以下,观第三卷《夜宴曲》下注曰:"以下二首效李贺。"《乐神曲》下注曰:"以下四首效王建。"已明明言之。其他如《西江有单鹄行》《河豚叹》,则杂长庆之体,《嘲里人新婚诗》《春晚三首》《隆师四图》诸作,则全为晚唐、五代之音〔一三〕。其门径皆可覆按。自官新安掾以后,骨力乃以渐而遒,盖追溯苏黄遗法,而约以婉峭,自为一家,伯仲于杨、陆之间,固亦宜也。卷一百六十

〔笺注〕

〔一〕成大传见《宋史》卷三百八十六。
〔二〕见《四库全书总目》卷六十八。
〔三〕《直斋书录解题·石湖集》:"《石湖集》一百三十六卷,参政吴郡范成大致能撰。(中略)石湖在太湖之滨,姑苏台之下,去城十馀里。面湖为堂,号镜天阁,又一堂扁'石湖'二字,皇陵宸翰也。"(卷十八)《宋史·艺文七》:"范成大《石湖居士文集》(卷亡),又《石湖别集》二十九卷,《石湖大全集》一百三十六卷。"(卷二百八)
〔四〕《增订四库简明目录标注》卷十六:"顾氏本三十卷。"与《提要》著录三十四卷不同。又《朱修伯批本四库简明目录》卷十六:"又顾侠君刊。"沈钦韩亦有《石湖诗集注》三卷,其书本为眉批,校点本《范石湖集》附于书后。
又王士禛《居易录》卷一:"婺源黄昌衢刻宋范石湖诗集二十卷,中多阙

文,吴郡门人顾嗣协迁客亦刻石湖集,摹宋板最工。后村云石湖诗三十四卷,今顾刻卷数正合。"

〔五〕见杨万里《石湖先生大资参政范公文集序》(《诚斋集》卷八十三,《四部丛刊》本)。

〔六〕陆游《范待制诗集序》:"或曰:'公之自桂林入蜀也,舟车鞍马之间,有诗百馀篇,号《西征小集》,尤隽伟,蜀人未有见者。盍请于公以传?'屡请而公不可,弥年乃仅得之。于是相与刻之,而属某为序。"(《渭南文集》卷十四)

〔七〕杨万里《石湖先生大资参政范公文集序》:"予畴昔之晨,与客坐堂上,遥见一健步黄衣,负一笈至庭下。呼而诹其奚自,曰:'自参政公范氏也。'发其笈,公之文集在焉。索其书读之,则公之子莘叩头请曰:'(中略)方先公之疾而未病也,日夜手编其诗文,数年成集,凡若干卷。逮将易箦,执莘手而授之,且曰:"吾集不可无序篇,有序篇非序篇,宁无序篇也。今四海文字之友,惟江西杨诚斋与吾好,且我知微斯人,畴可以嘱斯事?小子识之。"'"

〔八〕见《石湖居士诗集》卷十一《偶书》题下注(《四部丛刊》本)。

〔九〕如《石湖居士诗集》卷一《南徐道中》题下注:"以下赴金陵漕试作。"卷二《九月三日宿胥口始闻雁》题下注:"以下归崑山作。"卷三《半塘》题下注:"以下二十首城西道中。"卷十《翰林学士何公(溥)挽词》题下注:"以下馆中作。"《古风酬胡元之》题下注:"以下白塔新居作。"卷十一《己丑五月被召至行在遇周畏知司直和五年前送周归弋阳韵见赠复次韵答之》题下注:"以下自处州再至行在作。"《初约邻人至石湖》题下注:"以下辛卯自西掖归吴作。"卷十四《晚春二首》题下注:"以下桂林作,旧在乙稿。"

〔一〇〕《送洪景卢内翰北使二首》、《洪景卢内翰使还入境以诗迓之》见《石湖居士诗集》卷八,《送洪内翰北使二首》见卷十。按,洪迈使金在绍兴三十二年(1162),四月辞行,成大诗以送之;七月使还,成大又有诗迎之。参观凌郁之《洪迈年谱》163、172页(上海古籍出版社)。

〔一一〕见注九所引。

〔一二〕《四库全书总目·梁谿遗稿》:"《梁谿遗稿》一卷,(中略)《宋史》袠本传载所著《遂初小稿》六十卷、《内外制》三十卷,陈振孙《书录解题》载《梁谿集》五十卷,今并久佚。国朝康熙中翰林院侍讲长洲尤侗自以为袤之后人,因哀辑遗诗,编为此本,盖百分仅存其一矣。"(卷一百五十九)
〔一三〕《西江有单鹄行》、《河豚叹》、《嘲里人新婚》并见《石湖居士诗集》卷一,《春晚三首》见卷二,《题汤致远运使所藏隆师四图》见卷三。

诚斋集一百三十三卷_{编修汪如藻家藏本}

宋杨万里撰〔一〕。万里有《诚斋易传》,已著录〔二〕。此集则嘉定元年其子长孺所编也〔三〕。万里立朝多大节,若乞留张栻、力争吕颐浩等配享及栽变应诏诸奏,今具载集中〔四〕,丰采犹可想见。然其生平乃特以诗擅名,有《江湖集》七卷,《荆溪集》五卷,《西归集》二卷,《南海集》四卷,《朝天集》六卷,《江西道院集》二卷,《朝天续集》四卷,《江东集》五卷,《退休集》七卷,今并在集中〔五〕。方回《瀛奎律髓》称其"一官一集",每集必变一格〔六〕,虽沿江西诗派之末流,不免有颓唐粗俚之处,而才思健拔,包孕富有(按,《四库》本作"宏富"),自为南宋一作手,非后来四灵、江湖诸派可得而并称。周必大尝跋其诗曰:"诚斋大篇短章,七步而成,一字不改,皆扫千军、倒三峡、穿天心、出月胁之语。至于状物姿态,写人情意,则铺叙纤悉,曲尽其妙。笔端有口,句中有眼。"〔七〕云云。是亦细大不捐、雅俗并陈之一证也。南宋诗集传于今者,惟万里及陆游最富。游晚年隳节,为韩侂胄作《南园记》,得除从官,万里寄诗规之,有"不应李杜翻鲸海,更羡夔龙集凤池"句。罗大经《鹤林玉露》尝记其事〔八〕。以诗品论,万里不及游之锻炼工细;以人品论,则万里偻乎远矣。其集卷帙繁重,久无刻板,故传写往往讹脱。考岳珂《桯史》记《朝天续集》韩信庙诗"淮阴未必减文成"句,麻沙刻本讹"文成"为"宣成"〔九〕,则当时已多误本。今核正其可考者,凡疑不能明者,

则姑阙焉。卷一百六十

〔笺注〕

〔一〕万里传见《宋史》卷四百三十三。

〔二〕见《四库全书总目》卷三。

〔三〕按,《四部丛刊》本《诚斋集》(据缪氏艺风堂藏景宋写本)每卷之末,皆有"嘉定元年春三月男长孺编定"字,可证。嘉定元年,为1208年。又据卷首刘炜叔序云:"东山首从所请,且获手为是正,以卷计一百三十有三,以字计八十万七千一百有八,锓木于端平初元六月一日,毕工于次年乙未六月之既望。"知集刻于端平元年(1234),序则作于次年(1235)。杨长孺字伯大,号东山先生,以父荫守湖州,有治绩。端平间,加集英殿修撰。年七十馀致仕,卒谥文惠。生平事迹,见《江西通志》卷七十六《人物十一》、《宋元学案》卷四十四及元佚名《东南纪闻》卷一。

〔四〕见《宋史·杨万里传》:"侍讲张栻以论张说出守袁,万里抗疏留栻。又遗允文书,以和同之说规之。栻虽不果留,而公论伟之。""高宗未葬,翰林学士洪迈不俟集议,配飨独以吕颐浩等姓名上。万里上疏诋之,力言张浚当预,且谓迈无异指鹿为马。"其地震、夏旱应诏上奏事,亦见本传。馆臣所云云,据《宋史》万里传言之耳。《上寿皇乞留张栻黜韩玉书》、《驳配飨不当疏》、《上寿皇论天变地震书》及《旱暵应诏上疏》,均见《诚斋集》卷六十二。

〔五〕按,其集之撰,亦所谓"一官一集"也。此本于王筠。《梁书·王筠传》:"筠自撰其文章,以一官为一集,自洗马、中书、中庶子、吏部、左佐、临海、太府各十卷,尚书三十卷,凡一百卷,行于世。"(卷三十三)

〔六〕《瀛奎律髓》卷一杨万里《过扬子江》方回批云:"杨诚斋诗,一官一集,每一集必一变,此《朝天续集》诗也。其子长孺举似于范石湖、尤梁溪,二公以为诚斋诗又变,而诚斋谓不自知。"

〔七〕周必大《跋杨廷秀石人峰长篇》:"韩子苍赠赵伯鱼诗云:'学诗当如初学禅,未悟且遍参诸方。一朝悟罢正法眼,信手拈出皆成章。'盖欲以斯道淑诸人也。今时士子,见诚斋大篇短章,七步而成,一字不改,皆扫千军、倒三峡、穿天心、透月胁之语,至于状物姿态、写人情意,则铺叙纤悉,曲尽其妙,遂谓天生辩才,得大自在,是固然矣。抑未知公由志学至从心,上规赓载之歌,刻意风雅颂之什,下逮左氏庄骚,秦汉魏晋南北朝隋唐以及本朝凡名人杰作,无不推求其词源,择用其句法,五六十年之间,岁锻月炼,朝思夕维,然后大悟大彻,笔端有口,句中有眼,夫岂一日之功哉。"(《文忠集·平园续稿》卷九)

〔八〕《鹤林玉露》甲编卷四"陆放翁"条:"(放翁)晚年为韩平原作《南园记》,除从官。杨诚斋寄诗云:'君居东浙我江西,镜里新添几缕丝。花落六回疏信息,月明千里两相思。不应李杜翻鲸海,更羡夔龙集凤池。道是樊川轻薄杀,犹将万户比千诗。'盖切磋之也。然《南园记》唯勉以忠献之事业,无谀辞。"吴景旭《历代诗话》卷六十一"南园"条:"放翁本传,晚年再出,为韩侂胄撰《南园阅古泉记》,见讥清议。朱晦翁尝言其能太高、迹太近,恐为有力者所牵挽,不得全其晚节。盖有先见之明焉。诚斋寄诗,盖亦指此耳。然余观记中曰许闲、曰归耕,其名皆出于忠献之诗,含旨寓托,绝非贡谀之辞,未可深文诛之,致乖其情实也。"(中华书局本)《寄陆务观》见《诚斋集》卷三十六。

〔九〕《桯史》卷十二"淮阴庙"条:"楚州淮阴,夹漕河而邑于泽国,诸聚落尤为荒凉。开禧北征,余舟过其下,舟人指河东岸弊屋数椽,曰:'是为楚王信庙。'亟维缆登焉。堂庑倾欹,几不庇风雨,两旁皆过客诗句,楹楣户牖,题染无馀,往往玉石混淆,殊不可读。左厢有高堵,不知何人写杨诚斋二诗其上,字甚大,不能工,亦肖笔画,余以意揣录之。其一曰:'来时月黑过淮阴,归路天花舞故城。一剑光寒千古泪,三家市出万人英。少年跨下安无怍,老父圯边愕不平。人物若非观岁暮,淮阴何必减文成。'(中略)音节悲壮,伦儗抑扬,遍壁间殆无继者。本题'文成'为'宣成'。余按张留侯谥,与霍博陆自不同,后得麻沙印本《朝天续集》,乃亦作'宣'字,尤可怪也。"按《四库全书》本《诚斋集》卷二十七《过淮阴县题韩信庙前用唐律后用进退格》,其句作"淮阴何必减宣城",非"宣成",盖愈改而愈谬,可怪极矣。

剑南诗稿八十五卷 内府藏本

宋陆游撰[一]。游有《入蜀记》，已著录[二]。是集末有嘉定十三年游子朝请大夫知江州军事子虡跋，称游西泝夔道，乐其风土，有终焉之志，宿留殆十载，戊戌春正月，孝宗念其久外，趣召东下，然心未尝一日忘蜀也。是以题其平生所为诗卷，曰《剑南诗稿》，盖不独谓蜀道所赋诗也。又称戊申、己酉后诗，游自大蓬谢事归山阴故庐，命子虡编次为四十卷，复题其签曰《剑南诗续稿》。自此至捐馆舍，通前稿为诗八十五卷，子虡假守九江，刊之郡斋，遂名曰《剑南诗稿》[三]。案"遂"字文义未顺，疑当作"通名曰《剑南诗稿》"。云云。则此本游（按，《四库全书》本游作犹，是。浙本误改）子虡之所编。至跋称游在新定时所编前稿，于旧诗多所去取，所遗诗尚七卷，不敢复杂之卷首，别其名曰"遗稿"者[四]，案《后村诗话》作"别集七卷"[五]，盖偶笔误。今则不可见矣。卷首又有淳熙十四年游门人郑师尹序，称其诗为眉山苏林所收拾，而师尹编次之[六]，与子虡跋不同。盖师尹所编，先别有一本，子虡存其旧序，冠于全集也。游诗法传自曾几，而所作《吕居仁集序》又称源出居仁[七]，二人皆江西派也。然游诗清新刻露，而出以圆润，实能自闢一宗，不袭黄陈之旧格。刘克庄号为工诗，而《后村诗话》载游诗，仅摘其对偶之工，已为皮相[八]。后人选其诗者，又略其感激豪宕、沈郁深婉之作，惟取其流连光景、可以剽窃移掇者，转相贩鬻，放翁诗派遂为论者口实。夫游之才情繁富，触手成吟，利钝互陈，诚所不免。故朱彝尊《曝书亭集》有是集跋，摘其自相蹈袭者至一百四十馀联[九]，是陈因窠臼，游且不能自免，何况后来？然其托兴深微、遣词雅隽者，全集之内，指不胜屈，安可以选者之误，并集矢于作者哉。今录其全集，庶几知剑南一派，自有其真，非浅学者所可藉口焉。卷一百六十

〔笺注〕

〔一〕游传见《宋史》卷三百九十五。

〔二〕见《四库全书总目》卷五十八。

〔三〕陆子虡《剑南诗稿跋》:"先君太史,晚自号曰放翁。(中略)久之,以忤贵幸,自免去。五为州别驾,西泝夔道,乐其风土,有终焉之志。蜀之名卿巨儒,皆倾心下之,争先挽留。晁公子止侍郎,欲捐其别墅以舍之,先君诺焉,而未之决也。尝为子虡等言:蜀风俗厚,古今类多名人,苟居之,后世子孙宜有兴者。宿留殆十载。戊戌春正月,孝宗念其久外,趣召东下,然心固未尝一日忘蜀也,其形于歌诗,盖可考矣。是以题其平生所为诗卷曰《剑南诗稿》,以见其志焉,盖不独谓蜀道所赋诗也。后守新定,门人请以锓梓,遂行于世。其戊申、己酉后诗,先君自大蓬谢事归山阴故庐,命子虡编次为四十卷,复题其籖曰《剑南诗续稿》,而亲加校定,朱黄涂撏,手泽存焉。自此至捐馆舍,通前稿凡为诗八十五卷。子虡假守九江,刊之郡斋,遂名曰《剑南诗稿》,所以述先志也。(中略)嘉定十三年十二月既望,男朝请大夫知江州军州事借紫子虡谨书。"(《剑南诗稿校注》附)

〔四〕陆子虡《剑南诗稿跋》:"初,先君在新定时所编前稿,于旧诗多所去取。其所遗诗,存者尚七卷。念先君之遗之也,意或有在,且前稿行已久,不敢复杂之卷首,故别其名曰《遗稿》云。"

〔五〕《后村诗话》卷二:"《剑南集》八十五卷,凡八千五百首,《别集》七卷不预焉。"

〔六〕郑师尹《剑南诗稿序》:"太守山阴陆先生剑南之作传天下,眉山苏君林收拾尤富,适官属邑,欲锓本为此邦盛事,乃以纂次属师尹。亦既敛衽肃观,则浩渺闳肆,莫测津涯,掩卷太息者久之。独念吾侪日从事先生之门,间有疑阙,自公馀可以从容质正,幸来者见斯文大全,用是不敢辞。《剑南诗稿》六百九十四首,《续稿》三百七十七首。苏君于集外得一千四百五十三首,凡二千五百廿四首,又口七首,厘为口十卷。总曰《剑南》,因其旧也。(中略)淳熙十有四年腊月几望,门人迪功郎监严州在城都税务括苍郑师尹谨书。"(《剑南诗稿校注》卷首)

〔七〕陆游《吕居仁集序》："某自童子时读公诗文,愿学焉。稍长,未能远游,而公捐馆舍。晚见曾文清公,文清谓某,君之诗渊源殆自吕紫微,恨不一识面。某于是尤以为恨,则今得托名公集之首,岂非幸钦。"(《渭南文集》卷十四)

〔八〕《后村诗话》卷二："古人好对偶,被放翁用尽。箝纸尾,摸床稜;烈士壮心,狂奴故态;生希李广名飞将,死慕刘伶赠醉侯;下泽乘车,上方请剑;酒宁剩欠寻常债,剑不虚施细碎仇;空虚腹,垒块胸;爱山入骨髓,嗜酒在膏肓;手板,肩舆;鬼子,天公;贵人自作宣明画,老子曾闻正始音;床头周易,架上汉书;温卷,热官;醉学究,病维摩;无事饮,不平鸣;乞米帖,借车诗;曲道士,楮先生;土偶,天公;长剑拄颐,短衣掩胫;已得丹换骨,肯求香返魂;子午谷,丁卯桥;洛阳二顷,光范三书;酒圣,钱愚;茶七碗,稷三升;一弹指,三折肱;天女散花,麻姑掷米;虎头,鸡肋;玉麈尾,金裹蹄;金鸦嘴,玉辘轳;客至难令三握发,佛来仅可小低头;百衲琴,双钩帖;藏经,阁帖;摩诘病说法,虞卿穷著书;读书十纸,上树千回;风汉,醉侯;见虎犹攘臂,逢狐肯叩头;天爱酒,地埋忧;一齿落,二毛侵;痴顽老,矍铄翁;曲肱,纵理;竹郎,木客;百钱挂杖,一锸随身;百瓮齑,两囷枣;炼炭,劳薪;铜臭,饭香;记书身大如椰子,忍事瘿生似瓠壶;笑尔辈,爱吾庐;僧坐夏,士防秋;麈尾清谈,蝇头细字;岩下电,雾中花;唐夹寨,楚成皋。"

〔九〕按,"一百"二字,疑为误写。检《四部丛刊》本《曝书亭集》卷五十二有《书剑南集后》一篇,所摘为三十九联,尚不满四十,距一百更远。日人筧文生、野村鮎子《四库提要南宋五十家研究》云"实举四十馀联"(《四库全书总目汇订》引),亦谬。

《书剑南集后》:"诗家比喻,六义之一,偶然为之可尔。陆务观《剑南集》句法稠叠,读之终卷,令人生憎。若:'身似老僧犹有发,门如村舍强名官。''迹似春萍本无柢,心如秋燕不安巢。''身似在家狂道士,心如退院病禅师。''心似春鸿宁久住,身如秋扇合长捐。''身似败棋难复振,心如病木已中空。''心似枯葵空向日,身如病栎孰知年。''家似江淮归业户,身如湖岭罢参僧。''心似游僧思远道,身如败将陷重围。''居似穷边荒马驿,身如深谷老桑门。''人似登仙惟火食,俗如太古欠巢居。''闲似苔矶垂钓叟,淡如村院罢参僧。''懒似老鸡频失旦,衰如蠹叶早知秋。''喜似系囚闻纵掉,快如疥痒得爬搔。''闲似白鸥虽自足,健如黄犊已无缘。''酒似粥浓知社到,饼如盘大喜秋成。''难似车登蛇退岭,险如舟过马当时。''月似有情迎马见,莺如相识向人鸣。''心如泽国春归雁,身似云堂旦过僧。''身如巢燕临归日,心似堂僧欲动时。''身如病木惊秋早,心似鳏鱼怯夜长。''心如老骥长千里,身似春蚕已再眠。''身如海燕不逢社,家似蜗牛仅有庐。''心如老马虽知路,身似鸣蛙不属官。''身如病鹤长停料,心似山僧已弃家。''心如顽石忘荣辱,身似孤云任去留。''心如脱穽奔林鹿,迹似还山不雨云。''恩如长假容居里,官似分司不限年。''瘦如饭颗吟诗面,饥似柴桑乞食身。''勇如持虎但堪笑,学似累棋那易成。''爽如瑞露零仙掌,清似寒冰贮玉壶。''衰如蠹叶秋先觉,愁似鳏鱼夜不眠。''乐如逐兔牵黄犬,快似麾兵卷白波。''壁如龟筴难占卜,瓦似鱼鳞不接连。''路如剑阁逢秋雨,山似炉峰锁暮云。''云如山坏长空黑,风似潮回万木倾。''雨如梅子初黄日,水似桃花欲动时。''花如上苑长成市,酒似新丰不直钱。''雁如著意频惊枕,月似知愁故入门。''蚕如黑蚁桑生后,秧似青针水满时。'馀诗腰膝用如、似字作对,难以悉数,就中非无佳句,此陆平原所云'离之双美,合之两伤'者也。予友三原孙枝蔚豹人徵入都,不愿分修史之禄,赋诗云:'身如橘柚病于北,心似鹧鸪飞向南。'有识者怜之。此偶然作尔。迩者诗人多舍唐学宋,予尝嫌务观太熟,鲁直太生,生者流为萧东夫,熟者降为杨廷秀,萧不传而杨传,效之者,何异海畔逐臭之夫邪。"(《曝书亭集》卷五十二)

总　集　类

文集日兴,散无统纪,于是总集作焉。一则网罗放佚,使零章残什,并有所归;一则删汰繁芜,使莠稗咸除,菁华毕出。是固文章之衡鉴,著作之渊薮矣。《三百篇》既列为经,王逸所裒又仅《楚辞》一家,故体例所成,以挚虞《流别》为始,其书虽佚,其论尚散见《艺文类聚》中,盖分体编录者也。《文选》而下,互有得失,至宋真德秀《文章正宗》,始别出谈理一派,而总集遂判两途。然文质相扶,理无偏废,各明一义,未害同归。惟末学循声,主持过当,使方言俚语,俱入词章,丽制鸿篇,横遭嗤点,是则并德秀本旨失之耳。今一一别裁,务归中道。至明万历以后,侩魁渔利,坊刻弥增,剽窃陈因,动成巨帙,并无门径之可言,姑存其目,为冗滥之戒而已。(卷一八六)

文选注六十卷 内府藏本

按《文选》旧本三十卷,梁昭明太子萧统撰。唐文林郎守太子右内率府录事参军事崇贤馆直学士江都李善为之注,始每卷各分为二[一]。《新唐书·李邕传》称其父善始注《文选》,释事而忘义,书成以问邕,邕意欲有所更,善因令补益之,邕乃附事见义,故两书并行[二]。今本事义兼释,似为邕所改定。然《传》称善注《文选》在显庆中,与今本所载进表题显庆三年者合,而《旧唐书》邕传称天宝五载坐柳勣事杖杀,年七十馀,上距显庆三年凡八十九年,是时邕尚未生,安得有助善注书之事。且自天宝五载上推七十馀年,当在高宗总章、咸亨间,而《旧书》称善《文选》之学受之曹宪,计在隋末,年已弱冠,至生邕之时,当七十馀岁,亦决无伏生之寿,待其长而著书[三]。考李匡乂《资暇录》曰:李氏《文选》有初注成者,有覆注,有三注、四注者,当时旋被传写,其绝笔之本,皆释音训义,注解甚多。是善书定本,本事义兼释,不由于邕[四]。匡乂唐人,时代相近,其言当必有徵,知《新唐书》喜采小说,未详考也。其书自南宋以来,皆与五臣注合刊,名曰《六臣注文选》[五],而善注单行之本,世遂罕传。此本为毛晋所刻,虽称从宋本校正,今考其第二十五卷陆云《答(按,《四库》本作赠字,是也)兄机》诗注中,有"向曰"一条、"济曰"一条,又《答(按,《四库》本此字亦作赠,是也)张士然》诗注中,有"翰曰"、"铣曰"、"向曰"、"济曰"(按,《四库》本"济曰"在"向曰"前)各一条[六]。殆因六臣之本,削去五臣,独留善注,故刊除不尽,未必真见单行本也。他如班固《两都赋》,误以注列目录下[七];左思《三都赋》,善明称刘逵注《蜀都》、《吴都》,张载注《魏都》,乃三篇俱题"刘渊林"字[八]。又如《楚辞》用王逸注,《子虚》、《上林赋》用郭璞注,《两京赋》用薛综注,《思玄赋》用旧注,《鲁灵光殿赋》用张载注,《咏怀》诗用颜延年、沈约注,《射雉赋》用徐爰注,皆题本名,而补注则别称"善曰",于薛综条下发例甚明[九]。乃于扬雄《羽猎赋》用颜师古注之类,则竟漏本名;于班固《幽通赋》用曹大家注之类,则散标句下[一〇]。又《文选》之例,于作者皆书其字,而杜预《春秋传序》则独题名[一一],岂非从六臣本中摘出善注,以意排纂,故体例互殊欤。至二十七卷末附载乐府《君子行》一篇,注曰:"李善本古词只三首,无此一篇。五臣本有,今附于后。"[一二]其非善原书,尤为显证。以是例之,其孔安国《尚书序》、杜预《春秋传序》二篇,仅列原文,绝无一字之注[一三],疑亦从五臣本勘入,非其旧矣。惟是此本之外,更无别本,故仍而录之,而附著其舛互如右。卷一百八十六

〔笺注〕

〔一〕《旧唐书·李善传》:"李善者,扬州江都人。方雅清劲,有士君子之风。明庆中,累补太子内率府录事参军、崇贤馆直学士,兼沛王侍读。尝注解《文选》,分为六十卷。表上之,赐绢一百二十匹,诏藏于秘阁。"(卷一百八十九上)明庆即显庆,在 656—661 年。

〔二〕《新唐书·李邕传》:"父善,有雅行,淹贯古今,不能属辞,故人号'书簏'。(中略)居汴、郑间讲授,诸生四远至,传其业,号'文选学'。邕少知名。始善注《文选》,释事而忘意。书成以问邕,邕不敢对,善诘之,邕意欲有所更,善曰:'试为我补益之。'邕附事见义,善以其不可夺,故两书并行。"(卷二百二)

〔三〕《旧唐书·李邕传》:"邕性豪侈,不拘细行,所在纵求财货,驰猎自恣。五载,奸赃事发。又尝与左骁卫兵曹柳勣马一匹,及勣下狱,吉温令勣引邕议及休咎,厚相赂遗,词状连引,敕刑部员外郎祁顺之、监察御史罗希奭驰往就郡决杀之,时年七十余。"(卷一百九十中)《新唐书·李邕传》:"天宝中,左骁卫兵曹参军柳勣有罪下狱,邕尝遗勣马,故吉温使引邕尝以休咎相语,阴赂遗。宰相李林甫素忌邕,因傅以罪。诏刑部员外郎祁顺之、监察御史罗希奭就郡杖杀之,时年七十。"二书于邕得年小异。据钱仲联编《中国文学家大辞典》,李邕生于 678 年,卒于 747 年。又据谢巍《中国历代人物年谱考录》云,一作上元元年(674)生。《李善上文选注表》:"显庆三年九月十七日,文林郎守太子右内率府录事参军崇贤馆直学士臣李善上表。"(《六臣注文选》卷首)显庆三年,为 658 年。天宝五载,为 746 年。参观《四库全书总目提要补正》1568—1569 页所考。

〔四〕《资暇集》卷上"非五臣"条:"世人多谓李氏立意注《文选》,过为迂繁,徒自骋学,且不解文意,遂相尚习五臣者,大误也。所广徵引非李氏立意,盖李氏不欲窃人之功,有旧注者,必逐每篇存之,仍题元注人之姓字,或有迂阔乖谬,犹不削去之。苟旧注未备,或兴新意,必于旧注中称'臣善'以分别之,既存元注,例皆引据,李续之,雅宜殷勤也。代传数本李氏《文选》,有初注成者,覆注者,有三注、四注者,当时旋被传写之。其绝笔之本,皆释音训义,注解甚多,余家幸而有焉。尝数本并校,不唯注之赡略有异,至于科段,互相不同,无似余家之本该备也。因此而量五臣者,方悟所注尽从李氏注中出,开元中进表,反非斥李氏,无乃欺心欤。且李氏未详处,将欲下笔,宜明引凭证,细而观之,无非率尔。今聊各举其一端。至如《西都赋》说游猎云:'许少施巧,秦成力折。'李氏云:'许少、秦成,未详。'五臣云:'昔之捷人、壮士。'搏格猛兽,'施巧'、'力折',固是捷、壮,文中自解矣,岂假更言,况又不知二人所从出乎?又注'作我上都'云:'上都,西京也。'何大浅近忽易欤。必欲加李氏所未注,何不云'上都者,君上所居、人所都会'耶。况秦地厥田上上,居天下之上乎?又轻改前贤文旨,若李氏注云:'某字或作某字。'便随而改之。其有李氏解而自不晓,辄复移易。今不能繁驳,亦略指其所改字。曹植《乐府》云:'寒鳖炙熊蹯。'李氏云:'今之腊肉谓之寒,盖韩国事馔尚此法。'复引《盐铁论》'羊淹鸡寒'、刘熙《释名》'韩羊韩鸡'为证,'寒'与'韩'同。又李以上句云'脍鲤臇胎鰕',因注:'《诗》曰:炰鳖脍鲤。'五臣兼见上句有'脍',遂改'寒鳖'为'炰鳖',以就《毛诗》之句。又曹子建《七启》云:'寒芳莲之巢龟,脍西海之飞鳞。'五臣亦改'寒'为'搴',搴、取也,何以对下句之'脍'耶。况此篇全说殽事之意,独入此'搴'字,于理甚不安。上句既改'寒'为'搴',即下句亦宜改'脍'为'取',纵一联稍通,亦与诸句不相承接。以此言之,明子建故用'寒'字,岂可改为'炰'、'搴'耶。斯类篇篇有之,学者幸留意,乃知李氏绝笔之本,悬诸日月焉,方之五臣,犹虎狗凤鸡耳。其改字也,至有'翩翩'对'恍惚',则独改'翩翩'为'翩翻',与下句不相收。又李氏依旧本不避国朝庙讳,五臣易而避之,宜矣;其有李本本作'泉'及'年代'字,五臣贵有异同,改其字却犯国讳,岂唯矛楯而已哉。"

〔五〕《四库全书总目·六臣注文选》:"唐显庆中,李善受曹宪《文选》之学,为之作注。至开元六年,工部侍郎吕延祚复集衢州常山县尉吕延济、都水使者刘承祖之子良、处士张铣、吕向、李周翰五人,共为之注,表进于朝。(中略)其书本与善注别行,故《唐志》各著录。黄伯思《东观余论》尚讥《崇文总目》误以五臣注本置李善注本之前,至陈振孙《书录解题》,始有《六臣文选》之目。盖南宋以来,偶与善注合刻,取便参证,元明至今,遂辗转相沿,并为一集,附骥以传,盖亦幸矣。然其疏通文意,亦间有可采,唐人著述传世已稀,固不必竟废之也。"(卷一百八十六)

〔六〕题作《答兄机》、《答张士然》。五臣,指唐吕延济、刘良、张铣、吕向、李周翰。

〔七〕《两都赋》见《文选注》卷一。

〔八〕见卷四、卷五、卷六。"刘渊林注"下云:"《三都赋》成,张载为注《魏都》,刘逵为注《吴》、《蜀》,自是之后,渐行于俗也。"《晋书·左思传》:"安定皇甫谧有高誉,思造而示之,谧称善,为其赋序。张载为注《魏都》,刘逵注《吴》、《蜀》。"(卷九十二)钱锺书《谈艺录》(补订本)六四"随园论三都两京赋"云:"《世说新语·文学》篇注引《左思别传》云:'皇甫谧西州高士,挚仲治089儒知名,非思伦匹。刘渊林、卫伯舆并早终,皆不为思赋序注也。凡诸注解,皆思自为,欲垂其文,故假时人名姓也。'则不特张未注,亦并无刘注,乃左自注。"严可均《全晋文》卷一百五刘逵小传:"逵字渊林,济南人。元康中为尚书郎,历黄门侍郎,累迁侍中。有《丧服要记》二卷。"参观姚振宗《隋书经籍志考证》卷四。

〔九〕《楚辞》见卷三十二,司马相如《子虚赋》见卷七,《上林赋》见卷八,张衡《西京赋》见卷二,《东京赋》见卷三,《思玄赋》见卷十五("旧注"下云:"善曰:未详注者姓名。挚虞《流别》题云衡注,详其义训,甚多疏略,而注又称'愚以为',疑辞非衡明矣。但行来既久,故不去焉。"),王延寿《鲁灵光殿赋》见卷十一,阮籍《咏怀》见卷二十三,潘岳《射雉赋》见卷九。"薛综注"下云:"善曰:旧注是者,因而留之,并于篇首题其姓名。其有乖缪,臣乃具释,并称臣善以别之,他皆类此。"

〔一〇〕《羽猎赋》见卷八,《幽通赋》见卷十四。

〔一一〕《春秋左氏传序》见卷四十五。

〔一二〕《君子行》:"君子防未然,不处嫌疑间。瓜田不纳履,李下不正冠。嫂叔不亲授,长幼不比肩。劳谦得其柄,和光甚独难。周公下白屋,吐哺不及餐。一沐三握发,后世称圣贤。""古词"下云:"李善本古词止三首,无此一篇。五臣本有,今附于后。"

〔一三〕《尚书序》见卷四十五。

玉台新咏十卷 兵部侍郎纪昀家藏本

陈徐陵撰〔一〕。陵有文集,已著录〔二〕。此所选梁以前诗也。按刘肃《大唐新语》曰:"梁简文为太子,好作艳诗,境内化之。晚年欲改作,追之不及,乃令徐陵为(按,《四库》本为作撰,是也。说见《陶渊明集》提要小字注)《玉台集》,以大其体。"〔三〕据此,则是书作于梁时,故简文称皇太子,元帝称湘东王。今本题"陈尚书左仆射太子少傅东海徐陵撰",殆后人之所追改,如刘勰《文心雕龙》本作于齐,而题"梁通事舍人"耳〔四〕。其梁武帝书谥、书国号,邵陵王等并书名,亦出于追改也。其书前八卷为自汉至梁五言诗,第九卷为歌行,第十卷为五言二韵之诗,虽皆取绮罗脂粉之词,而去古未远,犹有讲于温柔敦厚之遗,未可概以淫艳斥之〔五〕。其中如曹植《弃妇篇》、庾信《七夕》诗,今本集皆失载,据此可补阙佚〔六〕。又如冯惟讷《诗纪》载苏伯玉妻《盘中》诗,作汉人,据此知为晋代〔七〕。梅鼎祚《诗乘》载苏武妻《答外》诗,据此知为魏文帝作〔八〕。古诗《西北有高楼》等九首,《文选》无名氏,据此知为枚乘作〔九〕。《饮马长城窟行》,《文选》亦无名氏,据此知为蔡邕作〔一〇〕。其有资考证者亦不一。明代刻本,妄有增益,故冯舒疑庾信有入北之作,江总滥擘笺之什〔一一〕。茅元桢本颠倒改窜更甚〔一二〕。此本为赵宧光家所传宋刻,末有嘉定乙亥永嘉陈玉父重刻跋〔一三〕,最为完善。间有后人附入之作,如武陵王闺妾寄征人诗、沈约八咏之六诸篇〔一四〕,皆一一注明,尤为精审。然玉父跋称初从外家李氏得旧京本,间多错谬,后得石氏所藏录本,以补亡校脱〔一五〕。如五言诗中入李延年歌一首,陈琳《饮马长城窟行》一首,沈约《六忆诗》四首,皆自乱其例〔一六〕。七言诗中移《东飞伯劳歌》于《越人歌》之前〔一七〕,亦乖世次。疑石氏本有所窜乱,而玉父因之,未察也〔一八〕。观刘克庄《后村诗话》所引《玉台新咏》,一一与此本胒合〔一九〕。而严羽《沧浪诗话》谓古诗《行行重行行》篇,《玉台新咏》以"越鸟巢南枝"以下另为一首,此本仍联为一首;又谓《盘中》诗为苏伯玉妻作,见《玉台集》,此本乃溷列傅玄诗中[一〇]。邢凯《坦斋通编》引《玉台新咏》,以《谁言去妇薄》一首为曹植作,此本乃题为王宋自作[一一],盖克庄所见即此本,羽等所见者又一别本,是宋刻已有异同,非陵之旧矣,特不如明人变乱之甚,为尚有典型耳。其书《大唐新语》称《玉台集》,《元和姓纂》亦称"梁有闻人蒨,诗载《玉台集》",然《隋志》已称《玉台新咏》,则《玉台集》乃相沿之省文[二二],今仍以其本名著录焉。卷一百八十六

〔笺注〕

〔一〕陵传见《陈书》卷二十六、《南史》卷六十三。

〔二〕见《四库全书总目》卷一百四十八。

〔三〕见《大唐新语·公直》(卷三)。

〔四〕《四库全书总目·文心雕龙》:"据《时序篇》中所言,此书实成于齐代,此本署'梁通事舍人刘勰撰',亦后人追题也。"(卷一百九十五)《文心雕龙·时序》:"暨皇齐驭宝,运集休明:太祖以圣武膺箓,高祖以睿文纂业,文帝以贰离含章,中宗以上哲兴运,并文明自天,缉遐(疑作熙)景祚。"(《增订文心雕龙校注》)别参《文心雕龙》篇注五。

〔五〕按,此当指刘克庄语。《后村诗话》卷一:"徐陵所序《玉台新咏》十卷,皆《文选》所弃馀也。六朝人少全集,虽赖此书略见一二,然赏好不出月露,气骨不脱脂粉,雅人庄士,见之废卷。昔坡公笑萧统之陋,以陵观之,愈陋于统。如沈休文《六忆》之类,其亵慢有甚于《香奁》、《花间》者,然则自《国风》、《楚辞》而后,故当继以《选》诗,不易之论也。"

〔六〕《弃妇诗》见卷二,《七夕》见卷八。《玉台新咏考异》卷二曹植《弃妇诗》:"冯氏《诗纪》注曰:本集不载,见《玉台新咏》。按子建集后人所辑,寔非原书,蒐录时偶遗之耳。《太平御览》载此诗,亦云曹植作。"卷八庾信《七夕》:"此诗今本开府集不载,盖今本乃蒐辑而成,编录者偶遗之耳。"(《丛书集成》本)

〔七〕见《玉台新咏》卷九、《古诗纪》卷十四。《玉台新咏考异》卷九《盘中诗》:"按《沧浪诗话》列《盘中诗》为一体,注曰:'《玉台集》有此诗,苏伯玉妻作,写之盘中,屈曲成文也。'据此,则此诗出处,以《玉台新咏》为最古,当时旧本亦必明署苏伯玉妻之名,故沧浪云尔。宋刻于题上误佚其名,因而目录失载。冯氏校本遂改题为傅玄之诗,殊为疏舛。又此诗列傅玄、张载之间,其为晋人无疑。《诗纪》、《诗乘》并列之汉诗,亦未详何据。"

〔八〕见《玉台新咏》卷二,题作"魏文帝于清河见挽船士新婚与妻别"。《玉台新咏考异》卷二魏文帝《于清河见挽船士新婚与妻别》:"此诗《艺文类聚》作徐幹,盖别有所据。明梅禹金《八代诗乘》署此为苏武妻作,而题曰《答外赠诗》,可谓拙于作伪矣。"

〔九〕《玉台新咏》卷一作枚乘《杂诗九首》。此诗有八首皆在《古诗十九首》(《文选》卷二十九)中,而次序不同,"兰若生春阳"一首,则见于《艺文类聚》,而不见于《文选》。《提要》云云,稍欠确。

〔一〇〕《饮马长城窟行》,见《文选》卷二十七、《玉台新咏》卷一。《玉台新咏考异》卷一蔡邕《饮马长城窟行》:"《沧浪诗话》云:'《文选·饮马长城窟》无人名,《玉台》以为蔡邕作。'所言与此本合。后人编入蔡集,盖即据此。"其所引语,见《沧浪诗话·考证》。

〔一一〕按此说误。冯语见所校《玉台新咏》卷首题识,所云非江总,乃指徐陵;其语为:"每疑此集缘本东朝,事先天监,何缘子山窜入北之篇,孝穆滥擘笺之曲。"(冯舒、冯班校《玉台新咏》,《四库全书存目丛书》影印康熙砚丰斋刻本)孝穆,徐陵字。又赵均《玉台新咏后序》云:"虞山冯己苍未见旧本时,常病此书原始梁朝,何缘子山厕入北之诗,孝穆滥擘笺之咏?"(吴兆宜注、程际盛删补《玉台新咏》,见《四库全书存目丛书》影印乾隆三十九年刻本)并可佐证。

〔一二〕冯舒《玉台新咏跋》:"此书今世所行,共有四本:一为五雲溪馆活字本,一为华允刚兰雪堂活字本,一为华亭杨元钥本,一为归安茅氏重刻本。活字本不知的出何时,后有嘉定乙亥永嘉陈玉父序,小为朴雅,譌谬层出矣。华氏本刻于正德甲戌,大率是杨本之祖。杨本出万历中,则又以华本意儳者。茅本一本华亭,误逾三写。"(《玉台新咏笺注》附)

〔一三〕陈跋见注十五引。嘉定为南宋宁宗年号,乙亥为九年(1215)。

〔一四〕赵均《玉台新咏跋》:"凡为十卷,得诗七百六十九篇。世所通行妄增,又几二百。"徐釚《玉台新咏跋》:"今流俗本为俗子矫乱,又妄增诗二百首,赖此本得存旧观,今阅之果然。"(《玉台新咏笺注》附)

〔一五〕陈玉父跋:"幼时至外家李氏,于废书中得之,旧京本也。宋已失一叶,间复多错谬,版亦时有刓者,欲求他本是正,多不获。嘉定乙亥,在会稽,始从人借得豫章刻本,财五卷。(中略)又闻有得石氏所藏录本者,复求观之,以补亡校脱。"(《玉台新咏笺注》附)

〔一六〕《李延年歌》见卷一,《玉台新咏考异》卷一《李延年歌诗》:"此书体例,前八卷皆收五言,而长短歌词,则皆入第九卷。此歌疑后人所窜入。(中略)此书自唐迄宋,皆不甚行,并无善本是正,好事者辗转传写,各以己意附益,盖所不免。陈玉父跋称以石氏传本补亡校脱,则变乱旧本,必自石氏。玉父不及辨别,转据以增入耳。观七卷武陵王诗,九卷沈约诗,宋刻皆注附入,而六卷徐悱妻诗,十卷刘孝威诗,皆显为附入而不注,则失注者谅不止是,惜不可尽考矣。"陈琳《饮马长城窟行》见卷一,《玉台新咏考异》卷一陈琳《饮马长城窟行》:"此亦当入第九卷,疑此附入之人,未究孝穆之体例,以与中郎时代相接,题目又同,遂窜置于此耳。"《六忆诗》四首见卷五,《玉台新咏考异》卷五《六艺诗》:"按四诗宜入九卷,疑亦窜入。"

〔一七〕并见卷九。《玉台新咏考异》卷九《歌词二首》:"此二首,《艺文类聚》亦并作古词。然核其时代,不应在《越人歌》之前。按《文苑英华》载前一首为梁武帝作,《乐府诗集》载后一首亦为梁武帝作。疑此二诗本署武帝,序在简文之前,后人因《艺文类聚》之文,改为古词,升之卷端,而偶忘《越人歌》等之尤古耳。观前八卷五言诗及第十卷五言小诗,均以梁武列简文前,独此卷歌词有简文而无梁武,其为改窜移掇,痕迹显然可观也。"

〔一八〕按,此所云云,实亦不然,见《四库全书总目提要补正》1571—1572页所订。

〔一九〕《后村诗话》续集卷一:"《玉台新咏》如'是妾愁成瘦,非君重细腰',如'弦断犹可续,心去最难留',如'城中皆半额,非妾画眉长',如'怨黛舒还敛,啼妆拭更垂',有唐人精思所不能及者。"按,克庄极轻《玉台新咏》,如《后山诗话》卷一所云云(见注五引),是也。

〔二〇〕《沧浪诗话·考证》"《古诗十九首》'行行重行行',《玉台》作两首。自'越鸟巢南枝'以下,别为一首,当以《选》为正。"《沧浪诗话·诗体》:"《盘中》。《玉台集》有此诗,苏伯玉妻作,写之盘中,屈曲成文也。"

〔二一〕《玉台新咏考异》卷二《刘勋妻王氏杂诗》:"《艺文类聚》载前一首,作魏文帝代刘勋出妻王氏作;邢凯《坦斋通编》载后一首,引《玉台新咏》作曹植为刘勋出妻王氏作,均与此异。凯为宋宁宗时人,则旧本必作曹植。陈玉父重刊,乃更题王宋,并删改序文尔。然旧本今不可见,而《艺文类聚》又作文帝,未敢轻改古书,姑附识异同于此。"唐苏鹗《苏氏演义》卷下:"按《玉台新咏》载曹植代刘勋妻王氏见出而为之诗曰:'人言去妇薄,去妇情更重。千里不泻井,况乃昔所奉。远望未为迟,踟蹰不得共。'观此意,乃是尝饮此井,虽舍而去之,亦不忍唾也。"参观程大昌《演繁露》卷十三"千里不唾井"条。

〔二二〕见《元和姓纂》卷三、《隋书·经籍四》(卷三十五)。参观《隋书经籍志考证》卷四十。

文苑英华一千卷 御史刘锡嘏家藏本

宋太平兴国七年李昉、扈蒙、徐铉、宋白等奉敕编,续又命苏易简、王祐(按,原误作祜,据《四库》本改)等参修,至雍熙四年书成〔一〕,宋四大书之一也。梁昭明太子撰《文选》三十卷,迄于梁初,此书所录,则起于梁末,盖即以上续《文选》〔二〕,其分类编辑,体例亦略相同,而门目更为烦碎,则后来文体日增,非旧目所能括也。周必大《平园集》有是书跋,称《太平御览》、《册府元龟》今闽蜀已刊,惟《文苑英华》士大夫间绝无而仅有,盖所集止唐文章,如南北朝间存一二,是时印本绝少,虽韩柳元白之文,尚未甚传。其他如陈子昂、张说、张九龄、李翱诸名士文籍,世尤罕见。故修书官于柳宗元、白居易、权德舆、李商隐、顾云、罗隐,或全卷收入。当真宗朝,姚铉铨择十一,号《唐文粹》。由简故精,所以盛行。近岁唐文摹印浸(按,原误作漫,据《四库》本改)多,不假《英华》而传,其不行于世则宜[三]。云云。盖六朝及唐代文集,南宋初存者尚多,故必大之言如是。迄今四五百年,唐代诗集,已渐减于旧,文集则《宋志》所著录者,殆十不存一,即如李商隐《樊南甲乙集》,久已散佚,今所存本,乃全自是书录出[四]。又如张说集虽有传本,而以此书所载互校,尚遗漏杂文六十一篇[五]。则考唐文者,惟赖此书之存,实为著作之渊海,与南宋之初,其事迥异矣。书在当时,已多讹脱,故方崧卿作《韩集举正》、朱子作《韩文考异》[六],均无一字之引证。彭叔夏尝作《辨证》十卷[七],以纠其舛漏重复,然如刘孝威《绍古词》,一收于二百三卷,一收于二百五卷[八],而字句大同小异者,叔夏尚未及尽究也。此本为明万历中所刊,校正颇详,在活字板《太平御览》之上[九],而卷帙浩繁,仍多疏漏。今参核诸书,各为厘正,其无别本可证者,则姑仍其旧焉。卷一百八十六

〔笺注〕

〔一〕按,此说不确。《文苑英华》修成于雍熙三年(986),其年十二月壬寅上之,非在四年(987)也。太平兴国七年,为982年。故此书之成,历时四年许。《纂修文苑英华事始·三朝国史艺文志注》:"太宗太平兴国七年九月,诏翰林学士承旨李昉、翰林学士扈蒙、给事中直学士院徐铉、中书舍人宋白、知制诰贾黄中、吕蒙正、李至、司封员外郎李穆、库部员外郎杨徽之、监察御史李范、秘书丞杨砺、著作佐郎吴淑、吕文仲、胡汀、著作佐郎直史馆战贻庆、国子监丞杜镐、将作监丞舒雅等,阅前代文集,撮其精要,以类分之,为《文苑英华》。其后李昉、扈蒙、吕蒙正、李至、李穆、李范、杨砺、吴淑、吕文仲、胡汀、战贻庆、杜镐、舒雅等并改他任,续命翰林学士苏易简、中书舍人王祐、知制诰范杲、宋湜,与宋白等共成之。雍熙三年上,凡一千卷。"又《国朝会要》:"太平兴国七年九月,命翰林学士承旨李昉、学士扈蒙、直学士院徐铉、中书舍人宋白、知制诰贾黄

中、吕蒙正、李至、司封员外郎李穆、库部员外郎杨徽之、监察御史李范、秘书丞杨砺、著作佐郎吴淑、吕文仲、胡汀、战贻庆、国子监丞杜镐、将作监丞舒雅,阅前代文集,撮其精要,以类分之,为千卷。雍熙三年十二月书成,号曰《文苑英华》。昉、蒙、蒙正、至、穆、范、砺、淑、文仲、汀、贻庆、镐、雅继领他任,续命翰林学士苏易简、中书舍人王祐、知制诰范杲、宋湜与宋白等共成之。"(《文苑英华》卷首,中华书局本)

又李焘《续通鉴长编》:"太宗以诸家文集,其数实繁,虽各擅所长,亦榛芜相间,乃命翰林学士宋白等精加铨择,以类编次,为《文苑英华》一千卷。雍熙三年十二月壬寅上之,诏书褒答。"陈骙等《中兴馆阁书目》:"太平兴国七年,命翰林学士承旨李昉及扈蒙、徐铉、宋白、贾黄中、吕蒙正、李至、李穆、杨徽之、李范、杨砺、吴淑、吕文仲、胡汀、战贻庆、杜镐、舒雅等,阅前代文集,撮其精要,以类分为千卷,号曰《文苑英华》。昉、蒙、蒙正、至、穆、范、砺、淑、文仲、汀、贻庆、镐、雅继领他任,续命苏易简、王祐、范杲、宋湜与白等共成之。雍熙三年上,帝览之称善,诏付史馆。"(同上)

〔二〕按,此说亦不确。《文苑英华》所录之文,有南齐谢朓作者,有梁初沈约、何逊、任昉等作者,不得云"起自梁末"。见《四库提要订误》(增订本)416—417页所说。

〔三〕周必大《文苑英华序》:"臣伏睹太宗皇帝,丁时太平,以文化成天下,既得诸国图籍,聚名士于朝,诏修三大书,曰《太平御览》,曰《册府元龟》,曰《文苑英华》,各一千卷。今二书闽蜀已刊,惟《文苑英华》士大夫家绝无而仅有,盖所集止唐文章,如南北朝间存一二,是时印本绝少,虽韩柳元白之文,尚未甚传,其他如陈子昂、张说、九龄、李翱等诸名士文集,世尤罕见,修书官于宗元、居易、权德舆、李商隐、顾云、罗隐辈,或全卷取入。当真宗朝,姚铉铨择十一,号《唐文粹》,由简故精,所以盛行。近岁唐文摹印浸多,不假《英华》而传,况卷袠浩繁,人力难及,其不行于世则宜。"(《文苑英华》卷首,又周必大《平园续稿》卷十五)

〔四〕《四库全书》本《文苑英华》卷首提要作:"乃朱鹤龄等全自是书录出。"《四库全书总目·李义山文集笺注》:"《李义山文集笺注》,国朝徐树穀笺,徐炯注。(中略)国初吴江朱鹤龄始裒辑诸书,编为五卷,而阙其状之一体。康熙庚午,炯典试福建,得其本于林佶,采摭《文苑英华》所载诸状补之,又补入《重阳亭铭》一篇,是为今本。"(卷一百五十一)

〔五〕见《四库全书总目·张燕公集》(卷一百四十九)。

〔六〕《四库全书总目·韩集举正》:"《韩集举正》十卷、《外集举正》一卷,宋方崧卿撰。崧卿莆田人,孝宗时尝知台州军事。是书后有淳熙己酉崧卿自跋,称'右《昌黎先生集》四十卷、《外集》一卷,附录五卷,增考《年谱》一卷,复次其异同,为《举正》十卷'。"(卷一百五十)《四库全书总目·原本韩文考异》:"《原本韩文考异》十卷,宋朱子撰。其书因韩集诸本互有异同,方崧卿所作《举正》,虽参校众本,弃短取长,实则惟以馆阁本为主,多所依违牵就。(中略)是以覆加考订,勒为十卷。凡方本之合者存之,其不合者一一详为辨证。"(同上)

〔七〕《四库全书总目·文苑英华辨证》:"叔夏庐陵人,自署曰乡贡进士,其始末未详。《江西通志》亦但列其名于绍熙壬子乡举传下,不为立传,盖已无考矣。是书盖因周必大所校《文苑英华》而作。(中略)是书之首,亦有嘉泰四年叔夏自序,称益公先生退老丘园,命以校雠,考订商榷,用功为多,散在本文,览者难遍,因荟粹其说,以类而分,各举数端,不复具载。云云。则必大所称与士友详议者,盖即叔夏,故与必大校本同以嘉泰四年成书也。(中略)《文苑英华》本继《文选》而作,于唐代文章,采摭至备,号为词翰之渊薮。而卷帙既富,牴牾实多,在宋代已无善本。近日所行,又出明人所重刊,承讹踵谬,抑又甚矣。叔夏此书,考核精密,大抵分'承讹当改'、'别有依据,不可妄改'、'义可两存,不必遽改'三例。(中略)然其用意谨严,不轻点窜古书,亦于是可见矣。"(卷一百八十六)

〔八〕梁简文帝《绍古歌三首》之三注:"一作《拟古》,又云刘孝威作。"诗后注云:"此诗二百五卷重出,今已削去,注异同为一作。"(《文苑英华》卷二百三)

〔九〕《四库全书总目·太平御览》:"黄正色序:(中略)吾锡士大夫有好文者,因闽省梓人,用活字校刻。始事于隆庆二年,至五年,才印其十之一二。(中略)然此书行世实有二本:一为活字印本,其板心称共印五百部,则正色所云印十之一二散去者,其说不确;一即倪氏此本。二本同出一藁,脱误相类,而校手各别,字句亦小有异同。"(卷一百三十五)
明黄正色《刻太平御览序》:"宋太宗皇帝太平兴国二年三月,诏翰林学士李昉等编集《太平御览》,定为千卷。(中略)太平兴国迨我圣明龙兴,迄今几六百载,宋世刻本俱已湮灭,近世云间朱氏仅存者,亦残缺过半,海内钞本虽多,传写展转,讹舛益甚。语曰:传之再四,必将以白为黑。矧鲁之为鱼,亥之为豕乎。吾锡士大夫有好文者,会此文明盛世,因闽省梓人,用活字校刊,始事于隆庆二年,至五年,才印其十之一二。"(《太平御览》卷首,《四库全书本》)

唐文粹一百卷 内府藏本

宋姚铉编[一]。陈善《扪虱新话》以为徐铉者,误也[二]。铉字宝臣,庐州人。自署郡望,故曰吴兴。太平兴国中第进士。官至两浙转运使。事迹具《宋史》本传[三]。是编文赋惟取古体,而四六之文不录,诗歌亦惟取古体,而五七言近体不录。考阮阅《诗话总龟》载铉于淳化中侍宴,赋赏花钓鱼七言律诗,赐金百两,时以比夺袍赐花故事[四]。又江少虞《事实类苑》载铉诗有"疏钟天竺晓,一雁海门秋"句,亦颇清远[五],则铉非不究心于声律者。盖诗文俪偶,皆莫盛于唐,盛极而衰,流为俗体,亦莫杂于唐。铉欲力挽其末流,故其体例如是。于欧梅未出以前,毅然矫五代之弊,与穆修、柳开相应者,实自铉始。其中如杜审言《卧病人事绝》一首,较集本少后四句[六],则铉亦有删削。又如岑文本《请勤政改过疏》之类,皆《文苑英华》所不载[七],其蒐罗亦云广博。王得臣《麈史》乃讥其未见张登集,殊失之苛[八]。惟文中芟韩愈《平淮西碑》,而仍录段文昌作[九],未免有心立异。诗中如陆龟蒙《江湖散人歌》、皎然《古意》诗之类[一〇],一概收之,亦未免过求朴野,稍失别裁。然论唐文者,

终以是书为总汇，不以一二小疵掩其全美也。卷一百八十六

〔笺注〕

〔一〕《郡斋读书志·文粹》："《文粹》一百卷，右皇朝姚铉宝臣编。铉，庐州人，太平兴国初进士。文辞敏丽，善书札，藏书至多，颇有异本。累迁两浙漕使。课吏写书，采唐世文章，分门编类，初为五十卷，后复增广之。为薛映掎其事，夺官，斥连州。卒后，其子以其书上献，诏藏内府，命以一官。"(卷二十)《直斋书录解题·唐文粹》："《唐文粹》一百卷，两浙转运使合肥姚铉宝臣撰。铉，太平兴国八年进士第三人。在杭州与知州薛映不协，映摭其罪状数条，密以闻，当夺一官，特除名，贬连州文学。其自为序称吴兴姚铉者，盖本郡望也。"(卷十五)

〔二〕按，此说不然。检《儒学警悟》本《扪虱新话》下集卷一"姚铉以表为序、萧统以赋为序"条云："柳子厚《寿州安丰县孝门铭》，自'寿州刺史臣承思'而下，盖序也，以表为序，亦文之一体也。而姚铉所编《文粹》，乃录铭于前，而于题下注云：'并寿州刺史表。'录表于铭后，以附见焉。此铉之陋也。"(中华书局本)是陈书不误。惟明刻《津逮秘书》本《扪虱新话》卷六"萧统徐铉文选文粹之陋"条，则确作"徐铉"。

又按，王士禛《居易录》卷七云："《扪虱新话》云：柳子厚《寿州安丰县孝门铭》云云，以表为序，而徐铉所编《文粹》，乃录铭于前，而于题下注云：并寿州刺史表。此铉之陋也。云云。按《文粹》吴兴姚铉所撰。陈善以为鼎臣，谬。"(《王士禛全集》第五册3799页，齐鲁书社版)是馆臣此节，本王士禛说，其误亦袭之。

〔三〕姚铉字宝之，庐州合肥人，传见《宋史》卷四百四十一。《提要》云字宝臣，为据《郡斋读书志》、《直斋书录解题》，《玉海》、《文献通考》引之皆作"宝臣"，《四库全书总目辨误》据《宋史》本传，遂指馆臣为误，知一不知二也。

〔四〕《诗话总龟》卷四："太宗留意艺文，好篇咏。淳化中，春日苑中有赏花钓鱼小宴，宰相至三馆毕预坐。咸命赋诗，中字为韵，上览以第优劣。

时姚铉诗先成,曰:'上苑烟花迥不同,汉皇何必幸回中。花枝冷溅昭阳雨,钓线斜牵太液风。绮萼惹衣朱槛近,锦鳞随手玉波空。小臣侍宴惊凡目,知是蓬莱第几宫?'赐白金百两,时辈荣之,以比夺袍、赐花等故事。"夺袍故事,见《隋唐嘉话》卷下;赐花事,见《景龙文馆记》(《说郛》本)及《唐诗纪事》卷十一。

〔五〕见《事实类苑》卷三十八"雍熙以来文士诗"条。

〔六〕按,此说误。"卧病人事绝"一首,为宋之问《别杜审言》诗,非杜之作。不但此也,《四库全书》本《唐文粹》中亦未见此诗,《四部丛刊》本同,馆臣云云,抑可怪也。《文苑英华》卷二百六十七录《送杜审言》云:"卧病人事绝,嗟君万里行。河桥不相送,江树远含情。别路追孙楚,维舟吊屈平。可惜龙泉剑,流落在丰城。"彭叔夏《文苑英华辨证》卷七云:"宋之问《送杜审言》诗云云,集本同,近洪氏迈《绝句诗》选入,止收前二韵。"岂馆臣所云云,本拟为洪迈书而发,而意中忽错接,遂误笔于此?

〔七〕岑文本《谏太宗勤政改过书》,见《唐文粹》卷二十六上。

〔八〕按,《麈史》中语及姚书,惟云"姚亦有未见者",语气甚平,并无甚讥诃,馆臣云云,亦近诬也。《麈史》卷二:"吴兴姚铉集唐人所为古赋乐章歌诗赞颂碑铭文论箴表传录书序凡百卷,名《文粹》。予在开封时,长渝游相国寺,得唐漳州刺史张登文集一册六卷,权文公为之序。(中略)抑观《文粹》,并不编载,由是知姚亦有未见者。予续《文粹》之外,登之文,以至金石所传,裒而录之,以广前集。今病矣,不酬其志。"(《知不足斋丛书》本)

〔九〕段文昌《平淮西碑》,见《唐文粹》卷五十九。

〔一〇〕按所说误。检《四库全书》本《唐文粹》卷十六上有陆龟蒙《散人歌》,又卷九十九有陆龟蒙《江湖散人传》,惟无《江湖散人歌》(《四部丛刊》影印明嘉靖刻本《唐文粹》,亦同。《江湖散人传》,见《四部丛刊》本《唐甫里先生文集》卷十六,《散人歌》见卷十七)。此自属记忆不清,以文题杂诗题,乃成此"非驴非马"。又检同书卷十四上有皎然《效古》诗,在《效古》之前,则有贾岛《古意》(《四部丛刊》本《唐文粹》同。《古意》见李嘉言校《长江集新校》卷一;《效古》见《四部丛刊》本《皎然集》卷六。

又,《唐文粹》十四卷另有王绩《古意》三首、贺兰进明《古意》二首、释贯休《古意》九首及孟郊、祖咏、李白、陆龟蒙《古意》各一首,卷十八又有孙郃《古意》一首),却无皎然《古意》。此亦馆臣"看朱成碧",以"瓜皮搭李皮"也。一行之中,舛谬如此,抑可骇已。

万首唐人绝句诗九十一卷 内府藏本

宋洪迈编[一]。迈有《容斋随笔》,已著录[二]。迈于淳熙间录唐五七言绝句五千四百首进御,后复补辑得满万首,为百卷,绍兴三年上之。是时降敕褒嘉,有"选择甚精,备见博洽"之谕[三]。陈振孙《书录解题》谓其中多采宋人诗,如李九龄、郭振、滕白、王嵒、王初之属。其尤不深考者,为梁何逊[四]。刘克庄《后村诗话》亦谓其但取唐人文集杂说,抄类成书,非必有所去取[五]。盖当时琐屑撝拾,以足万首之数,其不能精审,势所必然,无怪后人之排诋[六]。至程珌《洺水集》责迈不应以此书进御[七],则与张栻诋吕祖谦不应编《文鉴》[八],同一偏见,论虽正而实迂矣。是书原本一百卷,每卷以百首为率,而卷十九至卷二十二皆不满百首,又五言止十六卷,合之七言七十五卷,亦不满百卷。目录后载嘉定间绍兴守吴格跋,谓原书岁久蠹阙,因修补以永其传[九]。此本当是修补之后,复又散佚也。卷一百八十七

〔笺注〕

〔一〕迈传见《宋史》卷三百七十三。
〔二〕见《四库全书总目》卷一百十八。
〔三〕《重华宫宣赐白札子》:"比观向所进《唐诗绝句》,选择甚精,备见博洽。今赐茶一百夸,清馥香一十贴,薰香二十贴,金器一百两。"(语亦见洪迈《谢表》)洪迈《万首唐人绝句诗序》:"淳熙庚子秋,迈解建安郡印

归,时年五十八矣。身入老境,眼意倦罢,不复观书,惟时时教穉儿诵唐人绝句,则取诸家遗集,一切整汇,凡五七言五千四百篇,手书为六帙。起家守婺,赍以自随。逾年再还朝,侍寿皇帝清燕,偶及宫中书扇事,圣语云:'比使人集录唐诗,得数百首。'迈因以昔所编具奏,天旨惊其多,且令以元本进入,蒙置诸复古殿书院。又四年来守会稽,间公事馀分,又讨理向所未尽者。""又取郭茂倩《乐府》与稗官小说所载仙鬼诸诗,撮其可读者,合为百卷,刻板蓬莱阁中,而识其本末于首。绍熙元年十一月戊午,焕章阁学士宣奉大夫知绍兴军府事两浙东路安抚使魏郡公洪迈序。""越府所刻七言至二十六卷,五言至二十卷,而奉祠归鄱阳,惟书不可以不成,乃雇婺匠续之于容斋,旬月而毕。二年十一月戊辰迈题。"(文学古籍刊行社,1955年影印本)

〔四〕《直斋书录解题·唐人绝句诗集》:'《唐人绝句诗集》一百卷,洪迈景卢编。七言七十五卷,五言、六言二十五卷。各百首,凡万,上之重华宫,可谓博矣。而多有本朝人诗在其中,如李九龄、郭震、滕白、王嵒、王初之属。其尤不深考者,梁何仲言也。'(卷十五)

〔五〕按,此说不见《后村诗话》,而见《四库全书》本《后村集》卷二十四《唐人五七言绝句序》;馆臣为误记。《唐人五七言绝句序》云:"野处洪公编唐人绝句,仅万首,有一家数百首,并取而不遗者,亦有复出者,疑其但取唐人文集杂说,令人抄类而成书,非必有所去取也。"《四部丛刊》本《后村先生大全集》载此序,在卷九十四,字句亦小异。

〔六〕叶绍翁《四朝闻见录》乙集"洪景卢编唐绝句"条:"孝宗从容清燕,洪公迈侍。上语以宫中无事,则编唐人绝句以自娱,今已得六百馀首。公对曰:'以臣记忆,恐不止此。'上问以有几,公以五千首对。上大惊曰:'若是多耶?烦卿为朕编集。'洪归,搜阅凡逾年,仅得什之一二,至于稗官小说、神仙怪鬼、妇人女子之诗,皆括而凑之,乃以进御。上固知不诒所对数,然亦嘉其敏赡,亦转秩赐金帛。"

〔七〕宋程珌《书唐人绝句编后》:"寿皇朝有进《唐人绝句》一编者,窃(按,窃原作「窍」,据《四库全书》本改)谓可无进也。顷在经筵,尝蒙宣谕,比日作字颇多,旦夕示卿等。予即奏云:'雲章宸翰,固是帝王能事,但只以祖宗朝观之,太宗飞白,实在诸僭国悉平之后;高皇草圣,亦在中兴已定之馀。方今民贫兵困,羽书旁午,内修外攘,正轸圣衷。若夫笔神墨妙,迟于他日功成治定之馀,未晚也。'上云:'极是极是。'予又记在讲筵时(按,时原作特,据《四库全书》本改),尝进进士聂夷中'二月卖丝、五月粜谷'之诗,欲宽民生之艰也。又尝进楼公璹《耕织图诗》,欲以见桑稼之事也。每当讲读,则又以《宝训》故事录为小册进之,此外不敢有所进也。"(《程端明公洺水集》卷十三,《宋集珍本丛刊》本)

〔八〕见下篇注七引。

〔九〕彭元瑞《天禄琳琅书目后编·万首唐人绝句》:"目录后有嘉定辛未吴格跋,称公守会稽,刊之郡斋,后三十年已漫漶,命工修补。(中略)但吴格跋署嘉定辛亥,按嘉定起元年戊辰,迄十七年甲申,中无辛亥,或校对之疏,以所云三十年计之,当是辛巳之讹耳。"(卷七)按,云是"辛巳之讹",是也。嘉定辛巳为1221年,上距《唐诗绝句》初刊之绍熙元年(1190),恰三十年,吴跋云"后三十年",与之正合。《读书敏求记校证》(上海古籍出版社)446页以为应作"淳祐十一年辛亥(1251)"、《爱日精庐藏书志》(中华书局)598页校记以为应作"辛未(1211)",皆不然。吴跋,见张金吾《爱日精庐藏书志》卷三十五。《(乾隆)江南通志》卷一百四十七《人物志》:"吴格字之平,休宁人。淳熙进士。提举浙西常平茶盐。岁旱蝗,令民杂艺不种之田以自食,官不收苗,主不收租。迁帅绍兴,请免定科浮财物力等钱。官终起居舍人。"

宋文鉴一百五十卷_{内府藏本}

宋吕祖谦编〔一〕。祖谦有《古周易》,已著录〔二〕。按李心传《建炎以来朝野杂记》称:"临安书坊有所谓《圣宋文海》者,近岁江钿所编。孝宗得之,命本府校正刊板。周必大言其去取差谬,遂命祖谦校正。于是尽取秘府及士大夫所藏诸家文集,旁采传记他书,悉行编类,凡六十一门。"又称:"有近臣密启,所载臣僚奏议,有诋及祖宗政事者，不可示后世。乃命直院崔敦诗更定，增损去留，凡数十篇。然讫不果刻也。"〔三〕此本不著为祖谦原本，为敦诗改本。《朱子语录》称《文鉴》收蜀人吕陶《论制师服》一篇，为敦诗所删〔四〕。此本六十一卷中仍有此篇，则非敦诗改本确矣。商辂序称当时临安府及书肆皆有版〔五〕，与心传所记亦不合，盖官未刻而其后坊间私刻之，故仍从原本耳。祖谦之为此书，当时颇铄于众口。张端义《贵耳集》称："东莱修《文鉴》成，独进一本，满朝皆未得见，惟大珰甘昺有之。公论颇不与。得旨除直秘阁，为中书陈骙所驳，载于陈之行状。"〔六〕《朝野杂记》又引《孝宗实录》称："祖谦编《文鉴》，有通经而不能文词者，亦表奏厕其间，以自矜党同伐异之功，缙绅公论皆嫉之。"又载张栻时在江陵，与朱子书曰："伯恭好敝精神于闲文字中，何补于治道，何补于后学？承当编此等文字，亦非所以成君德也。"〔七〕而《朱子语录》记其选录五例，亦微论其去取有未当〔八〕。盖一时皆纷纷訾议。案录副本以献中官，祖谦似不至是。所谓通经而不能文章者，盖指伊川，然伊川亦非全不能文〔九〕。至此书所载论政论学之文，不一而足，安得尽谓之无补。栻始闻有此举，未见此书，意其议出周必大，必选词科之文，故意度而为此语也。陈振孙《书录解题》记朱子晚年语学者曰："此书编次，篇篇有意，其所载奏议，亦系当时政治大节，祖宗二百年规模与后来中变之意，尽在其间，非《选》《粹》比也。"〔一〇〕然则朱子亦未始非之，殆日久而后论定欤。卷一百八十七

〔笺注〕

〔一〕祖谦传见《宋史》卷四百三十四。
〔二〕见《四库全书总目》卷三。
〔三〕《建炎以来朝野杂记》乙集卷五"文鉴"条："《文鉴》者，吕伯恭被旨所编也。先是，临安书坊有所谓《圣宋文海》者，近岁江钿所编，孝宗得之，

命本府校正刻板,时淳熙四年十一月也。其七日壬寅,周益公以学士轮当内直,召对清华阁,因奏:'陛下命临安府开《文海》,有诸?'上曰:'然。'益公曰:'此编去取差谬,殊无伦理,今降旨刊刻,事体则重,恐难传后。莫若委馆阁官铨择本朝文章,成一代之书。'上大以为然,曰:'卿可理会。'益公奏乞委馆职,(中略)上遂令伯恭校正,本府开雕,其日甲辰也。始赵丞相以西府奏事,上问伯恭文采及为人何如,赵公力荐之,故有是命。伯恭言:'《文海》元系书坊一时刻行,名贤高文大册,尚多遗落,乞一就增损,仍断自中兴以前铨次,庶几可以行远。'十五日庚戌,许之。后数日,又命知临安府赵磻老并本府教官二员,同伯恭校正。二十日乙卯,磻老言:'臣府事繁委,若往来秘书同共校正,虑有妨碍本职,兼策府书籍亦难令教官携出,乞专令祖谦校正。'从之。于是伯恭取秘府及士大夫所藏本朝诸家文集,旁采传记他书,悉行编类,凡六十一门,为百五十卷。既而伯恭再迁著作郎兼礼部郎官。五年十二月十四日夜,得中风病。六年春正月,引疾求去。十一日庚午,有诏予郡,伯恭固辞。后十三日癸未,上对辅臣,因令王季海枢使问伯恭所编《文海》次第,伯恭乃以书进。二月四日壬辰,上又谕辅臣曰:'祖谦编类《文海》,采摭精详,可与除直秘阁。'又遣中使李裕文宣谕,赐银帛三百匹两。时方严非有功不除职之令,舍人陈叔进将缴之,先以白丞相赵公,公谕毋缴,叔进不从。七日乙未,辅臣奏事,上谕曰:'祖谦平日好名则有之,今此编次《文海》,采取精详,且如奏议之精,有益于治道。'于是批旨曰:'馆阁之职,文史为先。祖谦所进《文海》,采取精详,有益治道,故以宠之。可即命词。'叔进不得已草制曰:'馆阁之职,文史为先。尔编类《文海》,用意甚深,采取精详,有益治道。寓直中秘,酬宠良多。尔当知恩之有自,乃行之不诬,用竭报焉。'人斯无议。时益公为礼部尚书兼学士,其月十八日丙午,得旨撰《文海序》。四月三日辛卯进呈,乞赐名。上问何以为名,益公乞名《皇朝文鉴》,上曰善。时《序》既成,将刻板,会有近臣密启云:'所载臣僚奏议,有诋及祖宗政事者,不可示后世。'乃命直院崔大雅更定,增损去留凡数十篇,然迄不果刻也。张南轩时在江陵,移书晦翁曰:'伯恭好弊精神于闲文字中,徒自损何益?如编《文海》,何补于治道？何补于后学？徒使精力困于翻阅，亦可怜耳。且承当编此等文字，亦非所以承君德也。'今《孝宗实录》书此事颇详，未知何人当笔。其词云：'初，祖谦得旨校正，盖上意令校雠差误而已。祖谦乃奏以为去取未当，欲乞一就增损。三省取旨，许之。甫数日，上仍命磻老与临安教官二员同校正，则上意犹如初也。时祖谦已诵言皆当大去取，其实欲自为一书，非复如上命。议者不以为可。磻老及教官畏之，不敢与共事，故辞不肯预，而祖谦方自谓得计。及书成，前辈名人之文，蒐罗殆尽，有通经而不能文词者，亦以表奏厕其间，以自矜党同伐异之功，荐绅公论皆疾之。及推恩除直秘阁，中书舍人陈骙缴还。比再下，骙虽奉命，然颇诋薄之，祖谦不敢辩也。故祖谦之书上，不复降出云。'史臣所谓通经不能文词，盖指伊川也。时侂胄方以道学为禁，故诋伯恭如此，而牵联及于伊川。余谓伯恭既为词臣丑诋，自当力逊职名，今受之非矣。黄直卿亦以余言为然。"

〔四〕《朱子语类》卷一百二十二："伯恭《文鉴》，有正编其文理之佳者；有其文且如此，而众人以为佳者；有其文虽不甚佳，而其人贤名微，恐其泯没，亦编其一二篇者；有文虽不佳，而理可取者。凡五例。先生云：'已亡一例。后来为人所潜，令崔大雅敦诗删定，奏议多删改之。如蜀人吕陶有一文论制师服，此意甚佳，吕止收此一篇。崔云："陶多少好文，何独收此？"遂去之，更参入他文。'"

〔五〕商辂《宋文鉴序》："宋淳熙中，吕成公祖谦奉朝旨裒辑建隆以后、建炎以前诸贤文集，精加校正，取其辞理之醇有补治道者，以类编次，定为一百五十卷。书成上之，命名《皇朝文鉴》。周益公必大为序。当时临安府及书坊皆有剜版，岁久散佚，其书传于今者甚鲜。"（《宋文鉴》卷首）

〔六〕见《贵耳集》卷上："东莱修《文鉴》成，独进一本于上前，满朝皆未得见，惟大珰甘昺有之，公论颇不与。得旨除直秘阁，为中书陈骙所缴，载于陈之行状。"

〔七〕并见注一所引。张栻《答朱元晦》："伯恭近遣人送药与之，未回。渠爱敝精神于闲文字中，徒自损，何益？如编《文海》，何补于治道，何补于后学？徒使精力困于翻阅，亦可怜耳。承当编此文字，亦非所以承君

德。"(《南轩集》卷二十四)

〔八〕《朱子语类》卷一百:"康节煞有好说话,《近思录》不曾取入。近看《文鉴》编康节诗,不知怎生'天向一中分造化,人于心上起经纶'底诗却不编入。""先生方读《文鉴》,而学者至。坐定,语学者曰:'伯恭《文鉴》去取之文,若某平时看不熟者也,也不敢断他。有数般皆某熟读底,今拣得也无巴鼻。如诗,好底都不在上面,却载那衰飒底。把作好句法,又无好句法;把作好意思,又无好意思;把作劝戒,又无劝戒。'林择之云:'他平生不会作诗。'曰:'此等有甚难见处?'""东莱《文鉴》编得泛,然亦见得近代之文。如沈存中《律历》一篇,说浑天亦好。""伯恭所编奏议,皆优柔和缓者,亦未为全是。今丘宗卿作序者是旧所编。后修《文鉴》,不止乎此,更添入。"卷一百三十九:"吕编《文鉴》,要寻一篇赋冠其首,又以美成赋不甚好,遂以梁周翰《五凤楼赋》为首,美成赋亦在其后。"

〔九〕见注三所引"史臣所谓通经不能文词,盖指伊川也"。

〔一〇〕见《直斋书录解题·皇朝文鉴》:"张南轩以为无补治道,何益后学?而朱晦庵晚岁尝语学者曰:'此书编次,篇篇有意,每卷首必取一大文字作压卷,如赋取《五凤楼》之类。其所载奏议,亦系一时政治大节,祖宗二百年规模与后来中变之意,尽在其中,非《选》、《粹》比也。'"(卷十五)

瀛奎律髓四十九卷 内府藏本

元方回撰〔一〕。回有《续古今考》,已著录〔二〕。是书兼选唐、宋二代之诗,分四十九类,所录皆五七言近体,故名"律髓"。自序谓取十八学士登瀛洲、五星聚奎之义,故曰"瀛奎"〔三〕。大旨排西崑而主江西,倡为"一祖三宗"之说。一祖者,杜甫;三宗者,黄庭坚、陈师道、陈与义也〔四〕。其说以生硬为健笔,以粗豪为老境,以炼字为句眼,颇不谐于中声。其去取之间,如杜甫《秋兴》惟选第四首之类〔五〕,亦多不可解。然宋代诸集,不尽传于今者,颇赖以存。而当时遗闻旧事,亦往往多见于其注,故厉鹗作《宋诗纪事》,所采最多[六]。其议论可取者,亦不一而足,故亦未能竟废之。此书世有二本,一为石门吴之振所刊,注作夹行,而旁有圈点,前载龙遵叙,述传授源流至详[七];一为苏州陈士泰所刊,删其圈点,遂并注中"所圈是句中眼"等句删去,又以龙遵原叙屡言圈点,亦并删之以灭迹,校雠舛驳,尤不胜乙[八]。之振切讥之[九],殆未可谓之已甚焉。

卷一百八十八

〔笺注〕

〔一〕方回生平,见洪焱祖《方总管回传》(明程敏政《新安文献志》卷九十五上)、曾廉《元书》卷八十九《文苑列传》。

〔二〕见《四库全书总目》卷一百十八。

〔三〕《瀛奎律髓序》:"'瀛'者何?十八学士登瀛洲也。'奎'者何?五星聚奎也。'律'者何?五七之近体也。'髓'者何?非得皮得骨之谓也。斯登也,斯聚也,而后八代五季之文弊革也。文之精者为诗,诗之精者为律。所选诗格也,所注诗话也,学者求之,髓由是可得也。"(《瀛奎律髓》卷首,亦见《桐江续集》卷三十二)

〔四〕见《瀛奎律髓》卷二十六陈师道《清明》方回批。

罗汝怀《钞纪氏刊正瀛奎律髓叙》:"《瀛奎律髓》一书,以名目分类,作者不书名书字,皆仿《昭明文选》。然昭明时无别号,此书则及别号,如称吕东莱则伯恭、居仁,并有东莱之称,果谁属乎。又或称官,而其中称名者复多,甚至一人而其称屡易,殊为错杂。至其分类四十馀目,既有著题类矣,而梅花与雪又各一类,春夏秋冬亦各一类,实琐屑而无意义。其于诗尊江西以抑西崑,为一祖三宗之说。一祖者少陵,三宗者山谷、后山、简斋也。观所宗主,宜若专尚气格,而又标题句眼,每于一二字句称奇,诡僻纤仄,大为竟陵先导。顾以唐宋选本流传不多,而其中遗闻轶事颇资考索,故传之至今不废。河间纪文达公作《瀛奎律髓刊误》,廓清之功甚伟,汝怀少时曾省览之,中失其本已二十馀年弗之见矣。今夏五月客省门,于同县胡子蓟门许见此编,其于《刊误》不同者,《刊误》就原本点论,此编虽备列类目,而于诗多所芟汰,略采原论,而刊正之说,亦与《刊误》微异,殆先为此编,而后定为《刊误》。先生之于是书,亦专且勤矣。原本循方氏之次,约为四卷。兹钞则分唐五律宋五律唐七律宋七律,排律无多,坿五律后,亦为四卷,而尽去其类目,以便省览。评点则悉循其旧,无所遗。先生论诗,门径正大,凡所发抒,罔弗惬当。惟刘梦得《西塞山怀古》之作,实只论王濬伐吴一事,后四句颇病空衍,而先生赏之,谓第五句包括六朝,未免因循旧说。温飞卿《过陈琳墓》诗'词客霸才',久无定说,先生以为词客谓琳,霸才谓己。谓己则何以怜琳哉。然此不过一二,不足病其全体之明通也。当俟暇日再觅《刊误》合勘之,更为定本焉。咸丰十年重阳后三日。"(《绿漪草堂文集》卷十四)

〔五〕见《瀛奎律髓》卷三十二,方回批云:"八首取一。"即"闻道长安似弈棋"一首。

〔六〕如《宋诗纪事》卷十魏野《书友人屋壁》,卷十一宋祁《赠清逸魏处士》、《落花》,卷十五王珪《大飨明堂庆成》,卷二十苏洵《九日和韩魏公待检》、曾布《布作高阳台众乐园成被命与金陵易地兄弟待罪侍从对更方面实为私门之庆走笔寄子开弟》,卷二十四王安国《杭州呈胜之》,卷三十三高荷,卷三十五叶梦得《送严壻侍郎北使》,卷三十六方惟深《和周楚望红梅用韵》,卷三十七曾幾《诸人见和返魂梅再次韵》、《壬戌岁除作明朝六十岁矣》,卷三十八卢襄《窗外梅花》,卷四十一田亘《江梅》、《飞鸢》,卷四十三胡铨,卷四十六刘子翚《汴京纪事》,卷六十一陈埙,卷六十四陈起,卷六十六刘克庄《病后访梅》,卷七十六宋自逊等,皆是。又据之所录之诗,尤不胜数。

〔七〕康熙五十二年(1713)石门吴之振黄叶村庄刻本。龙遵《瀛奎律髓原序》:"《瀛奎律髓》四十九卷,宋紫阳方虚谷先生之所编选。予蚤年尝闻是编,不获一睹。天顺甲申,叨守新安,实先生乡郡,因搜访得其传录全本,间有舛讹,卒无善本校正之。续又得定宇陈先生手自抄本,共十类。定宇自识云:'惟"节序类"得虚谷亲校本抄之,余皆传录本,疑误甚多,虽间可是正,而不能尽,圈点悉谨依之。遂以其本与先所得本参对之,无大差异者,第惜不得全编通校之。于是又遍访郡之儒者,因得各家所藏抄本读之,亦率多残缺脱落,得此遗彼,遂会取诸本通参订之。舛讹者是正,圈点一依先本为定。然后是编始获复全,而虚谷编选之志,亦庶几其不终泯。'嗟夫,以定宇去虚谷时犹未远,而是编已不可得其全矣。今一旦得之,又何其幸耶。先生自序谓'诗之精者为律',今观其所选之精严,所评之当切,涵泳而隽永之,古人作诗之法,讵复有馀蕴哉。诚所谓'律髓'也。故不敢私之于己,敬寿诸梓,以广其传。但卷帙浩繁,传录之误,陶而阴、亥而豕者,不能无也。四方博学君子,幸共鉴而正之。"(《四库全书》本)龙遵明人,此序作于成化三年(1467)。又《四库全书总目辨误》173页以为此序作者,为"龙晋字遵叙",作"龙遵"者误读也。

〔八〕康熙四十九年(1710)陈士泰刻本。此本在吴刻之前。陈刻前,有元至元癸未(1283)刻巾箱本、明成化三年(1467)紫阳书院刻本。

〔九〕吴瑞草《重刻记言》:"适见坊间新镌本,谓可是正,而校对之下,舛误乃更甚于前。""诗文之有圈点,始于南宋之季,而盛于元。(中略)而坊本将圈点削去,且因之窜改注语,不特评者之苦心因之埋没,即作者之矩矱畦迳,亦难窥寻矣。兹刻悉行载入,不敢妄加增减。"(《瀛奎律髓汇评》附录一)瑞草,之振子。

唐宋八大家文钞一百六十四卷 通行本

明茅坤编〔一〕。坤有《徐海本末》,已著录〔二〕。《明史·文苑传》称坤善古文,最心折唐顺之,顺之所著《文编》,唐宋人自韩、柳、欧、三苏、曾、王八家外,无所取,故坤选《八大家文钞》〔三〕。考明初朱右已采录韩、柳、欧阳、曾、王、三苏之作,为《八先生文集》〔四〕,实远在坤前,然右书今不传,惟坤此集为世所传习。凡韩愈文十六卷,柳宗元文十二卷,欧阳修文三十二卷,附《五代史钞》二十卷,王安石文十六卷,曾巩文十卷,苏洵文十卷,苏轼文二十八卷,苏辙文二十卷。每家各为之引〔五〕。说者谓其书本出唐顺之,坤据其稿本刊板以行,攘为己作,如郭象之于向秀〔六〕。然坤所作《序例》,明言以顺之及王慎中评语标入〔七〕,实未讳所自来,则称为盗袭者,诬矣。其书初刊于杭州〔八〕,岁久漫漶。万历中,坤之孙著复为订正而重刊之,始以坤所批《五代史》附入欧文之后〔九〕。今所行者,皆著重订本也。自李梦阳《空同集》出,以字句摹秦汉,而秦汉为窠臼;自坤《白华楼稿》出,以机调摹唐宋,而唐宋又为窠臼〔一〇〕。故坤尝以书与唐顺之论文,顺之复书,有"尚以眉发相山川,而未以精神相山川"之语。又谓"绳墨布置,奇正转摺,虽有专门师法,至于中间一段精神命脉,则非具今古只眼者,不足与此"云云〔一一〕,盖颇不以能为古文许之。今观是集,大抵亦为举业而设,其所评语(按,《四库》本作论字,较是)疏舛,尤不可枚举。黄宗羲《南雷文定》有答张自烈书,谓其韩文内《孔司勋志》,不晓句读;《贞曜先生志》所云"来吊韩氏",谓不知何人;柳文内《与顾十郎书》,误疑十郎为宗元座主;欧文内薛简肃举进士第一让王严,疑其何以得让;又以张谷墓表迁员外郎知阳武县,为当时特重令职;又《孙之翰志》"学究出身,进士及第",为再举进士,皆不明宋制,而妄为之说。又谓其圈点批抹,亦多不得要领,而诋为小小结果。皆切中其病〔一二〕。然八家全集浩博,学者遍读为难,书肆选本又漏略过甚,坤所选录,尚得烦简之中,集中评语虽所见未深,而亦足为初学之门径,一二百年以来家弦户诵,固亦有由矣。卷一百八十九

〔笺注〕

〔一〕坤传见《明史》卷二百八十七。

〔二〕见《四库全书总目》卷六十四。

〔三〕《明史·茅坤传》:"坤善古文,最心折唐顺之。顺之喜唐宋诸大家文,

所著《文编》,唐宋人自韩、柳、欧、三苏、曾、王八家外,无所取,故坤选《八大家文钞》。其书盛行海内,乡里小生无不知茅鹿门者。鹿门,坤别号也。"

〔四〕朱右生平,见《提要》他处。《四库全书总目·白雲稿》:"《白雲稿》五卷,明朱右撰。右字伯贤,临海人。自号邹阳子。元至正二十一年,尝诣阙献《河清颂》,不遇而归。洪武三年,召修《元史》。六年修《日历》,除翰林院编修。七年,修《洪武正韵》。寻迁晋府右长史,卒于官。《明史·文苑传》附载《赵壎传》中。(中略)右为文不矫语秦汉,惟以唐宋为宗,尝选韩、柳、欧阳、曾、王、三苏为《八先生文集》。八家之目,实权舆于此。"(卷一百六十九)赵传见《明史》卷二百八十五。

〔五〕《引》凡八篇,在选文之前,为评论。录《昌黎文钞引》一篇,用见其概云:"魏晋以后,宋齐梁陈迄于隋唐之际,孔子六艺之遗,不绝如带矣。昌黎韩退之崛起德宪之间,泝孟轲、荀卿、贾谊、晁错、董仲舒、司马迁、刘向、杨雄及班椽父子之旨而揣摩之,于是时誉者半、毁者半,独柳宗元、李翱、皇甫湜、孟郊二三辈相与游从,深知而笃好之耳。何则?于举世聋聩中,而欲独以黄锺大吕铿鏓其间,甚矣其难也。又三百年而欧阳公修、苏公轼辈相继出,始表章之,而天下之文复趋于古。嗟乎,隋唐之文,其患在靡而弱,而退之之出而振之,固已难矣。廼若近代之文,其患在勦而赝,有志者苟欲出而振之,而其为力也,不尤戛戛乎其难矣哉。要之必本乎道,而按古六艺者之遗,斯之谓古作者之旨云尔。予故于汉西京而下八代之衰不及一人也,首揭昌黎韩文公愈,录其表状九首,书启状四十六首,序三十三首,记传十二首,原论议十首,辩解说颂杂著二十二首,碑及墓志碣铭五十二首,哀词祭文行状八首,厘为十六卷。昌黎之奇,于碑志尤为巉削,予窃疑其于太史迁之旨,或属一间,以其盛气搯抉,幅尺峻而韵折少也。书记序辩解及他杂著,公所独倡门户,譬则达摩西来,独开禅宗矣。归安鹿门茅坤题。"

〔六〕所指为谁,俟考。

〔七〕《八大家文钞凡例》第五条:"凡录批评,特据予所见而已,古之吕东莱、娄迁斋、谢枋得而下,多不录,以其行世已久,而学士大夫无不知之者。独近年唐荆川、王遵岩二公所传,世未必知之。唐以○,王以⚫,各标于上,以见两公之用心读书处。于予所见合与否,亦不暇论。《文钞》中所录唐、王评语,达数十百条,而皆标为"唐荆川曰"、"王遵岩曰",馆臣所云是也。

〔八〕丁丙《善本书室藏书志》卷三十九:"万历己卯刊版杭州。"《增订四库简明目录标注》卷十九:"万历己卯坤侄茅一桂所刊,字大而疏细。"己卯,为万历七年(1579)。

〔九〕茅著之本,重刊于崇祯间,著序末署"岁在辛未",是崇祯四年(1361)。《提要》误也。著序略云:"虎林本行世既久,不无模糊。用是与舅氏吴毓醇重加考校,精于杀青。"见王重民《中国善本书提要》446页。《增订四库简明目录标注》卷十九:"原刻于杭州,板久佚。著刻本亦不多见。后屡翻刻,字较小。"

〔一○〕《四库全书总目·空同集》:"(梦阳)气节本震动一世,又倡言复古,使天下毋读唐以后书,持论甚高,足以竦当代之耳目,故学者翕然从之,文体一变。厥后摹拟剽贼,日就窠臼,论者追原本始,归狱梦阳,其受诟厉亦最深。考明自洪武以来,运当开国,多昌明博大之音。成化以后,安享太平,多台阁雍容之作。愈久愈弊,陈陈相因,遂至啴缓冗沓,千篇一律。梦阳振起痿痹,使天下复知有古书,不可谓之无功,而盛气矜心,矫枉过直。"(卷一百七十一)又《四库全书总目·白华楼藏稿》:"坤刻意摹司马迁、欧阳修之文,喜跌宕激射,所选《史记钞》、《八家文钞》、《欧阳史钞》,即其生平之宗旨,然根柢少薄,摹拟有迹。秦汉文之有窠臼,自李梦阳始;唐宋文之亦有窠臼,则自坤始。故施于制义则为别调独弹,而古文之品,终不能与唐顺之、归有光诸人抗颜而行也。"(卷一百七十七)

〔一一〕唐顺之《答茅鹿门知县二》:"此一段公案,姑不敢论,只就文章家论之,虽其绳墨布置、奇正转摺,自有专门师法,至于中一段精神命脉骨髓,则非洗涤心源独立物表具今古只眼者,不足以与此。今有两人,其一人心地超然,所谓具千古只眼人也,即使未尝操纸笔呻吟学为文章,但直据胸臆信手写出,如写家书,虽或疏卤,然绝无烟火酸馅习气,便是宇宙间一样绝好文字;其一人犹然尘中人也,虽其专专学为文章,其于所谓绳墨布置则尽是矣,然番来覆去,不过是这几句婆子舌头语,索其所谓真精神与千古不可磨灭之见,绝无有也,则文虽工而不免为下格。此文章本色也。即如以诗为谕,陶彭泽未尝较声律、雕句文,但信手写出,便是宇宙间第一样好诗。何则?其本色高也。自有诗以来,其较声律、雕句文,用心最苦而立说最严者,无如沈约,苦却一生精力,使人读其诗,祇见其絪缚醒齼,满卷累牍,竟不曾道出一两句好话。何则?其本色卑也。本色卑,文不能工也,而况非其本色者哉。"(《荆川文集》卷七,《四部丛刊》本)

〔一二〕黄宗羲《答张尔公论茅鹿门批评八家书》:"鹿门八家之选,其旨大略本之荆川、道思,然其圈点勾抹多不得要领,故有膝理脉络处不标出,而圈点漫施之字句之间者,与世俗差强不远。至其批评谬处,姑举一二。如昌黎《张中丞传后序》云'不载雷万春事首尾',与南霁云乞救贺兰两不相蒙,而鹿门以为雷万春疑当作南霁雲,若乞救之事照应此句以补李翰之不载,则非矣。《曹成王碑》,以为'穿凿生割',为昌黎之务去陈言,岂昌黎之文从字顺者,犹有陈言之未去乎? 盖不知昌黎之所谓陈言者,庸俗之议论也,岂在字句哉。《罗池庙碑》,谓其不载柳州德政,'载其死而为神一节,似狎而少庄'。按碑中所载'民业有经'以下,德政可谓至矣,岂必如俗文之件系毛举,然后谓之庄耶。《孔司勋志》:'前夫人从葬舅姑兆次,卜人曰:今兹岁未可于(按,'于'字应作'以',《文钞》、韩文皆是,此为黄氏误记)祔。从卜人言,不祔。'鹿门云:'按附志前夫人所以不及祔葬舅姑兆次之故,而不详与司勋合葬处,不可晓。'志言前夫人已祔葬舅姑兆次,今欲迁葬与司勋合而卜人不可,故不合葬,本自明晓,不知鹿门如何读也?《孟贞曜志》:'愈走位哭,且召张籍会哭','诸尝与往来者,咸来哭吊韩氏。'按《檀弓》:伯高之赴,孔子曰:'夫由,赐也见我,吾哭诸赐氏。'遂命子贡为之主。故东野之丧,昌黎立位于家,其尝与往来者哭吊于韩氏也。鹿门云:'韩氏不知何人?'岂不知此礼耶。柳州贬后诸书,鹿门谓'苏子瞻安置海外时,诗文殊自旷达,盖由子瞻深悟禅宗,故独超脱,较子厚相隔数倍。'盖子瞻之谪,为奸邪所忌,而子厚之谪,人且目之为奸邪,心事不白,出语凄怆,其所处与子瞻异也。若论禅宗,子厚未必让于子瞻耳。《与顾十郎书》,子厚为顾少连所取士,十郎乃少连子也,于座主之门故称门生。书中'显赠荣谥,扬于天官,敷于天下',已明言少连之死,而鹿门云'其书似非对座主之言',是尚疑十郎为座主也。欧公谓'正统有时而绝',此是确论,鹿门'特以为统之在天下,未尝绝也',如此必增多少附会,正统之说所以愈不明也。鹿门谓'江邻几文不传,当非其文之至者,而欧阳公序之,只道其故旧凋落之意,隐然可见'。按序中言'其学问通博,文辞雅正深粹,而论议多所发明,诗尤清澹闲肆可喜',许之亦云至矣。如尹师鲁之文,欧公只称'简而有法',亦可云非其文之至者乎。薛简肃初举进士,为州第一,让其里人王严而居其次,鹿门云宋制举进士何以得让?宋制解试虽有主文考校,然尚有乡举里选之意,故得自相推让。凡举子皆谓之进士,其中殿试者谓之及第出身,鹿门不知宋制,而以今制赐进士者当之,故有此疑。《苏子美志》,其妻于文集,则曰'吾夫屈于生,犹可伸于死';于葬,则曰'吾夫屈于人间,犹可伸于地下'。皆有著落,句同而意异。鹿门云:'迭此二句,欧公穊笔而少遒处,不如仍前二句,且缀之曰"死而非欧君者铭其墓,则无以慰其生之交也"。'信如此,则俗笔套语矣。《张谷墓表》,历官'河南主簿、苏州观察推官、开封府士曹参军,迁著作佐郎,知阳武县,通判眉州,累迁屯田员外郎,复知阳武县'。鹿门云:'宋制,以观察推官徙参军,而知阳武县,又以通判眉州入为员外郎,而复知阳武,可见当时重令职如此。'按宋制未改京朝官,谓之县令;已改京朝官,方谓之知其县。张谷初知阳武,其京朝官是著作佐郎;再知阳武,其京朝官是屯田员外郎,知县虽同,而京朝官之崇卑则异,俱未尝入朝也。鹿门不明宋制耳。《孙之翰志》,'初举进士,天圣五年得同学究出身,八年再举进士及第'。鹿门云:'宋举进士者再。'按之翰初举进士,不及第,再举方得及第,未尝再也。学究出身,非进士之第耳。荆公《伯夷论》,以不食周粟为诬,识力非流俗可及。鹿门云:'论伯夷处,未是千年只眼。'彼之雷同子长者,岂皆只眼乎。至其去取之间,大文当入,小文可去者,尚不胜数也。观荆川《与鹿门论文书》,底蕴已自和盘托出,而鹿门一生,仅得其转折波澜而已,所谓精神不可磨灭者,未之有得。缘鹿门但学文章,于经史之功甚疏,故只小小结果,其批评又何足道乎。不知者遂与荆川、道思并称,非其本色矣。"(陈乃乾编《黄梨洲文集》,459—461页)

诗 文 评 类

　　文章莫盛于两汉,浑浑灏灏,文成法立,无格律之可拘。建安、黄初,体裁渐备,故论文之说出焉,《典论》其首也。其勒为一书,传于今者,则断自刘勰、锺嵘。勰究文体之源流,而评其工拙;嵘第作者之甲乙,而溯厥师承。为例各殊。至皎然《诗式》,备陈法律;孟棨《本事诗》,旁采故实;刘攽《中山诗话》、欧阳修《六一诗话》,又体兼说部。后所论著,不出此五例中矣。宋、明两代,均好为议论,所撰尤繁。虽宋人务求深解,多穿凿之词,明人喜作高谈,多虚憍之论,然汰除糟粕,采撷菁英,每足以考证旧闻,触发新意。《隋志》附总集之内,《唐书》以下,则并于集部之末,别立此门,岂非以其讨论瑕瑜,别裁真伪,博参广考,亦有裨于文章欤。

文心雕龙十卷 内府藏本

　　梁刘勰撰。勰字彦和,东莞莒人。天监中,兼东宫通事舍人,迁步兵校尉,兼舍人如故。后出家为沙门,改名慧地。事迹具《南史》本传[一]。其书《原道》以下二十五篇,论文章体制;《神思》以下二十四篇,论文章工拙;合《序志》一篇,为五十篇[二]。据《序志篇》称"上篇以下"、"下篇以上",本止二卷[三]。然《隋志》已作十卷[四],盖后人所分。又据《时序篇》中所言,此书实成于齐代,此本署"梁通事舍人刘勰撰",亦后人追题也[五]。是书自至正乙未刻于嘉禾,至明弘治、嘉靖、万历间,凡经五刻[六],其《隐秀》一篇,皆有缺文。明末常熟钱允治称得阮华山宋椠本,钞补四百馀字,然其书晚出,别无显证[七]，其词亦颇不类。如"呕心吐胆"，似摭《李贺小传》语[八]；"锻岁炼年"，似摭《六一诗话》论周朴语[九]；称班姬为匹妇，亦似摭锺嵘《诗品》语[一〇]。皆有可疑。况至正去宋未远，不应宋本已无一存，三百年后，乃为明人所得。又考《永乐大典》所载旧本，阙文亦同。其时宋本如林，更不应内府所藏，无一完刻。阮氏所称，殆亦影撰，何焯等误信之也[一一]。至字句舛譌，自杨慎、朱谋㙔以下，递有校正[一二]，而亦不免于妄改。如《哀诔篇》"赋宪之谥"句，皆云"赋宪"当作"议德"，盖以"赋"形近"议"、"宪"形近"悳"，悳、古德字也。然考王应麟《玉海》曰："《周书谥法》：惟三月既生魄，周公旦、太公望相嗣王发，既赋宪，受胪于牧之野。将葬，乃制作谥。"[一三]《文心雕龙》云"赋宪之谥'，出于此。然则二字不误，古人已言。以是例之，其以意雌黄者多矣。卷一百九十五

〔笺注〕

〔一〕 勰传见《梁书》卷五十、《南史》卷七十二。

〔二〕 明张之象序："《文心雕龙》十卷，四十九篇，合篇终《序志》一篇，为五十篇。"(《增订文心雕龙校注》附录)《文心雕龙·序志篇》："位理定名，彰乎大易之数，其为文用，四十九篇而已。"范文澜注："《易·上系》：'大衍之数五十，其用四十有九。'焦循《易通释》：'大衍，犹言大通。''大易'，疑当作'大衍'。"(《文心雕龙注》卷十)

〔三〕 按引文误。《序志篇》："上篇以上，纲领明矣。""下篇以下，毛目显矣。"(《增订文心雕龙校注》，中华书局本)

〔四〕 见《隋书·经籍四》(卷三十五)。姚振宗《隋书经籍志考证》卷四十："《唐日本国见在书目·杂家》：《文心雕龙》十卷。"《宋史·艺文八》："刘勰《文心雕龙》十卷。辛处信注《文心雕龙》十卷。"(卷二百九)

〔五〕 《时序篇》："暨皇齐驭宝，运集休明：太祖以圣武膺箓，高祖以睿文纂业，文帝以贰离含章，中宗以上哲兴运，并文明自天，缉遐(疑作熙)景祚。"按，《文心雕龙》撰于齐，为刘毓崧所确证，兹录其文于后。

刘毓崧《书文心雕龙后》:"《文心雕龙》一书,自来皆题梁刘勰著,而其著于何年,则多弗深考。予谓勰虽梁人,而此书之成,则不在梁时,而在南齐之末也。观于《时序篇》云:'暨皇齐驭宝,运集休明:太祖以圣武膺箓,世祖以睿文纂业,文帝以贰离含章,高宗以上哲兴运,并文明自天,缉遐景祚。今圣历方兴,文思光被。'云云。此篇所述,自唐虞以至刘宋,皆但举其代名,而特于齐上加一'皇'字,其证一也。魏晋之主,称谥号而不称庙号,至齐之四主,惟文帝以身后追尊,止称为帝,馀并称祖称宗,其证二也。历朝君臣之文,有褒有贬,独于齐则极力颂美,绝无规过之词,其证三也。东昏上高宗之庙号,系永泰元年八月事,据'高宗兴运'之语,则成书必在是月以后。梁武受和帝之禅位,系中兴二年四月事,据'皇齐驭宝'之语,则成书必在是月以前。其间首尾相距,将及四载,所谓今圣历方兴者,虽未尝明有所指,然以史传核之,当是指和帝而非指东昏也。《梁书》勰传云:'撰《文心雕龙》既成,未为时流所称,勰自重其书,欲取定于沈约。约时贵盛,无由自达,乃负其书,候约出,干之于车前。约便命取读,大重之。'今考约之事东昏也,官司徒左长史、征虏将军、南清河太守,虽品秩渐崇,而未登枢要;较诸同时之贵幸,声势曾何足言。及其事和帝也,官骠骑司马,迁梁台吏部尚书,兼右仆射。维时梁武尚居藩国,而久已帝制自为,约名列府僚,而实则权侔宰辅,其委任隆重,即元勋宿将,莫敢望焉。然则约之贵盛,与勰之无由自达,皆不在东昏之时,而在和帝之时明矣。且勰为东莞莒人,此郡侨置于京口,密迩建康,其少时居定林寺十馀年,故晚岁奉敕撰经证,即于其地,则踪迹常在都城可知。约自高宗朝由东阳征还,任内职最久,其为南清河太守,亦京口之侨郡,与勰之桑梓甚近;加以性好坟籍,聚书极多,若东昏时此书业已流行,则约无由不见。其必待车前取读,始得其书者,岂非以和帝时书适告成,故传播未广哉。和帝虽受制于人,仅同守府,然天命一日未改,固俨然共主之尊,勰之飏言赞时,亦儒生之职分。其不更述东昏者,盖和帝与梁武举义,本以取残伐暴为名,故特从而削之,亦犹文帝之后,不叙郁林王与海陵王,皆以其丧国失位而已。东昏之亡,在和帝中兴元年十二月,去禅代之期,不满五月,勰之负书干约,当在此数月中,故终齐之世,不获一官,而梁武天监之初,即起家奉朝请,未必非约延誉之力也。至于约之《宋书》,成于齐世祖永明六年,而自来皆题梁沈约撰,与勰之此书,事正相类。特约之《序传》言成书年月,而勰之《序志》未言成书年月,故人但知《宋书》成于齐,而不知此书亦成于齐耳。"(《通义堂文集》卷十四,《续修四库全书》本)

〔六〕按,此说不确。弘治,有十七年(1504)刻本、冯氏重刻本;嘉靖,有十年(1531)刻本、十九年(1540)刻本、二十二年(1543)刻本;万历,有七年(1579)刻本、二十一年(1593)刻本、三十七年(1609)刻本。故远不止五刻。参观铃木虎雄《黄叔琳本文心雕龙校勘记》(《文心雕龙注》卷首)。

〔七〕《隐秀篇》后黄叔琳云:"《隐秀篇》自'始正而末奇'至'朔风动秋草'朔字,元至正乙未刻于嘉禾者即阙此叶,此后诸刻仍之。胡孝辕、朱郁仪皆不见完书,钱功甫得阮华山宋椠本钞补,后归虞山,传录于外甚少。康熙庚辰,何心友从吴兴贾人得一旧本,适有钞补《隐秀篇》全文。辛巳,义门过隐湖,从汲古阁架上见冯己苍所传录功甫本,记其阙字以归。"(《增订文心雕龙校注》)铃木虎雄云:"何义门《文集》卷九有《跋文心雕龙》三则,叔琳括约其前后文以作此记。义门名焯,心友,焯之弟。虞山,言钱谦益也。冯己苍名舒。功甫名允治,明末常熟人,即称得阮华山宋椠本者。"

何焯《跋文心雕龙》:"康熙甲辰,余弟心友得钱丈遵王家所藏冯己苍手校本,功甫此跋,己苍手钞于后。乙酉携至京师,余因补录之。己苍又记云:'谢耳伯尝借功甫本于牧斋宗伯,宗伯仍秘《隐秀》一篇,己苍以天启丁卯从宗伯借得,因乞友人谢行甫录之。其《隐秀》一篇,恐遂多传于世,聊自录之。'则两公之用心,颇近于隘,后之君子,不可不以为戒。若余兄弟者,盖惟恐此篇传之不广,或致湮没也。乙酉除夕,香案小吏何焯呵冻记。"又:"辛巳正月,过隐湖访冯先生斧(按,此本书眉有校云:"'冯先生斧',疑是'毛先生斧季'之误。"),从汲古阁架上见冯己苍先生所传功甫本,记其阙字以归。于'疏放豪逸'四字,显然为不学者以意增加也。上元夜,焯又识。"又:"《隐秀篇》自'始正而末奇'至'朔风动秋草'朔字,元至正乙未刻于嘉禾者,即阙此一叶,此后诸刻仍之。胡孝辕、朱郁仪皆不见完书，钱功甫得阮华山宋椠本钞补，后归虞山，而传录于外甚少。康熙庚辰，心友弟从吴兴贾人得一旧本，适有钱补《隐秀篇》全文。除夕，坐语古小斋，走笔录之。焯识。"(《何义门先生集》卷九，《清代诗文集汇编》本)

〔八〕《李贺小传》："恒从小奚奴，骑距驴，背一古破锦囊，遇有所得，即书投囊中。及暮归，太夫人使婢受囊，出之，见所书多，辄曰：'是儿要当呕出心始已耳。'"(《樊南文集》卷八)

〔九〕《六一诗话》："唐之晚年，诗人无复李杜豪放之格，然亦务以精意相高。如周朴者，构思尤艰，每有所得，必极其雕琢，故时人称朴诗'月锻季炼，未及成篇，已播人口'。"(《历代诗话》本)

〔一〇〕《诗品》卷上："汉婕妤班姬。其源出于李陵。团扇短章，辞旨清捷，怨深文绮，得匹妇之致。"(《历代诗话》本)

〔一一〕《隐秀篇》纪昀云："癸巳三月，以《永乐大典》所收旧本校勘，凡阮本所补悉无之，然后知其真出伪撰。"又云："此一页词殊不类，究属可疑。'呕心吐胆'，似撼玉溪《李贺小传》'呕出心肝'语。'锻岁炼年'，似撼《六一诗话》周朴'月锻季炼'语。称渊明为彭泽，乃唐人语，六朝但有'徵士'之称，不称其官也。称班姬为匹妇，亦撼钟嵘《诗品》语。此书成于齐代，不应述梁代之说也。且隐秀三段，皆论诗而不论文，亦非此书之体，似乎明人伪托，不如从元本缺之。"参观黄侃《文心雕龙札记》。

〔一二〕据黄叔琳本《元校姓氏》，杨慎以下凡三十四家。朱字郁仪。

〔一三〕按，"哀诔"当作"哀吊"。"赋宪"，夹注："孙云当作'议德'。"孙指孙汝澄，字无挠。王应麟说，见《玉海》卷六十七(亦见《困学纪闻》卷二，较此为详)。

诗品三卷 _{内府藏本}

梁锺嵘撰。嵘字仲伟，颍川长社人。与兄岏、弟屿，并好学有名。齐永明中，为国子生。王俭举本州秀才，起家王国侍郎。入梁,仕至晋安王记室。卒于官[一]。嵘学通《周易》,词藻兼长。所品古今五言诗,自汉魏以来一百有三人,论其优劣,分为上中下三品。每品之首,各冠以序,皆妙达文理,可与《文心雕龙》并称。近时王士禛极论其品第之间,多所违失[二],然梁代迄今,邈逾千祀,遗篇旧制,什九不存,未可以掇拾残文,定当日全集之优劣。惟其论某人源出某人,若一一亲见其师承者,则不免附会耳[三]。史称嵘尝求誉于沈约,约弗为奖借,故嵘怨之,列约中品[四]。案约诗列之中品,未为排抑,惟序中深诋声律之学,谓"蜂腰、鹤膝,仆病未能;双声、叠韵,里俗已具"[五],是则攻击约说,显然可见,言亦不尽无因也。又一百三人之中,惟王融称王元长,不著其名,或疑其有所私尊。然徐陵《玉台新咏》亦惟融书字,盖齐梁之间,避齐和帝之讳,故以字行,实无他故[六]。今亦姑仍原本,以存其旧焉。卷一百九十五

〔笺注〕

〔一〕嵘传见《梁书》卷四十九、《南史》卷七十二。

〔二〕王士禛《古夫于亭杂录》卷五:"锺嵘《诗品》,余少时深喜之,今始知其舛谬不少。嵘以三品铨叙作者,自譬诸'九品论人,七略裁士',乃以刘桢与陈思并称,以为文章之圣。夫桢之视植,岂但斥鷃之与鲲鹏邪。又置曹孟德下品,而桢与王粲反居上品。他如上品之陆机、潘岳,宜在中品;中品之刘琨、郭璞、陶潜、鲍照、谢朓、江淹,下品之魏武,宜在上品;下品之徐幹、谢庄、王融、帛道猷、汤惠休,宜在中品。而位置颠错,黑白淆讹,千秋定论,谓之何哉。建安诸子,伟长实胜公幹,而嵘讥其'以莛扣钟',乖反弥甚。至以陶潜出于应璩,郭璞出于潘岳,鲍照出于二张,尤陋矣,又不足深辩也。"(亦见《渔洋诗话》卷下第七条)又《渔洋诗话》卷上:"余于古人论诗,最喜锺嵘《诗品》、严羽《诗话》、徐祯卿《谈艺录》,而不喜皇甫汸《解颐新话》、谢榛《诗说》。"(丁福保辑《清诗话》本)

〔三〕叶梦得《石林诗话》卷下:"魏晋间人诗,大抵专工一体,如侍宴、从军

之类,故后来相与祖习者,亦但因其所长取之耳。谢灵运《拟邺中七子》与江淹《杂拟》是也。梁锺嵘作《诗品》,皆云某人诗出于某人,亦以此。然论陶渊明乃以为出于应璩,此语不知其所据。应璩诗不多见,惟《文选》载其《百一诗》一篇,所谓'下流不可处,君子慎厥初'者,与陶诗了不相类。五臣注引《文章录》云:'曹爽用事,多违法度,璩作此诗,以刺在位,意若百分有补于一者。'渊明正以脱略世故,超然物外为意,顾区区在位者何足累其心哉。且此老何尝有意欲以诗自名,而追取一人而模放之,此乃当时文士与世进取竞进而争长者所为,何期此老之浅,盖嵘之陋也。"(《历代诗话》本)

〔四〕《南史·锺嵘传》:"嵘尝求誉于沈约,约拒之。及约卒,嵘品古今诗为评,言其优劣,云:'观休文众制,五言最优。齐永明中,相王爱文,王元长等皆宗附约。于时谢朓未遒,江淹才尽,范雲名级又微,故称独步。故当辞密于范,意浅于江。'盖追宿憾,以此报约也。"(卷七十二)

〔五〕按引文误。所引之语,见《诗品序》:"余谓文制本须讽读,不可塞碍,但令清浊通流,口吻调利,斯为足矣。至平上去入,则余病未能;蜂腰、鹤膝,闾里已具。"(《历代诗话》本)其语间所及,原为"平上去入",非"双声、叠韵"也,馆臣漫凭记忆书之,失真甚矣。

〔六〕齐和帝名萧宝融,501—502年在位。

六一诗话一卷 江苏巡抚采进本

宋欧阳修撰〔一〕。修有《诗本义》,已著录〔二〕。是书前有自题一行,称退居汝阴时集之,以资闲谈。盖熙宁四年致仕以后所作,越一岁而修卒,其晚年最后之笔也〔三〕。陈师道《后山诗话》谓修不喜杜甫诗〔四〕,叶梦得《石林诗话》谓修力矫西崑体〔五〕,而此编载论蔡都尉诗一条、刘子仪诗一条〔六〕,殊不尽然。毛晋后跋所辨,亦公论也〔七〕。其中如"风暖鸟声碎,日高花影重"一联,今见杜荀鹤《唐风集》,而修乃作周朴诗。魏泰作《临汉隐居诗话》,诋其谬误〔八〕。然考宋吴聿《观林诗话》曰:"杜荀鹤诗句鄙恶,世所传《唐风集》首篇'风暖鸟声碎,日高花影重'者,余甚疑不类荀鹤语。他日观唐人小说,见此诗乃周朴所作,而欧阳文忠公亦云尔。盖借此引编,以(按,《观林诗话》作已字)行于世矣。"〔九〕云云。然则此诗一作周朴,实有根据,修不误也。惟九僧之名,顿遗其八,司马光《续诗话》乃为补之〔一〇〕,是则记忆偶疏耳。卷一百九十五

〔笺注〕

〔一〕修传见《宋史》卷三百十九。

〔二〕见《四库全书总目》卷十五。参观余集《秋室学古录》卷二《欧阳公诗本义提要》(《清代诗文集汇编》本)。

〔三〕《六一诗话》题词:"居士退居汝阴,而集以资闲谈也。"(《历代诗话》本)

〔四〕《后山诗话》:"欧阳永叔不好杜诗,苏子瞻不好司马《史记》,余每与黄鲁直怪叹,以为异事。"(《历代诗话》本)

〔五〕《石林诗话》卷上:"欧阳文忠公诗始矫崑体,专以气格为主,故其言多平易疏畅,律诗意所到处,虽语有不伦,亦不复问。而学之者往往遂失于快直,倾囷倒廪,无复馀地。然公诗好处,岂专在此?如《崇徽公主手痕》诗:'玉颜自古为身累,食肉何人与国谋。'此自是两段大议论,而抑扬曲折,发见于七字之中,婉丽雄胜,字字不失相对,虽崑体之工者,亦未易比。言意所会,要当如是,乃为至到。"(《历代诗话》本)

〔六〕《六一诗话》:"陈舍人从易,当时文方盛之际,独以醇儒古学见称,其诗多类白乐天。盖自杨、刘唱和,《西崑集》行,后进学者争效之,风雅一变,谓'西崑体'。由是唐贤诸诗集几废而不行。陈公时偶得杜集旧本,文多脱误,至《送蔡都尉》诗云:'身轻一鸟。'其下脱一字。陈公因与数客各用一字补之,或云'疾',或云'落',或云'起',或云'下',莫能定。其后得一善本,乃是'身轻一鸟过'。陈公叹服,以为虽一字,诸君亦不能到也。"又:"杨大年与钱、刘数公唱和,自《西崑集》出,时人争效之,诗

体一变。而先生老辈患其多用故事,至于语僻难晓,殊不知自是学者之弊。如子仪《新蝉》云:'风来玉宇乌先转,露下金茎鹤未知。'虽用故事,何害为佳句也。又如:'峭帆横渡官桥柳,叠鼓惊飞海岸鸥。'其不用故事,又岂不佳乎?盖其雄文博学,笔力有余,故无施而不可,非如前世号诗人者,区区于风雲草木之类,为许洞所困者也。"

〔七〕毛晋《六一诗话跋》:"或云居士不喜杜少陵诗,今读其陈舍人云云,虽一字叹人莫能到,其仰止何如耶。或又云闢西崑体,亦未必然。大率说诗者之是非,多不符作者之意。居士尝自道云:知圣俞诗者莫如修,尝问圣俞举平生所得最好句,圣俞所自负者,皆修所不好,圣俞所卑下者,皆修所称赏。盖知心赏音之难如是。其评古人诗,得毋似之乎。湖南毛晋识。"(《六一诗话》附,《津逮秘书》本)潘景郑校订本《汲古阁书跋》中"六一诗话"一篇,自"其自道云"以上,皆与此异,与《提要》语不应,盖改本也。

〔八〕《六一诗话》:"唐之晚年,诗人无复李杜豪放之格,然亦务以精意相高。如周朴者,构思尤艰,每有所得,必极其雕琢,故时人称朴诗'月锻季炼,未及成篇,已播人口'。其名重当时如此,而今不复传矣。余少时犹见其集,其句有云:'风暖鸟声碎,日高花影重。'又云:'晓来山鸟闹,雨过杏花稀。'诚佳句也。"《临汉隐居诗话》:"欧阳文忠公作《诗话》,称周朴之诗曰:'风暖鸟声碎,日高花影重。'以为佳句。此乃杜荀鹤之句,非朴也。"(《历代诗话》本)

〔九〕见《观林诗话》(《历代诗话续编》本)。《苕溪渔隐丛话》前集卷二十三:"余读《隐居诗话》云:'此一联非朴诗也,乃杜荀鹤之句。'然犹未敢以六一居士《诗话》为误。后又看《幕府燕闲录》云:'杜荀鹤诗鄙俚近俗,惟《宫词》为唐第一,云:"早被婵娟误,欲妆临镜慵。承恩不在貌,教妾若为容。风暖鸟声碎,日高花影重。年年越溪女,相忆采芙蓉。"故谚云:"杜诗三百首,惟在一联中。""风暖鸟声碎,日高花影重"是也。'"

〔一〇〕《六一诗话》:"国朝浮图,以诗名于世者九人,故时有集号《九僧诗》,今不复传矣。余少时闻人多称之。其一曰惠崇,馀八人者,忘其名字也。"《温公续诗话》:"欧阳公云,九僧诗集已亡。元丰元年秋,余游万安山玉泉寺,于进士闵交如舍得之。所谓九诗僧者,剑南希昼、金华保暹、南越文兆、天台行肇、沃州简长、贵城惟凤、淮南惠崇、江南宇昭、峨眉怀古也。直昭文馆陈充集而序之。其美者,亦止于世人所称数联耳。"(《历代诗话》本)

诗话总龟前集四十八卷后集五十卷 两江总督采进本

宋阮阅撰〔一〕。阅有《郴江百咏》,已著录〔二〕。案胡仔《苕溪渔隐丛话序》曰:"舒城阮阅昔为郴江守,尝编《诗总》,颇为详备,盖因古今诗话,附以诸家小说,分门增广,独元祐以来诸公诗话不载焉。考编此《诗总》,乃宣和癸卯,是时元祐文章禁而弗用,故阮因以略之。"〔三〕云云。据其所言,则此书本名《诗总》,其改今名,不知出谁手也。此本为明宗室月窗道人所刊,并改其名为阮一阅〔四〕,尤为疏舛。其书前集分四十五门,所采书凡一百种,后集分六十一门,所采书亦一百种,撷拾旧文,多资考证〔五〕。惟分类琐屑,颇有乖于体例。前有郴阳李易序,乃曰"阮子旧集颇杂,月窗条而约之,汇次有义,棼结可寻"〔六〕。然则此书已经改窜〔七〕,非其旧目矣。卷一百九十五

〔笺注〕

〔一〕《四库全书总目·郴江百咏》:"阅字闳休,舒城人。赵希弁《读书附志》称其建炎初以中奉大夫知袁州,其事迹则未详也。所撰有《松菊集》,今佚不传。"(卷一百五十七)

〔二〕见《四库全书总目》卷一百五十七。

〔三〕胡仔《序渔隐诗评丛话前集》:"绍兴丙辰,余侍亲赴官岭右,道过湘中,闻舒城阮阅昔为郴江守,尝编《诗总》,颇为详备。行役匆匆,不暇从知识间借观。后十三年,余居苕水,友生洪庆远从宗子彦章获传此集。余取读之,盖阮因古今诗话,附以诸家小说,分门增广,独元祐以来诸公

诗话不载焉。考编此《诗总》,乃宣和癸卯,是时元祐文章禁而弗用,故阮因以略之。"(《苕溪渔隐丛话》卷首)又《苕溪渔隐丛话》后集卷三十六:"闽中近时刊行《诗话总龟》,即舒城阮阅所编《诗总》也。余家有此集,今《总龟》不载此序,故录于此云。"阮序见注五引。

〔四〕张嘉秀《诗话总龟原序》:"白川子负谴婴疾,分牧芝城,居常怏怏弗乐也。乃月窗殿下时时遣贵侍觇之,间授二册曰:'是为《诗话总龟》,是为宋阮一阅所编,是为今程子珙所校,是将寿诸文梓,期与好事者共,先生能无言乎。'"(《诗话总龟》卷首,《四库全书》本)

〔五〕阮阅《诗总序》:"宣和癸卯春,来官郴江,因取所藏诸家小史别传、杂记野录读之,遂尽见前所未见者。至癸卯秋,得一千四百馀事,共二千四百馀诗,分四十六门而类之。(中略)但类而总之,以便观阅,故名曰《诗总》。(中略)宣和五年十一月朔,舒城阮阅序。"(《苕溪渔隐丛话》后集卷三十六引)《提要》云"前集分四十五门",与此序所言"四十六门"不合(按,《桐江集》卷七《诗话总龟考》亦云"四十六门"),《四库提要订误》遂指以为误。按之亦不然。据《天禄琳琅书目后编》卷二十、《善本书室藏书志》卷三十九所著录之明抄本、旧抄本,前集正作"四十五门",其所无者为"唱和",盖《提要》虽可商,要亦非无凭也。又缪荃孙《艺风堂文漫存》乙丁稿卷五《诗话总龟跋》云:"前集分四十七门,后集分六十四门",又复不同,古本分合之间,往往有是,无足怪也。

〔六〕见李易《诗话总龟原序》(《诗话总龟》卷首)。李序又云:"淮伯王月窗嗜古学文,其志慕东平、河间,而欲相揖逊于异代者。宫暇,乃取阮子《诗话总龟》,延庠生程珙校雠之,命工刊布。"

〔七〕丁氏《善本室藏书志》卷三十九:"月㶇为高皇六世孙,珙楚郡弟子员。前有山东海道副使郴阳李易序,又嘉靖甲辰江西饶州府同知海盐张嘉秀序,及珙后跋。称'龙舒阮子集《百家诗话总龟》,前卷四十有八,后卷五十,实钞录未传之书也。月西(㶇)殿下乐善嗜古,见而珍爱,亟欲与四方风雅之士共之,延珙校雠釐舛,芟剔重冗,而寿诸梓云'。"按珙跋云"芟剔重冗",是明言删改矣。《藏书志》于此本前,又著录旧抄本"百家诗话总龟前集五十卷后集五十卷",凡百卷,与此本卷数,又复多寡不同。

韵语阳秋二十卷 两江总督采进本

宋葛立方撰〔一〕。立方有《归愚集》,已著录〔二〕。是编杂评诸家之诗,不甚论句格工拙,而多论意旨之是非,故曰"阳秋",用晋人语也。然晋人以避讳之故,改"春"为"阳"可也,宋不讳"春",而立方乃袭旧文,是好奇而无理矣〔三〕。其中如偏重释氏,谓欧阳修梦见十王得知罪福,后亦信佛之类,则未免虚诬〔四〕;议屈原自沈为不知命之类,则未免偏驳〔五〕;论李杜、苏黄皆相轻相诋之类,则未免附会〔六〕。赵与旹《宾退录》尝议其误以郑合敬诗为郑谷诗,又议其不知阮咸出处〔七〕。今观所载,如以江淹《杂拟》"赤玉隐瑶溪"句为谢灵运诗,以苏轼"老身倦马河堤永,踏尽黄榆绿槐影"句为杜甫诗,以李白"解道澄江净如练,令人长忆谢元晖"句为袭郑谷之语,皆未免舛误〔八〕,尚不止与旹之所纠。然大旨持论严正,其精确之处,亦未可尽没也。卷一百九十五

〔笺注〕

〔一〕《四库全书》本《韵语阳秋》卷首提要云:"立方字常之,自号嬾真子,丹阳人。绍兴戊午进士,官至吏部侍郎。"《两宋名贤小集》卷八十二《归愚集》:"葛立方字常之,江阴人。谥文康胜仲之子,谥文定邲之父也。天资高迈,博览诸子百家言,诗文信笔抒写,不加持择。与弟立象、妹壻章道祖同登绍兴戊午进士。累官吏部侍郎。因忤时相罢去,自号归愚居士。筑堂三楹,扁曰馀庆,优游以终老焉。"(按,曹廷栋编《宋百家诗存》卷十九《归愚集》作者小传,全袭此节)《宋诗纪事》卷四十五《葛立方小传》:"立方字常之,丹阳人,徙吴兴。胜仲之子。绍兴八年进士。隆兴间,官至吏部侍郎。有《西畴笔耕》、《韵语阳秋》、《归愚集》。"又陆心源《仪顾堂集》卷十三有《葛立方传》,可参观。

〔二〕按,此说疑误。立方此书,《四库全书总目》中未见著录(《善本书室藏书志》已指出),《简明目录》却有之,不解何故。陈垣《四库书目考异》亦

不著此书(《陈垣全集》第三册298页),盖《四库》本未收也。又《总目》卷一百九十八《归愚词》提要亦云:"方立有《归愚集》,已著录。"误并同。

〔三〕《世说新语·赏誉》:"桓茂伦云:'褚季野皮里阳秋。'谓其裁中也。"《晋书·褚裒传》:"谯国桓彝见而目之曰:'季野有皮里阳秋。'以其外无臧否,而内有褒贬也。"(卷九十三)简文母郑太后讳阿春,晋人避其讳,皆以"春秋"为"阳秋"。此事古之笔记杂书,多有论及,如《野客丛书》卷九、《宾退录》卷三、《齐东野语》卷四、《香祖笔记》卷十等,均可参观。

〔四〕见《韵语阳秋》卷十二:"欧阳永叔素不信释氏之说,如《酬净照师》云:'佛说吾不学,劳师忽款关。我方仁义急,君且水云闲。'《酬惟悟师》云:'子何独吾慕,自忘夷其身。韩子亦尝谓,收敛加冠巾。'是也。既登二府,一日被病呕,梦至一所,见十人冠冕环坐。一人云:'参政安得至此,宜速反舍。'公出门数步,复往问之,曰:'公等岂非释氏所谓十王者乎?'曰:'然。'因问:'世人饭僧造经,为亡人追福,果有益乎?'答云:'安得无益。'既寤,病良已。自是遂信佛法。文康公得之于陈去非,去非得之于公之孙恕,当不妄。叶少蕴守汝阴,谒见永叔之子棐,久之不出。已而棐以数珠出,谢曰:'今日适与家人共为佛事。'叶问其所以,棐曰:'先公无恙时,薛夫人已如此,公弗之禁也。'"

〔五〕见《韵语阳秋》卷八:"余观渔父告屈原之语曰:'圣人不凝滞于物,而能与世推移。'又云:'众人皆浊,何不淈其泥而扬其波;众人皆醉,何不哺其糟而啜其醨。'此与孔子和而不同之言何异?使屈原能听其说,安时处顺,置得丧于度外,安知不在圣贤之域?而仕不得志,狷急褊躁,甘葬江鱼之腹,知命者肯如是乎。故班固谓'露才扬己',忿怼沉江;刘勰谓'依彭咸之遗则者,狷狭之志也';扬雄谓'遇不遇命也,何必沉身哉';孟郊云'三黜有愠色,即非贤哲模';孙郃云'道废固命也,何事葬江鱼';皆贬之也。而张文潜独以谓'楚国茫茫尽醉人,独醒唯有一灵均。哺糟更使同流俗,渔父由来亦不仁。'"

〔六〕见《韵语阳秋》卷一:"杜甫、李白以诗齐名,韩退之云:'李杜文章在,光焰万丈长。'似未易以优劣也。然杜诗思苦而语奇,李诗思疾而语豪,杜集中言李白诗处甚多,如'李白一斗诗百篇',如'清新庾开府,俊逸鲍参军','何时一尊酒,重与细论文'之句,似讥其太俊快。李白论杜甫,则曰:'饭颗山头逢杜甫,头戴笠子日卓午。为问因何太瘦生,只为从来作诗苦。'似讥其太愁肝肾也。杜牧云:'杜诗韩笔愁来读,似倩麻姑痒处搔。天外凤凰谁得髓,何人解合续弦胶。'则杜甫诗,唐朝以来一人而已,岂白所能望耶。"卷二:"鲁直谓东坡作诗,未知句法。而东坡题鲁直诗云:'每见鲁直诗,未尝不绝倒。然此卷甚妙,而殆非悠悠者可识。能绝倒者已是可人。'又云:'读鲁直诗,如见鲁仲连、李太白,不敢复论鄙事。虽若不适用,然不为无补。'如此题识,其许之乎,其讥之也?鲁直酷爱陈无己诗,而东坡亦不深许。鲁直为无己扬誉无所不至,而无己乃谓'人言我语胜黄语',何邪?"(《历代诗话》本)

〔七〕《宾退录》卷二:"唐僖宗乾符二年,礼部侍郎崔沆下进士三十人,郑合敬第一。《摭言》载其《宿平康里》诗云:'春来无处不闲行,楚闰相看别有情。好是五更残酒醒,时时闻唤状头声。'注云:'楚娘、闽娘,妓之尤者。'《韵语阳秋》谓为郑谷所作,误矣。"卷九:"葛常之《韵语阳秋》云:'《晋书·阮咸传》云:"咸善琵琶。"今有圆槽而十三柱者,世号阮,亦谓阮咸,相传谓阮咸所作,故以为名。而咸传乃不及此。山谷《听宋宗儒摘阮歌》云:"手挥琵琶送飞鸿,促弦聒醉惊客起,圆璧庚庚有横理。闭门三月传国工,身今亲见阮仲容。"(按,此所引数句,中有节略)则亦以为仲容所作,岂咸用琵琶馀制而作阮邪。'据此,则是常之不知阮咸所出。余按《国史纂异》云:'元行冲宾客为太常少卿时,有人于古墓中得铜物,似琵琶而身正圆,莫有识者。元视之曰:"此阮咸所造乐具。"乃令匠人改以木,为声清雅,今呼为阮咸者是也。'《卢氏杂说》云:'《晋书》称阮咸善弹琵琶,后有发咸墓者,得琵琶,以瓦为之,时人不识,以为于咸墓中所得,因名阮咸。'陈晋之(旸)《乐书》云:'阮咸五弦,本秦琵琶,而颈长过之,列十二柱焉。唐武后时,蒯朗于古冢得铜琵琶,晋阮咸所造也。元亨中,命工以木为之,声甚清彻,颇类《竹林七贤图》所造旧器,因以阮咸名之,亦以其善弹故也。圣朝太宗于旧制四弦上加一弦。'三说盖大同而小异。今世所行,皆四弦十三柱者。与訔窃闻,今禁中女乐别有所谓阮,其制视民间者绝不同,且甚大,须坐而奏之。乡人郭子雲(应龙)守南安时,大庾令之妇乃出宫人,能为此。郭盖亲见之。《唐书·乐志》云:'五弦,如琵琶而小,北国所出。乐工裴神符初以手弹,太宗悦甚,后人习为挡琵琶。'则是唐已有五弦矣。不知旸因唐之太宗而误为本朝邪,抑别有考按邪。"

〔八〕见《韵语阳秋》卷十六:"《文选·海赋》云:'雲锦散文于沙汭之际。'故谢灵运诗有'赤玉隐瑶溪,雲锦被沙汭'之句。观其语意,正言沙石五色,如雲锦被于岸尔。"卷二:"沈存中云:'退之《城南联句》云:"竹影金琐碎。"金琐碎者,日光也,恨句中无日字尔。'余谓不然,杜子美云:'老身倦马河堤永,踏尽黄榆绿槐影。'亦何必用日字?作诗正欲如此。"卷四:"张祜诗云:'故国三千里,深宫二十年。'杜牧赏之,作诗云:'可怜故国三千里,虚唱歌词满六宫。'故郑谷云:'张生故国三千里,知者唯应杜紫微。'诸贤品题如是,祐之诗名安得不重乎?其后有'解道澄江净如练,世间唯有谢玄晖','解道江南断肠句,世间唯有贺方回'等语,皆祖其意也。"按,"解道澄江净如练"云云,乃李白之句,安得祖郑谷?此误记耳。

唐诗纪事八十一卷 江苏巡抚采进本

宋计有功撰。有功字敏夫,其始末未详〔一〕。李心传《建炎以来系年要录》载:绍兴五年秋七月戊子,"右承议郎新知简州计有功提举两浙西路常平茶盐公事。有功,安仁人,张浚从舅也。"〔二〕又考郭印《雲溪集》有《和计敏夫留题雲溪》诗曰:"知君绝学谢芸编,语默行藏不碍禅。亲到雲溪重说偈,天开地闢见纯全。"则敏夫为南渡时人〔三〕。详印诗意,盖耽味禅悦之士。而是集乃留心风雅,采摭繁富,于唐一代诗人,或录名篇,或纪本事,兼详其世系爵里,凡一千一百五十家。唐人诗集不传于世者,多赖是书以存〔四〕。其某篇为某集所取者,如《极玄集》、《主客图》之类,亦一一详注〔五〕。今姚合之书犹存,张为之书,独藉此编以见梗概,犹可考其孰为主、孰为客、孰为及门、孰为升堂、孰为入室〔六〕,则其辑录之功,亦不可没也。惟其中多委巷之谈,如谓李白微时曾为县吏,并载其牵牛之谑、溺女之篇,俳谐猥琐〔七〕,依托显然,则是榛楛之勿翦耳。卷一百九十五

〔笺注〕

〔一〕《续文献通考》卷一百九十八《经籍考》、《天禄琳琅目录后编》卷二十并云"安仁人",误。又号灌园先生,见《唐诗纪事序》。明嘉靖钱塘洪氏本孔天胤序(见《唐诗纪事校笺》附录;按,此文亦收入《明文海》卷二百十七)云名敏夫字有功,亦误。其生平事迹,陆心源跋有辑考,见下注所引。

〔二〕见《建炎以来系年要录》卷九十一。绍兴五年,为1135年。又《系年要录》载及有功者凡七,不止此一事。《仪顾堂题跋》卷十三《唐诗纪事跋》云:"《提要》:'有功字敏夫,其始末未详。李心传《系年要录》载绍兴五年秋七月戊子,右承议郎新知简州计有功提举两浙常平茶盐公事。有功安仁人,张浚从舅也。'愚案:有功临邛人,祖用章,《东都事略》附《范雍传》。父良辅,庆历进士,见《眉州志》。有功宣和三年进士,自号灌园居士,见宋刊《二百家播芳大全目录》(按,此疑陆氏误记,当为《新刊国朝二百家名贤文粹》或《圣宋名贤五百家播芳大全文粹》)。绍兴六年,累官左承议郎,充行都督府书写机宜文字。十一月张浚遣来奏事,后二日加直秘阁,遣还。七年献所著《晋鉴》,高宗曰:'朕乙夜观之,且为艰难之戒。'又问《春秋》防微之渐,对曰:'妇笑于齐,六卿分晋,此书之所为作也。'上首肯。随以母老求去。升徽猷阁,提点潼川府刑狱公事。张浚引亲嫌力辞,疏累上,诏仍旧职。二十八年知眉州,逾年移利州路转运判官。明年移嘉州。见《系年要录》。"(《续修四库全书》本)《四库提要辨证》1588—1590页所辑有功生平,大略同之,盖即本于陆跋也。

〔三〕见《雲溪集》卷十二。'芸编'作'尘编'。又卷一有《送计敏夫赴阙》,卷十二有《计敏夫送酒四壶有诗和之二首》。宋袁说友《东塘集》卷十九《题计次阳教授家传韵略》:"灌园先生以此书付次阳,其知子亦异矣。

今人率有爱子之癖,至其子已壮且老,而溺爱惛惛,了不知其贤与否也。次阳甫四岁,灌园已知此书之必传,后四十年,而仆乃亲见之蜀文物之邦也。钟灵孕秀于父子间固多矣,九龄而与玄文,今视次阳,犹当有其年不可及之叹。"据此,知其有子次阳,犹能世家学也。

〔四〕见计有功《唐诗纪事序》(《唐诗纪事》卷首)。

〔五〕《四库全书总目·极玄集》:"计敏夫《唐诗纪事》凡载集中所录之诗,皆注曰'右姚合取为《极玄集》',盖宋人甚重其书矣。(中略)总集之兼具小传,实自此始,亦足以资考证也。"(卷一百八十六)其注"取作《主客图》"者,近七十处,不烦赘缕。

〔六〕《直斋书录解题·唐诗主客图》:"《唐诗主客图》一卷,唐张为撰。所谓主者,白居易、孟雲卿、李益、鲍溶、孟郊、武元衡,各有标目。馀有升堂、及门、入室之殊,皆所谓客也。近世诗派之说殆出于此,要皆有未然者。"(卷二十二)

〔七〕见《唐诗纪事》卷十八引《彰明逸事》:"闻唐李太白本邑人,微时募县小吏,入令卧内,尝驱牛经堂下,令妻怒,将加诘责。太白讴以诗谢云:'素面倚栏钩,娇声出外头。若非是织女,何得问牵牛。'令惊异,不问。稍亲,招引侍研席。令一日赋山火诗,思轧不属,太白从傍缀其下句,令诗云:'野火烧山去,人归火不归。'太白继云:'焰随红日去,烟逐暮雲飞。'令惭止。顷之,从令观涨,有女子溺死江上,令复苦吟,太白辄应声继之。令诗云:'二八谁家女,漂来倚岸芦。鸟窥眉上翠,鱼弄口傍珠。'太白继云:'绿鬓随波散,红颜逐浪无。因何逢五相,应是想秋胡。'令滋不悦。"

苕溪渔隐丛话前集六十卷
后集四十卷江苏巡抚采进本

宋胡仔撰。仔字元任,绩溪人。舜陟之子。以荫授迪功郎,两浙转运司干办公事,官至奉议郎,知常州晋陵县。后卜居湖州,自号苕溪渔隐〔一〕。其书继阮阅《诗话总龟》而作,前有自序,称阅所载者皆不录〔二〕。二书相辅而行,北宋以前之诗话,大抵略备矣。然阅书多录杂事,颇近小说,此则论文考义者居多,去取较为谨严。阅书分类编辑,多立门目,此则惟以作者时代为先后,能成家者列其名,琐闻轶句,则或附录之,或类聚之,体例亦较为明晰。阅书惟采摭旧文,无所考正,此则多附辨证之语,尤足以资参订〔三〕。故阅书不甚见重于世,而此书则诸家援据,多所取资焉。《新安文献志》引方回《渔隐丛话考》曰:"元任寓居雪上,谓阮阅闳休《诗总》成于宣和癸卯,遗落元祐诸公,乃增纂集自国风汉魏六朝以至南渡之初,最大家数,特出其名,馀入杂纪,以年代为后先。回幼好之,学诗实自此始。元任以闳休分门为不然,有汤岩起者,闳休乡人,著《诗海遗珠》,又以元任为不然。回闻之吾州罗任臣毅卿,所病者元任纪其自作之诗,不甚佳耳。其以历代诗人为先后,于诸家诗话,有去有取,间断以己意,视《皇朝类苑》中概而并书者,岂不为优?"〔四〕云云。虽乡曲之言,要亦不失公论也。卷一百九十五

〔笺注〕

〔一〕胡仔生平,见《(嘉泰)吴兴志》卷十七、陆心源《宋史翼》卷一。

〔二〕胡仔《序渔隐诗话丛话前集》:"余今遂取元祐以来诸公诗话,及史传小说所载事实,可以发明诗句,及增益见闻者,纂为一集。凡《诗总》所有,此不复纂集,庶免重复。一诗而二三其说者,则类次为一,间为折衷之;又因以余旧所闻见,为说以附益之。"(《苕溪渔隐丛话》卷首)

〔三〕《序渔隐诗评丛话前集》:"或者谓余不能分明纂集,如阮之《诗总》,是未知诗之旨矣。昔有诗客,尝以神、圣、工、巧四品,分类古今诗句,为说以献半山老人。半山老人得之,未及观,遽问客曰:'如老杜"勋业频看镜,行藏独倚楼"之句,当入何品?'客无以对,遂以其说还之,曰:'尝鼎一脔,他可知矣。'则知诗之不可分门纂集,盖出此意也。余今但以年代人物之先后次第纂集,则古今诗话,不待捡寻,已粲然毕陈于前,顾不佳

哉。今老矣,日以废亡,此集之作,聊自备观览而已,匪敢传之当世君子,故不愧。"

〔四〕见《新安文献志》卷七十八罗愿《胡待制(舜陟)传》篇末所引。又《桐江集》(宛委别藏本)卷七本有此文,唯其书馆臣未见,故不知也。

沧浪诗话一卷 内府藏本

宋严羽撰〔一〕。羽有诗集,已著录〔二〕。此书或称《沧浪吟卷》,盖闽中刊本,以《诗话》置诗集之前,为第一卷,故袭其诗集之名,实非其本名也〔三〕。首《诗辨》,次《诗体》,次《诗法》,次《诗评》,次《诗证》,凡五门。末附《与吴景仙论诗书》。大旨取盛唐为宗,主于妙悟,故以"如空中音,如象(按,《沧浪诗话》作相字)中色,如镜中花,如水中月,如羚羊挂角,无迹可寻",为诗家之极则〔四〕。明胡应麟比之达摩西来,独闢禅宗〔五〕,而冯班作《严氏纠谬》一卷,至诋为呓语〔六〕。要其时宋代之诗,竞涉论宗,又四灵之派方盛,世皆以晚唐相高,故为此一家之言,以救一时之弊。后人辗转承流,渐至于浮光掠影,初非羽之所及知,誉者太过,毁者亦太过也。钱曾《读书敏求记》又摘其"《九章》不如《九歌》,《九歌·哀郢》尤妙"之语,以为《九歌》之内无《哀郢》,诋羽未读《离骚》〔七〕。然此或一时笔误,或传写有譌,均未可定,曾遽加轻诋,未免佻薄。如赵宧光于六书之学,固为弇陋,然《说文长笺》引"虎兕出于柙"句,误称《孟子》,其过当在钞胥。顾炎武作《日知录》,遽谓其未读《论语》〔八〕,岂足以服其心乎。卷一百九十五

〔笺注〕

〔一〕羽之生平,见朱霞《严羽传》(《沧浪诗话校释》附)、《福建通志》卷三十九及陈定玉《严羽考辨》(《严羽学术研究论文集》)。《四库全书总目·

沧浪集》：" 羽字仪卿，一字丹丘，邵武人。自号沧浪逋客。与严仁、严参齐名，世号三严。"（卷一百六十三）

〔二〕见《四库全书总目》卷一百六十三。

〔三〕按当指程允兆编《天都阁藏书》。《四库全书总目·天都阁藏书》："所录自锺嵘《诗品》以下，凡十四种。中严羽《沧浪诗话》，题曰《沧浪吟卷》，盖羽诗集本名《沧浪吟卷》，明人所刻，以诗话冠首，允兆从集中剽出，而不辨其为全集之名也。"（卷一百三十四）

〔四〕《沧浪诗话·诗辩》："盛唐诸人，惟在兴趣。羚羊挂角，无迹可求。故其妙处，透彻玲珑，不可凑泊。如空中之音，相中之色，水中之月，镜中之象，言有尽而意无穷。"（《历代诗话》本）

〔五〕胡应麟《诗薮》杂编卷五："南渡人才，远非前宋之比，乃谈诗独冠古今。严羽卿崛起烬馀，涤除榛棘，如西来一苇，大畅玄风。昭代声诗，上追唐汉，实有赖焉。"（上海古籍出版社本）《提要》云云，指此。又严羽本字仪卿，明人如胡应麟、胡震亨、钱谦益及毛先舒等，皆每称为严仪羽卿，盖从当时误本耳，见郭绍虞《沧浪诗话校释》"校释说明"注一。

又胡氏于羽之论诗，极力推崇，其著述之中，所在多有。兹更摭数事，用见其概云。《诗薮》内编卷五："汉唐以后谈诗者，吾于宋严羽卿得一悟字，于明李献吉得一法字，皆千古词场大关键。第二者不可偏废，法而不悟，如小僧缚律；悟不由法，外道野狐耳。"又："严羽卿云：'诗有别才，非关书也；诗有别趣，非关理也。'十六字在诗家，即唐虞精一语不过。惟杜老难以此拘，其诗错陈万卷亡论，至说理如'寂寂春将晚，欣欣物自私'之类，每被儒生家引作话柄。然亦杜能之，后人蹈此，立见败缺。益知严语当服膺。"外编卷四："严羽卿之诗品，独探玄珠；刘会孟之诗评，深会理窟；高廷礼之诗选，精极权衡。三君皆具大力量、大识见。"《少室山房笔丛》丙部《九流绪论上》："夫谈者固有未必用，用者固有不必谈。刘子玄非真能史，其论史即马、班莫能难；严羽卿非真能诗，其论诗即李、杜莫能如。藉令马、班、李、杜自言之，或未必如二子之凿凿也，而责二子以马、班、李、杜，则悖矣。"（上海书店本）

〔六〕《严氏纠谬》见《钝吟杂录》卷五。

〔七〕按,此误之纠,先发之于冯班。《钝吟杂录》卷五《严氏纠谬》:"又云:《九章》不如《九歌》,《九歌·哀郢》尤妙。按,(中略)《哀郢》是《九章》,《九歌》是祀神之词,何得有《哀郢》?沧浪云'须熟《楚词》',今观此言,《楚词》殊未熟,亦恐是未曾看。"又钱曾《读书敏求记》卷四云:"沧浪复吴景仙书:'仆之《诗辨》,乃断千百年公案。'诚惊世绝俗之谈。又云:'来书谓忽被人捉破发问,何以答之?仆正欲人发问而不可得。'其对己贡高,师心自是。数百年来,学人为其夸词压倒,从无卓识士讼言破斥之,何耶?他不具论,即如《诗辨》云:'先须熟读《楚词》,朝夕讽咏,亦为之本。'别一条云:'《九章》不如《九歌》,《九歌·哀郢》尤妙。'殊不知《九歌》中有《哀郢》否?吾恐沧浪于《楚词》不惟不熟,兼亦未尝读也。哆口妄谈,似说鬼说梦。断千百年公案,若是之惊世绝俗乎?当时有人以此捉破发问之,将何以答乎?"(管廷芬、章钰校证本)虽本之冯班(劳权已指出),而其语犀利,读之尤可喜。

〔八〕《日知录》卷二十一"说文长笺"条:"万历末,吴中赵凡夫宦光作《说文长笺》,将自古相传之五经肆意刊改,好行小慧,以求异于先儒。乃以'青青子衿'为淫奔之诗,而谓衿即衾字。如此类者非一。其实《四书》尚未能成诵,而引《论语》'虎兕出于柙',误作《孟子》。"

诗人玉屑二十卷 内府藏本

宋魏庆之撰。庆之字醇甫,号菊庄,建安人。是编前有淳祐甲辰黄昇序,案昇字原本作口,盖偶从篆体,说在昇《花庵词》条下。称其有才而不屑科第,惟种菊千丛,日与骚人佚士觞咏于其间,盖亦宋末江湖一派也〔一〕。宋人喜为诗话,裒集成编者至多,传于今者,惟阮阅《诗话总龟》、蔡正孙《诗林广记》、胡仔《苕溪渔隐丛话》及庆之是编卷帙为富〔二〕。然《总龟》芜杂,《广记》挂漏,均不及胡、魏两家之书。仔书作于高宗时,所录北宋人语为多;庆之书作于度宗时,所录南宋人语较备,二书相辅,宋人论诗之概,亦略具矣。庆之书以格法分类,与仔书体例稍殊,其兼采齐己《风骚旨格》伪本,诡立句律之名〔三〕,颇失简择。又如禁体之中,载蒲辇诗之类〔四〕,亦殊猥陋。论韩愈《精卫衔石填海》"人皆讥造次,我独赏专精"二句,为胜钱起"曲终人不见,江上数峰青"二句之类〔五〕,是非亦未平允。然采摭既繁,菁华斯寓,锺嵘所谓"披沙简金,往往见宝"者〔六〕,亦庶几焉,固论诗者所必资也。卷一百九十五

〔笺注〕

〔一〕黄昇《诗人玉屑序》:"诗话之编多矣,《总龟》最为疏驳,其可取者,惟《苕溪丛话》;然贪多务得,不汰则冗,求其有益于诗者,如披砂拣金,闷闷而后得之,故观者或不能终卷。友人魏菊庄,诗家之良医师也,乃立新意,别为是编。自有诗话以来,至于近世之评论,博观约取,科别其条;凡升高自下之方,繇粗入精之要,靡不登载。其格律之明,可准而式;其鉴裁之公,可研而覈;其斧藻之有味,可咀而食也。既又取《三百篇》、《骚》、《选》而下,及宋朝诸公之诗,名胜之所品题,有补于诗道者,尽择其精而录之。盖始焉束以法度之严,所以正其趋向;终焉极夫古今之变,所以富其见闻。是犹仓公、华佗,按病处方,虽庸医得之,犹可借以已疾,而况医之善者哉。(中略)君名庆之,字醇甫,有才而不屑科第,惟种菊千丛,日与骚人佚士,觞咏于其间。阁学游公受斋先生,尝赋诗嘉之,有'种菊幽探计何早,想应苦吟被花恼'之句,视其所好事,以知其人焉。淳祐甲辰长至日,玉林黄昇叔旸序。"(《诗人玉屑》卷首,中华书局本)甲辰为淳祐四年(1244)。

〔二〕《诗人玉屑考》:"(黄叔旸)序谓《玉屑》胜《渔隐丛话》,不然也。《渔隐》编次有法,先书前贤诗话、文集,然后间书己见,此为得体。他人与《玉屑》往往刊去前贤标题,若己所言者,下乃细注出处,使人读之如无首然。又或每段立为品目,殊可憎厌,况又不能出《渔隐》度外。其前载诸贤诗评,不过增南渡以后诸公议论,如朱文公、杨诚斋、赵章泉语,吾无间然;严沧浪、姜白石评诗虽辨,所自为诗不甚佳。凡为诗不甚佳,而

好评诗者,率是非相半,晚学不可不知也。"(《桐江集》卷七,《宛委别藏》本)

〔三〕见《诗人玉屑》卷六"进退格"条:"郑谷与僧齐己、黄损等,共定《今体诗格》云:'凡诗用韵有数格,一曰葫芦,一曰辘轳,一曰进退。葫芦韵者,先二后四;辘轳韵者,双出双入;进退韵者,一进一退。失此则缪矣。'"

〔四〕见《诗人玉屑》卷九"蒲鞋诗"条:"刘章子克明,江左人,事湖南马氏。有《蒲鞋》诗云:'吴江浪浸白蒲春,越女初挑一样新。才自绣窗离玉指,便随罗袜上香尘。石榴裙下从容久,玳瑁筵前整顿频。今日高楼鸳瓦上,不知抛掷是何人?'"

〔五〕见《诗人玉屑》卷三"省题诗句"条:"《湘灵鼓瑟》落句:'曲终人不见,江上数峰青。'含蓄不尽意,或谓钱起得之梦,未必然也。韩昌黎《精卫衔石填海》篇有'人皆讥造次,我独赏专精',则语意超诣,不可以加矣。"

〔六〕按,此为谢混语,见《诗品》卷一:"谢混云:'潘诗烂若舒锦,无处不佳;陆文如披沙简金,往往见宝。'"(《历代诗话》本)

历代诗话八十卷 浙江巡抚采进本

国朝吴景旭撰。景旭字旦生,归安人〔一〕。是书前后无序跋,而中有涂乙之处,盖犹初定之藁。分为十集,以十干为目:甲集六卷,皆论《三百篇》;乙集六卷,皆论《楚词》;丙集九卷,皆论赋;丁集六卷,皆论古乐府;戊集六卷,皆论汉魏六朝诗;己集十二卷,前九卷论杜诗,后三卷为杜陵谱系;庚集九卷,皆论唐诗;辛集七卷,皆论宋诗;壬集十卷,前三卷论金诗,后七卷论元诗;癸集九卷,皆论明诗。其体例仿陈耀文《学林就正》〔二〕,每条各立标题,先引旧说于前,后杂采诸书以相考证,或辨其是非,或参其异同,或引伸其未竟,或补缀其所遗,皆下一格书之。有旧说所无而景旭自立论者,则惟列本诗于前,而以己意发挥之。虽皆采自诗话、说部,不尽根柢于原书,又嗜博贪多,往往借题曼衍,失于芟薙,然取材繁富,能以众说互相钩贯,以参考其得失,于杂家之言,亦可谓淹贯者矣。较以古人,固不失《苕溪渔隐丛话》之亚也〔三〕。卷一百九十六

〔笺注〕

〔一〕景旭字又旦,一字旦生,归安人。别有《南山堂自订诗》等。见邓之诚《清诗纪事初编》264页小传(上海古籍出版社)。

〔二〕《四库全书总目·学林就正》:"耀文在明季诸人之中,颇能考证,所作《正杨集》,攻《丹铅》诸录之讹,虽词气叫嚣,有乖大雅,而疏通引据,尚不失精详。此书则聚诸驳杂异说,诋呵圣贤,如引慕容盛之论,比周公于曹操之流,据《汲冢书》之文,诬文王以商臣之事。小言破道,莫甚于斯。若夫南宋诸儒,力分门户,或不免主持太过,不得其平,如抑苏轼、诋岳飞之类,诚不惬人心是非之公,随事辨正,未为不可。耀文必以张栻晚得异疾,指为伪学之证,则深文苛索,有意求瑕,将伯牛之歌《芣苢》,亦为内行不谨乎。"(卷一百二十六)

〔三〕梁章钜《退庵随笔》卷二十一:"诗话莫盛于宋,今四库所录,自《六一诗话》以下二十馀家,求其实系教人作诗之言,则不可多得。国朝吴景旭撰《历代诗话》至八十卷,嗜奇爱博,而尚非度人金针。"(广陵古籍刻印社)

《历代诗话跋》:"《历代诗话》八十卷,吴景旭旦生撰。旦生一号仁山,归安人。明诸生,耆德笃学。由前丘移城内之莲花庄,筑堂名南山,即赵子昂故宅,旦生于此啸咏终日。有《南山自订诗》。此书分为十集,以十干为目:甲集六卷,皆论《三百篇》;乙集六卷,皆论《楚词》;丙集九卷,皆论赋;丁集六卷,皆论古乐府;戊集六卷,皆论汉魏六朝诗;己集十二卷,前九卷论杜诗,后三卷为杜陵谱系;庚集九卷,皆论唐诗;辛集七卷,皆论宋诗;壬集十卷,前三卷论金诗,后七卷论元诗;癸集九卷,皆论明诗。其体例仿陈耀文《学林就正》,每条各立标题,先引旧说于前,后杂采诸书以相考证,或辨其是(按,此处疑敚非字),或参其异同,或引伸其未

竟,或补缀其所遗,皆下一格书之。旧说所无而景旭自立论者,则惟列本诗于前,而以己意发挥之。虽皆采自诗话、说部,不尽根柢于原书,而取材繁富,能以众说互相钩贯,以参考其得失,已开乾嘉诸儒之风气,名为诗话,意不专主于说诗。《提要》以《渔隐丛话》儗之,觉其气象尤为宏远,祗因卷帙重大,二百餘年竟无刻本,辗转传钞,不无譌误。今为刊行,庶不泯作者之辛苦,而贻后学以资粮矣。岁在甲寅六月,吴兴刘承幹跋。"(《历代诗话》附,《吴兴丛书》本)按,此跋中间全抄《提要》,几一字不遗,姑备录之,用便对勘,并以著骨董家之欺世也。

宋诗纪事一百卷_{浙江巡抚采进本}

国朝厉鹗撰[一]。鹗有《辽史拾遗》,已著录[二]。昔唐孟棨作《本事诗》,所录篇章,咸有故实[三]。后刘攽、吕居仁等诸诗话,或仅载佚事,而不必皆诗[四]。计敏夫《唐诗纪事》,或附录佚诗,而不必有事。揆以体例,均嫌名实相乖,然犹偶尔泛登,不为定式。鹗此书裒辑诗话,亦以"纪事"为名,而多收无事之诗,全如总集,旁涉无诗之事,竟类说家,未免失于断限。又采摭既繁,牴牾不免。如四卷赵复《送晏集贤南归》诗,隔三卷而重出;七十二卷李珏《题湖山类稿》绝句,隔两卷而重出;九十一卷僧惠涣《送王山人归隐》诗,隔一卷而重出;四十五卷尤袤《淮民谣》,隔一页而重出;二卷杨徽之《寒食》诗二句,至隔半页而重出[五]。他如西崑体、江西派,既已别编,而月泉吟社乃分析于各卷,而不改其前题字,以致八十一卷之姚潼翔于周崃《送僧归蜀》诗后标"前题"字,八十五卷之赵必范于赵必象(按,据《宋诗纪事》,象应作瑑)《避地惠阳》诗后标"前题"字。皆不免于粗疏。又三十三卷载陈师道,而三十四卷又出一颍州教授陈复常,竟未一检《后山集》及《东坡集》,订"复"字为"履"字之譌[六];四十七卷载郑伯熊,三十一卷已先出一郑景望,竟未一检

《止斋集》,证"景望"即"伯熊"之字[七];五十九卷据《齐东野语》载曹豳《竿伎》诗,作刺赵南仲,九十六卷又载作无名子刺贾似道[八];八十四卷花蕊夫人《奉诏诗》,不以勾延庆《锦里耆旧传》互勘[九];八十六卷李煜归宋渡江诗,不以马令《南唐书》参证[一〇];八十七卷《永安驿题柱》诗,不引《后山集》本序,而称《名媛玑囊》[一一];又华春娘《寄外》诗,不知为唐薛涛《十离》之一[一二];陆放翁妾诗,不知为《剑南集》七律之半[一三];英州司寇女诗,不知为录其父作[一四]。皆失于考证。然全书网罗赅备,自序称阅书三千八百一十二家,今江南、浙江所采遗书中,经其签题自某处钞至某处,以及经其点勘题识者,往往而是,则其用力亦云勤矣[一五]。考有宋一代之诗话者,终以是书为渊海,非胡仔诸家所能比较短长也。卷一百九十六

〔笺注〕

〔一〕鹗传见《清史稿》卷四百八十五、《清史列传》卷七十一。

〔二〕见《四库全书总目》卷四十六。

〔三〕《四库全书总目·本事诗》:"皆采历代诗人缘情之作,叙其本事,分情感、事感、高逸、怨愤、徵异、徵咎、嘲戏七类。所记惟乐昌公主、宋武帝二条为六朝事,馀皆唐人。其中士人代妻答诗一首,韦縠《才调集》作葛鸦儿,二人相去不远,盖传闻异词。'蔷薇花落'一诗乃贾岛刺裴度作,棨所记不载缘起,疑传写脱误。其李白'饭颗山头'一诗,论者颇以为失实。然唐代诗人轶事,颇赖以存,亦谈艺者所不废也。"(卷一百九十五)

〔四〕《四库全书总目·中山诗话》:"当熙宁、元祐之间,攽兄弟以博洽名一世,而吟咏则不甚著。惟此论诗之语独传,宋人所引多称《刘贡父诗话》,此本名曰'中山',疑本无标目,后人用其郡望追题,以别于他家诗话也。花蕊夫人《宫词》本一百首,攽称仅见三十馀篇,疑王安国初传之时,或好事者有所摘抄,攽未见其全本也。其论李商隐《锦瑟》诗,以为令狐楚青衣之名,颇为影撰。(中略)所载嘲谑之词,尤为冗杂。攽好诙谐,尝坐是为马默所弹,殆性之所近,不觉滥收欤。北宋诗话惟欧阳修、

司马光及攸三家,号为最古,此编较欧阳、司马二家,虽似不及,然攸在元祐诸人之中,学问最有根柢,其考证论议可取者多,究非江湖末派钩棘字句以空谈说诗者比也。"(卷一百九十五)

又《四库全书总目·紫微诗话》:"本中历官中书舍人,权直学士院,故诗家称曰吕紫微。而所作诗话,亦以'紫微'为名。(中略)而大致以论诗为主,其学出于黄庭坚,尝作《江西宗派图》,以庭坚为祖,而以陈师道等二十四人序列于下。宋诗之分门别户,实自是始。然本中虽得法于豫章,而是编称述庭坚者,惟范元实一条、从叔知止一条、晁叔用一条、潘邠老二条、晁无咎一条,皆因他人而及之。其专论庭坚诗者,惟欧阳季默一条而已。馀皆述其家世旧闻,及友朋新作。如横渠张子、伊川程子之类,亦备载之,实不专于一家。又极称李商隐《重过圣女祠》诗'一春梦雨常飘瓦,尽日灵风不满旗'一联,及《嫦娥》诗'嫦娥应悔偷灵药,碧海青天夜夜心'二句,亦不主于一格。盖诗体始变之时,虽自出新意,未尝不兼采众长。自方回等一祖三宗之说兴,而西崑、江西二派乃判如冰炭,不可复合。元好问《中州集》末,因有'北人不拾江西唾,未要曾郎借齿牙'句,实末流相诟,有以激之。观于是书,知其初之不尽然也。"(同上)

〔五〕按此节指谬,文字修辞特佳,用递进之法,使笔如刀,快利之至,最见为文精神,学者于此,可以悟文心也。但其间仍有错误,不可不一说。卷四赵复《送晏集贤南归》,又见卷七邵焕诗,是"隔三卷而重出";李珏《题汪水雲湖山类稿》在卷七十六,不在七十二卷,而重见于卷七十八汪元量下引李鹤田《湖山类稿跋》,是"隔二卷而重出";尤袤《淮民谣》见卷四十七,不在卷四十五,其中"去年江南荒,趁逐过江北。江北不可住,江南归未得"四句,又复见于后之"断句",是所谓"隔一页而重出"也;卷二杨徽之《寒食》诗二句为"天寒酒薄难成醉,地迥楼高易断魂",亦见于同卷,作杨徽之《寒食寄郑起侍郎》诗,是所谓"隔半页而重出"也。惟卷九十一惠涣《送王山人归隐》,其所云重出者,未能检获,或其临文之际,有所误记,是"隔卷而重出"者,姑存疑焉。

〔六〕卷三十四陈复常《纪雪中事》,为据《侯鲭录》卷四录之,本亦作"教授陈履常"。《宋诗纪事》或为误写。《后山集》卷七作《连日大雪以疾作不出闻苏公与德麟同登女郎台》。又此诗亦附载《苏诗补注》卷三十四。

〔七〕卷四十七郑伯熊小传:"伯熊字景望,永嘉人。绍兴十五年进士。"卷三十一郑景望小传:"景望湘山人,生元丰、元祐间。有《蒙斋笔谈》。"《四库全书总目·岩下放言》:"明商濬《稗海》中别有《蒙斋笔谈》二卷,题曰湘山郑景望撰。其文全与此同,但删去数十条耳。厉鹗作《宋诗纪事》,称景望为元丰、元祐间人,所录景望颍川一诗,亦即此书之所载。此书旧无刻本,或疑其即剽取景望书而作。(中略)然则为《蒙斋笔谈》剽此书而作,非此书剽《蒙斋笔谈》而作,确有明证。"(卷一百二十一)按,《纪事》所录景望诗,必据《稗海》本《蒙斋笔谈》也。

〔八〕卷五十九《咏缘竿伎》:"又被锣声送上竿,者番难似旧时难。劝君著脚须教稳,多少旁人冷眼看。"所据为《齐东野语》。卷九十六《绝句》:"收拾乾坤一担担,上肩容易下肩难。劝君高著擎天手,多少傍人冷眼看。"所据为《古杭杂记》。二诗所同者仅一句,馆臣云云,亦近于罗织。

〔九〕《奉召作》:"君王城上竖降旗,妾在深宫那得知。十四万人齐解甲,更无一个是男儿。"所据为《后山诗话》。《四库全书总目·锦里耆旧传》:"其书乃纪王氏、孟氏据蜀时事。(中略)今本止四卷,起僖宗中和五年,无懿宗咸通间事。(中略)书虽以《耆旧传》为名,而不以人系事,其体实近编年。所录两蜀兴废之迹,亦颇简略。惟于诏敕章表书檄之文,载之独详。"(卷六十六)

〔一〇〕《归宋渡江作》:"江南江北旧家乡,三十年来梦一场。吴苑宫闱今冷落,广陵台殿已荒凉。雲笼远岫愁千片,雨打归舟泪万行。兄弟四人三百口,不堪闲坐细思量。"其所据,正是马令《南唐书》,不过在此诗之后一首,小注云"以上马令《南唐书》"。馆臣盖见此首无注,即滑眼而过也。《南唐书》卷五:"煜渡中江,望石城泣下,自赋诗云云。"

〔一一〕《永安驿题柱》:"无人解妾心,日夜长如醉。妾不是琼奴,意与琼奴会。"所据为《名媛玑囊》。陈师道《题柱并序》:"永安驿廊东柱,有女子题五字云云。读而哀之,作二绝句。"(《后山诗注》卷五)

〔一二〕卷八十七华春娘《赠外》,非《寄外》也。按此说误,薛涛《十离》诗中,并无此首。

〔一三〕卷八十七陆放翁妾《题壁》:"玉阶蟋蟀闹清夜,金井梧桐辞故枝。一枕凄凉眠不得,呼灯起作感秋诗。"《感秋》七律见《剑南诗稿》卷八。

〔一四〕卷八十七英州司寇女《过梅岭题并序》。《墨客挥犀》卷四:"大庾岭上有佛祠,岭外往来题壁者鳞比,有妇人题云:'妾幼年侍父任吴州司寇,既代归,父以大庾本曰梅岭之号,今荡然无一株,遂市三十本,植于道之左右,因留诗于寺壁。今随夫任端溪,复至此寺,诗已为圬镘者所覆,即命墨于故处。'诗曰:'滇江今日掌刑回,上得梅山不见梅。辍俸买栽三十树,清香留与雪中开。'好事者因此夹道植梅多矣。"

〔一五〕《仪顾堂题跋》卷十三《宋诗纪事跋》:"樊榭熟于宋代掌故,二百年来,几无其匹。曹斯栋《稗贩》讥其有遗珠,是矣。惟所举陈棣诸集,皆出《永乐大典》,非樊榭所得见也。然遗漏尚不止此,以余寡陋,尚可补百馀家。至其舛误之处,不下百馀条,如赵季西名岍而不著其名,洪平斋咨夔一人分而为二之类。所录三千八百一十二人,而不详出处者一千五百有馀,如柴成务、李固,《宋史》有传,而亦不署字里出处。愚已考得数百人,他日当为《宋诗纪事补正》,先书此以当息壤。"(《续修四库全书》本)

词 曲 类

词曲二体,在文章技艺之间,厥品颇卑。作者弗贵,特才华之士,以绮语相高耳。然三百篇变而古诗,古诗变而近体,近体变而词,词变而曲,层累而降,莫知其然。究厥渊源,实亦乐府之馀音,风人之末派,其于文苑,同属附庸,亦未可全斥为俳优也。今酌取往例,附之篇终。词曲两家,又略分甲乙,词为五类,曰别集,曰总集,曰词话,曰词谱、词韵;曲则惟录品题论断之词,及《中原音韵》,而曲文则不录焉。王圻《续文献通考》以《西厢记》、《琵琶记》俱入经籍类中,全失论撰之体裁,不可训也。

乐章集一卷 江苏巡抚采进本

宋柳永撰。永初名三变,字耆卿,崇安人。景祐元年进士。官至屯田员外郎,故世号柳屯田[一]。叶梦得《避暑录话》曰:"柳永为举子时,多游狭斜,善为歌词。教坊乐工每得新腔,必求永为词,始行于世。余仕丹徒,尝见一西夏归朝官云:'凡有井水饮处,即能歌柳词。'言其传之广也。"[二]张端义《贵耳集》亦曰:"项平斋言:诗当学杜诗,词当学柳词。杜诗柳词,皆无表德,只是实说。"[三]云云。盖词本管絃冶荡之音,而永所作旖旎近情,故使人易入,虽颇以俗为病,然好之者终不绝也。陈振孙《书录解题》载其《乐章集》三卷[四],今止一卷,盖毛晋刊本所合并也。宋人词之传于今者,惟此集最为残阙。晋此刻亦殊少勘正,譌不胜乙。其分调之显然舛误者,如《笛家》"别久"二字,《小镇西》"久离阙"三字,《小镇西犯》"路辽邈"三字,《临江仙》"萧条"二字,皆系后段换头,今乃截作前段结句。字句之显然舛误者,如《尾犯》之"一种芳心力","芳"字当作"劳";《浪淘沙慢》之"几度饮散歌阑","阑"字当作"阕","如何时","如"字当作"知";《浪淘沙令》之"有一个人人","一"字属衍,"促尽随红袖举","促"字下阙"拍"字;《破阵乐》之"各明珠","各"字下脱"采"字;《定风波》之"拘束教吟咏","咏"字当叶韵作"和"字;《凤归云》之"霜月夜","夜"字下脱"明"字,《如鱼水》之"兰芷汀洲望中","中"字当作"里";《望远行》之"乱飘僧舍,密洒歌楼"二句,上下倒置;《红窗睡》之"如削肌肤红玉莹"句,已属叶韵,下又误增"峰"字;《河传》之"露清江芳交乱","清"字当作"净";《塞鸿》之"渐西风紧","紧"字属衍;《诉衷情》之"不堪更倚木兰","木兰"二字当作"兰棹";《夜半乐》之"嫩红光数","光"字当作"无","金敛争笑赌","敛"字当作"钗"。万树作《词律》尝驳正之〔五〕,今并从其说。其必不可通者,则疑以传疑,姑仍其旧焉。卷一百九十八

〔笺注〕

〔一〕柳永生平,见储皖峰《柳永生卒考》(《国立浙江大学季刊》第一卷三期)、唐圭璋《柳永事迹新证》(《词学论丛》,上海古籍出版社)。

〔二〕《避暑录话》卷下:"柳永字耆卿,为举子时,多游狭邪,善为歌辞,教坊乐工每得新腔,必求永为辞,始行于世。于是声传一时。(中略)永初为上元辞,有'乐府两籍神仙,梨园四部絃管'之句,传禁中,多称之。后因秋晚张乐,有使作《醉蓬莱》辞以献,语不称旨。仁宗亦疑有欲为之地者,因置不问。永亦善为他文辞,而偶先以是得名,始悔(徐钞本悔作悟)为己累,后改名三变,而终不能救。择术不可不慎。余仕丹徒,尝见一西夏归明(徐钞本明作朝)官云:'凡有井水饮处,即能歌柳词。'言其传之广也。永终屯田员外郎,死旅,殡润州僧寺。王和甫为守时,求其后不得,乃为出钱葬之。"(《郋园全书》本)

〔三〕《贵耳集》卷上:"项平斋自号江陵病叟,余侍先君往荆南,所训学诗当

学杜诗,学词当学柳词。扣其所云:杜诗柳词,皆无表德,只是实说。"(中华书局本)

〔四〕按,《书录解题》本作"九卷",此云"三卷",误。但何以有此,则不可晓。参观夏承焘《四库全书词籍提要校议》(《夏承焘全集》第二册183页)。《直斋书录解题·乐章集》:"《乐章集》九卷,柳三变耆卿撰。景祐元年进士,官至屯田员外郎,世号柳屯田。初磨勘及格,昭陵以其浮薄罢之,后乃更名永。其词格固不高,而音律谐婉,语意妥帖,承平气象,形容曲尽,尤工于羁旅行役。若其人,则不足道也。"(卷二十一)

《苕溪渔隐丛话》后集卷三十九:"《艺苑雌黄》云:'柳三变,字景庄,一名永,字耆卿。喜作小词,然薄于操行。当时有荐其才者,上曰:"得非填词柳三变乎?"曰:"然。"上曰:"且去填词。"由是不得志。日与獧子纵游娼馆酒楼间,无复检约,自称云:"奉圣旨填词柳三变。"呜呼,小有才而无德以将之,亦士君子之所宜戒也。柳之乐章,人多称之,然大概非羁旅穷愁之词,则闺门淫媟之语;若以欧阳永叔、晏叔原、苏子瞻、黄鲁直、张子野、秦少游辈较之,万万相辽。彼其所以传名者,直以言多近俗,俗子易悦故也。'"

黄裳《书乐章集后》:"予观柳氏乐章,喜其能道嘉祐中太平气象,如观杜甫诗,典雅文华,无所不有。是时予方为儿,犹想见其风俗欢声和气,洋溢道路之间,动植咸若。令人歌柳词,闻其声,听其词,如丁斯时,使人慨然有感。呜呼,太平气象,柳能一写于乐章,所谓词人盛世之黼藻,岂可废耶。"(《演山集》卷三十五)

〔五〕按,此节之校,虽据万树《词律》,然亦未全是,有可议者。近人夏承焘已驳之,见《四库全书词籍提要校议》(《夏承焘全集》第二册183—184页)。

《四库全书总目·词律》:"《词律》二十卷,国朝万树撰。(中略)是编纠正《啸馀谱》及《填词图谱》之讹,以及诸家词集之舛异。(中略)至于考调名之新旧,证传写之舛讹,辨元人曲词之分,斥明人自度腔之谬,考证尤一一有据。虽其考核偶疏,亦所不免。"(卷一百九十九)树字红友,又字花农,别署坷豆村山人,宜兴人。别著《璇玑碎锦》二卷,入《四库存目》。生平见严迪昌《万树三考》《严迪昌自选论文集》）。

东坡词一卷 江苏巡抚采进本

宋苏轼撰。轼有《易传》，已著录〔一〕。《宋史·艺文志》载轼词一卷，《书录解题》则称《东坡词》二卷〔二〕。此本乃毛晋所刻，后有晋跋，云得金陵刊本，凡混入黄、晁、秦、柳之作，俱经芟去〔三〕。然刊削尚有未尽者，如开卷《阳关曲》三首，已载入《诗集》之中，乃饯李公择绝句。其曰以《小秦王》歌之者，乃唐人歌诗之法，宋代失传，惟《小秦王》调近绝句，故借其声律以歌之，非别有词调谓之《阳关曲》也。使当时有《阳关曲》一调，则必自有本调之宫律，何必更借《小秦王》乎〔四〕。以是收之词集，未免泛滥。至集中《念奴娇》一首，朱彝尊《词综》据《容斋随笔》所载黄庭坚手书本，改"浪淘尽"为"浪声沈"，"多情应笑我，早生华发"为"多情应是我，笑生华发"，因谓"浪淘尽"三字于调不协，"多情"句应上四下五〔五〕。然考毛开此调，如"算无地、阆风顶"，皆作仄平仄，岂可俱谓之未协？石孝友此调云"九重频念此，衮衣华发"，周紫芝此调云"白头应记得，尊前倾盖"〔六〕，亦何尝不作上五下四句乎？又赵彦卫《雲麓漫钞》辨《贺新凉》词，版本"乳燕飞华屋"句，真迹"飞"作"栖"，《水调歌词》版本"但愿人长久"句，真迹"愿"作"得"，指为妄改古书之失〔七〕。然二字之工拙，皆相去不远，前人著作，时有改定，何必定以真迹为断乎。晋此刻不取洪、赵之说，则深为有见矣。词自晚唐五代以来，以清切婉丽为宗，至柳永而一变，如诗家之有白居易，至轼而又一变，如诗家之有韩愈，遂开南宋辛弃疾等一派，寻源溯流，不能不谓之别格，然谓之不工则不可。故至今日，尚与《花间》一派，并行而不能偏废。曾敏行《独醒杂志》载轼守徐州日，作燕子楼乐章，其稿初具，逻卒已闻张建封庙中有鬼歌之〔八〕。其事荒诞不足信，然足

见轼之词曲,舆隶亦相传诵,故造作是说也。卷一百九十八

〔笺注〕

〔一〕见《四库全书总目》卷二。

〔二〕见《宋史·艺文七》(卷二百八)、《直斋书录解题》卷二十一。

〔三〕毛晋《东坡词跋》:"东坡诗文不啻千亿刻,独长短句罕见。近有金陵本子,人争喜其详备,多浑入欧、黄、秦、柳作,今悉删去。至其词品之工拙,则鲁直、文潜、端叔辈自有定评。古虞毛晋记。"(《东坡词》附,《宋六十名家词》本)

〔四〕《阳关曲》题下注:"中秋作。本名小秦王,入腔即阳关曲。"第二首注云"军中",第三首注云"李公择"(见《东坡词》,《宋六十名家词》本);此三首又见《施注苏诗》卷十二。

〔五〕《容斋续笔》卷八"诗词改字"条:"向巨原云:'元不伐家有鲁直所书东坡《念奴娇》,与今人歌不同者数处。如浪淘尽为浪声沉,周郎赤壁为孙吴赤壁,乱石穿空为崩云,惊涛拍岸为掠岸,多情应笑我早生华发为多情应是笑我生华发,人生如梦为如寄。'不知此本今何在也?"《词综》卷六苏轼《念奴娇》:"按他本'浪声沉'作'浪淘尽',与调未协。'孙吴'作'周郎',犯下'公瑾'字。'崩云'作'穿空','掠岸'作'拍岸'。又'多情应是,笑我生华发'作'多情应笑我,早生华发',益非。今从《容斋随笔》所载黄鲁直手书本更正。至于'小乔初嫁'宜句绝,'了'字属下句乃合。"

〔六〕按,此节本《词律》。《词律》卷十六《念奴娇》(苏轼)后按云:"《词综》云:'浪淘尽'本是'浪声沈',世作'浪淘尽',与调未协。愚谓此三字,如樵隐作'算无地、阆风顶',此等甚多,岂可俱谓之未协乎?人读首句,必欲作七字,故误。(按樵隐指毛开,开有《樵隐词》。)又云:"《词综》云:本系'多情应是'一句,'笑我生华发'一句,世作'多情应笑我',益非。愚谓此说亦不必,此九字一气,即作上五下四,亦无不可。金谷云:'九重频念此,衮衣华发。'竹坡云:'白头应记得,尊前倾盖。'亦无碍于音律。

盖歌喉于此滚下,非住拍处,在所不拘也。更谓'小乔'句,必宜四字截,'了'字属下,乃合,则宋人此处用上五下四者尤多,不可枚举,岂可谓之不合乎?"(按金谷指石孝友,石有《金谷遗音》;竹坡指周紫芝,周有《竹坡词》)

〔七〕见《雲麓漫钞》卷四:"版行东坡长短句,《贺新郎》词云:'乳燕飞华屋。'尝见其真迹乃'栖华屋';《水调歌》词,版行者末云:'但愿人长久。'真迹云'但得人长久'。以此知前辈文章,为后人妄改亦多矣。"

〔八〕见《独醒杂志》卷三:"东坡守徐州,作《燕子楼》乐章,方具稿,人未知之。一日,忽闻传于城中,东坡讶焉。诘其所从来,乃谓发端于逻卒。东坡召而问之,对曰:'某稍知音律,尝夜宿张建封庙,闻有歌声,细听乃此词也。记而传之,初不知何谓。'东坡笑而遣之。"

小山词一卷 江苏巡抚采进本

宋晏幾道撰。幾道字叔原,号小山,殊之幼子。监颖昌许田镇。熙宁中,郑侠上书下狱,悉治平时所往还厚善者,幾道亦在其中,从侠家搜得其诗,裕陵称之,始得释。事见《侯鲭录》〔一〕。黄庭坚《小山集序》曰:"其乐府,可谓狭邪之大雅,豪士之鼓吹,其合者《高唐》、《洛神》之流,其下者,岂减《桃叶》、《团扇》哉。"〔二〕又《古今词话》载:"程叔微之言曰:伊川闻人诵叔原词'梦魂惯得无拘检,又踏杨花过谢桥',曰:'鬼语也。'意颇赏之。"〔三〕然则幾道之词,固甚为当时推挹矣。马端临《文献通考》载《小山词》一卷,并录黄庭坚全序〔四〕,此本佚去,惟存无名氏跋后一篇。据其所云,似幾道词本名《补亡》,以为补乐府之亡,单文孤证,未敢遽改,姑仍旧本题之〔五〕。至旧本字句,往往讹异,如《泛清波摘遍》一阕,"暗惜光阴恨多少"句,此于"光"字上误增"花"字,衍作八字句,《词汇》遂改"阴"作"饮",再误为"暗惜花光饮恨多少"〔六〕。如斯之类,殊失其

真,今并订正焉。卷一百九十八

〔笺注〕

〔一〕幾道生平,见宛敏灏《二晏年谱》(《二晏及其词》)、夏承焘《唐宋词人年谱》。《侯鲭录》卷四:"熙宁中郑侠上书,事作下狱,悉治平时所往还厚善者。晏幾道叔原皆在数中。侠家搜得叔原与侠诗云:'小白长红又满枝,筑球场外独支颐。春风自是人间客,张主繁华得几时。'裕陵称之,即令释出。"(中华书局本)

〔二〕《小山集序》见《山谷集》卷十六。

〔三〕按,此说见《邵氏闻见后录》卷十九:"程叔微云:'伊川闻诵晏叔原"梦魂惯得无拘检,又踏杨花过谢桥"长短句,笑曰:"鬼语也。"意亦赏之。'"元陆友仁《研北杂志》卷上所记同,当即据之。

〔四〕见《文献通考·经籍考七十三》(卷二百四十六)。《通考》引黄庭坚《小山集序》:"余尝论叔原固人英也,其痴亦自绝人,爱叔原者,愠而问其目,曰:仕宦连蹇,而不能一傍贵人之门,是一痴也;论文自有体,不肯一作新进士语,此又一痴也;费资千百万,家人饥寒,而面有孺子之色,此又一痴也;人百负之而不恨,己信人,终不疑其欺己,此又一痴也。乃共以为然。"

〔五〕按,此序为幾道自作(《碧鸡漫志》卷二引之,明言是"自序"),非无名氏之跋,《提要》语误也。参观《四库全书词籍提要校议》(《夏承焘全集》第二册 188—189 页)。

《小山词序》:"《补亡》一编,补乐府之亡也。叔原往者浮沉酒中,病世之歌词不足以析酲解愠,试续南部诸贤绪馀,作五七字语,期以自娱。不独叙其所怀,兼写一时杯酒间闻见,所同游者意中事。尝思感物之情,古今不易,窃以谓篇中之意,昔人所不遗,第于今无传尔。故今所制,通以《补亡》名之。始时沈十二廉叔、陈十君龙家有莲鸿蘋雲,品清讴娱客,每得一解,即以草授诸儿,吾三人持酒听之,为一笑乐。已而君龙疾废卧家,廉叔下世,昔之狂篇醉句,遂与两家歌儿酒使,俱流转于人间。

自尔邮传滋多,积有窜易。七月己巳,为高平公缀缉成编。追维往昔,过从饮酒之人,或坟木已长,或病不偶,考其篇中所纪悲欢合离之事,如幻如电,如昨梦前尘,但能掩卷忱然,感光阴之易迁,叹境缘之无实也。"(《小山词》卷首,《彊村丛书》本)

〔六〕按,此本《词律》之说。《词律》卷十八《泛清波摘遍》(晏几道)后按云:"前结句,《词汇》作'暗惜花光饮恨多少',甚无义理。原疑其误,及查汲古刻《小山词》,又作'暗惜花光阴恨多少','花光饮'与'花光阴'皆不通,因恍然悟,后结又用'花月',则此'花'字乃误多,而《词汇》又因'阴'字,讹作'饮'字耳。"

片玉词二卷补遗一卷 浙江巡抚采进本

宋周邦彦撰。邦彦字美成,钱塘人。元丰中献《汴都赋》,召为太乐正。徽宗朝仕至徽猷阁待制,出知顺昌府,徙处州卒。自号清真居士。《宋史·文苑传》称邦彦"疏隽少检,不为州里推重","好音乐,能自度曲,制乐府长短句,词韵清蔚"〔一〕。《艺文志》载《清真居士集》十一卷〔二〕。盖其诗文全集久已散佚,其附载诗馀与否,不可复考。陈振孙《书录解题》载其词有《清真集》二卷、《后集》一卷〔三〕。此编名曰《片玉》,据毛晋跋称,为宋时刊本所题,原作二卷,其补遗一卷,则晋采各选本成之〔四〕。疑旧本二卷即所谓《清真集》,晋所掇拾,乃其《后集》所载也。卷首有强焕序〔五〕,与《书录解题》所传合。其词多用唐人诗句檃括入调,浑然天成,长篇尤富艳精工,善于铺叙〔六〕。陈郁《藏一话腴》谓其以乐府独步,贵人学士,市侩妓女,皆知其词为可爱,非溢美也〔七〕。又邦彦本通音律,下字用韵,皆有法度,故方千里和词,一一按谱填腔,不敢稍失尺寸〔八〕。今以两集互校,如《隔浦莲近拍》"金丸落惊(按,原误作惊落,据《四库》本改)飞鸟"句,毛本注云:"按谱,此处宜三字二句。"然千里词作"夷犹终日鱼鸟",则周词本是"金丸惊落飞鸟",非三字二句。〔九〕又《荔枝香近》"两两相依燕新乳"句,止七字,千里词作"深涧斗泻飞泉洒甘乳"句,凡九字,观柳永、吴文英二集,此调亦俱作九字句,不得谓千里为误,则此句尚脱二字〔一〇〕。又《玲珑四犯》"细念想梦魂飞乱"句七字,毛本因旧谱误脱"细"字,遂注曰:"按谱,宜是六言。"不知千里词正作"顾鬓影翠云零乱"七字,则此句"细"字非衍文〔一一〕。又《西平乐》"争知向此征途,区区伫立尘沙"二句,共十二字,千里和云"流年迅景,霜风败苇惊沙",止十字,则此句实误衍二字〔一二〕。至于《兰陵王》尾句"似梦里,泪暗滴",六仄字成句,观史达祖此调,此句作"欲下处,似认得",亦止用六仄字,可以互证。毛本乃于"梦"字下增一"魂"字,作七字句,尤为舛误〔一三〕。今并厘正之。据《书录解题》,有曹杓字季中号一壶居士者,曾注《清真词》二卷〔一四〕,今其书不传。卷一百九十八

〔笺注〕

〔一〕邦彦传见《宋史》卷四百四十四,其略云:"(邦彦)疏隽少检,不为州里推重,而博涉百家之书。元丰初,游京师,献《汴都赋》万馀言,神宗异之,命侍臣读于迩英阁,召赴政事堂,自太学诸生一命为正,居五岁不迁,益尽力于辞章。出教授庐州,知溧水县,还为国子主簿。哲宗召对,使诵前赋,除秘书省正字。历校书郎,考功员外郎,卫尉、宗正少卿,兼议礼局检讨,以直龙图阁知河中府,徽宗欲使毕礼书,复留之。逾年乃知龙德府,徙明州,入拜秘书监,进徽猷阁待制、提举大晟府。未几,知顺昌府,徙处州。卒,年六十六。赠宣奉大夫。邦彦好音乐,能自度曲,制乐府长短句,词韵清蔚,传于世。"

〔二〕见《宋史·艺文七》(卷二百八)。

〔三〕《直斋书录解题·清真词》:"《清真词》二卷、《后集》一卷,周邦彦美成撰。多用唐人诗语檃括入律,浑然天成。长调尤善铺叙,富艳精工,词人之甲乙也。"(卷二十一)又卷十七载《清真集》二十四卷、《清真杂著》

三卷。参观夏承焘《四库全书词籍提要校议》(《夏承焘全集》第二册194页)。

〔四〕毛晋《片玉词跋》:"美成于徽宗时提举大晟乐府,故其词盛传于世。余家藏凡三本,一名《清真集》,一名《美成长短句》,皆不满百阕;最后得宋刻《片玉集》二卷,计调百八十有奇,晋阳强焕为叙。余见评注庞杂,一一削去,厘其讹谬,间有此集不载,错见《清真》诸本者,附《补遗》一卷。美成庶无遗憾云。若乃诸名家之甲乙,久著人间,无待予备述也。湖南毛晋识。"(《片玉词》附,《宋六十名家词》本)

〔五〕强焕序:"余欲广邑人爱之之意,故哀公之词,旁搜远绍,仅得百八十有二章,厘为上下卷。乃辍俸馀,鸠工锓木,以寿其传,非惟慰邑人之思,亦蕲传之有所托,俾人声其歌者,足以知其才之优于为邑如此。故冠之以序,而述其意云。公讳邦彦字美成,钱塘人也。淳熙岁在上章困敦孟陬月围赤奋若,晋阳强焕序。"(《片玉词》卷首,《宋六十名家词》本)。

〔六〕按,此评本于《直斋书录解题》,见注三引。又张炎《词源》卷下:"美成负一代词名,所作之词,浑厚和雅,善于融化诗句,而于音谱,且间有未谐,可见其难矣。"(《词话丛编》本)沈义父《乐府指迷》:"凡作词,当以清真为主。盖清真最为知音,且无一点市井气。下字运意,皆有法度,往往自唐宋诸贤诗句中来,而不用经史中生硬字面,此所以为冠绝也。"(蔡嵩云《乐府指迷笺释》本)别见注三引。

〔七〕《藏一话腴》乙编卷上:"周邦彦字美成,自号清真,二百年来,以乐府独步。贵人学士,市侩妓女,知美成词为可爱,而能知美成为何如人者,百无一二也。"(《适园丛书》本)

〔八〕《四库全书总目·和清真词》:"《和清真词》一卷,宋方千里撰。千里信安人,官舒州签判,李蓘《宋艺圃集》尝录其《题真源宫》一诗,其事迹则未之详也。此集皆和周邦彦词。邦彦妙解声律,为词家之冠,所制诸调,不独音之平仄宜遵,即仄字中上去入三音,亦不容相混,所谓分刌节度,深契微芒。故千里和词,字字奉为标准。"(卷一百九十八)毛晋《和清真词跋》:"美成当徽庙时,提举大晟乐府,每制一调,名流辄依律赓唱。独东楚方千里、乐安杨泽民，有和清真全词各一卷，或合为《三英集》行世。花庵词客止选千里《过秦楼》《风流子》《诉衷情》三阕，而泽民不载，岂扬劣于方耶。湖南毛晋识。"（《和清真词》附，《宋六十名家词》本）

〔九〕按，此校本于《词律》。《词律》卷十一《隔浦莲近拍》（周邦彦）后按云："'金丸落'六字，汲古刻注云：'一作"金丸落飞鸟"。按谱此处应三字两句，宜作"金丸落、惊飞鸟"。'毛氏可谓订正矣。然今历查各家词，惟梦窗作'汀菰绿、熏风晚'，而放翁作'金笼鹦鹉飞起'、'寥然非复尘境'，海野作'萧然姑射俦侣'，梅溪作'虚堂中自回互'，逃禅作'馀醒推枕犹觉'，俱于第三、第四字相连者。且此二字俱用平仄，只竹屋有'凉生一天风露'句，'一天'用仄平，然亦相连。况千里乃和清真者，原作'夷犹终日鱼鸟'，则周词本是'金丸惊落飞鸟'，而误以'惊落'为'落惊'耳。"

〔一〇〕按，此校亦本《词律》。《词律》卷十一《荔枝香近》（方千里）后按云："此和清真词，字字相同，只'深涧'句，周本作'看两两相依燕新乳'，此词却多一字。耆卿此句，作'遥认众里盈盈好身段'，梦窗作'天上未比人间更情苦'，则原应九字，而周本于'看'字上落一字，或系'闲'字、'愁'字也。"

〔一一〕按，此校亦本《词律》。《词律》卷十五《玲珑四犯》（周邦彦）后按云："'细念想'句，本七字，观徽宗、梅溪、松山等作皆同，而方千里和此词，正作'顾鬓影、翠云零乱'，其为七字何疑？旧谱去一'细'字，各书多仍其误，故汲古刻《片玉词》，有'按谱宜是六言，无"细"字'之注也。各家惟竹屋一首六字，或亦脱落，或有此体，然谓有此体则可，谓周词六字则不可，盖有千里和词为证也。"

〔一二〕按，此校亦本《词律》。《词律》卷十七《西平乐》（周邦彦）后按云："但方词及吴稿俱于'争知'句下，无'区区'二字。方云'流年迅景，霜风败苇惊沙'，吴云'当时燕子，无言对立斜晖'，似不宜更赘两字，恐此篇'区区'二字，或'征途'二字，是误多耳。"

〔一三〕按，此校亦本《词律》。《词律》卷二十《兰陵王》（周邦彦）后按云："此调尾句，六字俱是仄声，自有《兰陵王》以来，即便六仄字，无一平者，而《谱》何冒昧若此耶？汲古刻《片玉》，亦作'似梦魂里，泪暗滴'，何其所见略同？岂'梦'字之下，必应联'魂'字耶？"
〔一四〕《直斋书录解题·注清真词》："《注清真词》二卷，曹杓季中注，自称一壶居士。"（卷二十一）

于湖词三卷 安徽巡抚采进本

宋张孝祥撰〔一〕。孝祥有《于湖集》，已著录〔二〕。《宋史·艺文志》载其词一卷，陈振孙《书录解题》亦载《于湖词》一卷〔三〕。黄昇《中兴词选》则称《紫微雅词》，以孝祥曾官中书舍人故也〔四〕。此本为毛晋所刊，第一卷末即系以跋，称恨全集未见，盖祇就《词选》所载二十四阕，更撺四首益之，以备一家。后二卷则无目录，亦无跋语，盖其后已见全集，删其重复，另编为两卷以续之，而首卷则未重刊，故体例特异耳〔五〕。卷首载陈应行、汤衡两序，皆称其词寓诗人句法，继轨东坡〔六〕。观其所作，气概亦几几近之。《朝野遗记》称其在建康留守席上赋《六州歌头》一阕，感愤淋漓，主人为之罢席，则其忠愤慷慨，有足动人者矣〔七〕。又《耆旧续闻》载孝祥十八岁时，即有《点绛唇》"流水泠泠"一词，为朱希真所惊赏，或刻孙和仲，或即以为希真作，皆误。今集不载是篇，或以少作而佚之欤〔八〕。陈应行序称《于湖集》长短句凡数百篇〔九〕，今本乃仅一百八十馀首，则原稿散亡，仅存其半，已非当日之旧矣。卷一百九十八

〔笺注〕

〔一〕孝祥传见《宋史》卷三百八十九。
〔二〕见《四库全书总目》卷一百五十八。
〔三〕见《宋史·艺文七》（卷二百八）、《直斋书录解题》卷二十一。《艺文七》："张孝祥文集四十卷，又词一卷，古风、律诗、绝句三卷。"

〔四〕见《中兴以来绝妙词选》卷二。《四库全书总目·花庵词选》:"宋黄昇撰。其书成于淳祐乙酉(按,淳祐无乙酉年,实为己酉,此事《四库全书总目提要补正》已指出,《四库提要订误》又复订之,岂未睹《补正》耶,殆不可解)。前十卷曰《唐宋诸贤绝妙词选》,始于唐李白,终于北宋王昴。方外、闺秀,各为一卷附焉。后十卷曰《中兴以来绝妙词》,始于康与之,终于洪瑹。昇所自作词三十八首,亦附录于末。"(卷一百九十九)

〔五〕毛晋《于湖词跋》:"玉林集《中兴词家选》二十有四阕,评云:'旧有紫薇雅词,汤衡为序,称其"平昔为词,未尝著稿,笔酣兴健,顷刻即成,无一字无来处。如《歌头》、《凯歌》诸曲,所谓骏发踔厉,寓以诗人句法者也"。'恨全集未见耳。古虞毛晋记。"(《于湖词》卷一,《宋六十名家词》本)

〔六〕陈应行《于湖先生雅词序》:"紫薇张公孝祥,(中略)至于托物寄情,弄翰戏墨,融取乐府之遗意,铸为毫端之妙词,前无古人,后无来者,散落人间,今不知其几也。比游荆湖间,得公《于湖集》所作长短句凡数百篇,读之泠然洒然,真非烟火食人辞语。予虽不及识荆,然其潇散出尘之姿,自在如神之笔,迈往凌云之气,犹可以想见也。"汤衡序:"其后元祐诸公,嬉弄乐府,寓以诗人句法,无一毫浮靡之气,实自东坡发之也。于湖紫微张公之词,同一关键。(中略)公平昔为词,未尝著稿,笔酣兴健,顷刻即成。初若不经意,反复究观,未有一字无来处。如《歌头》、《凯歌》、《登无尽藏》、《岳阳楼》诸曲,所谓骏发踔厉,寓以诗人句法者也。自仇池仙去,能继其轨者,非公其谁与哉。"(《于湖词》卷首,《宋六十名家词》本)

〔七〕见《历代诗馀》卷一百十七引,今本《朝野遗记》无此条。《词苑丛谈》卷六:"张安国在建康留守席上赋云:'长淮望断,关塞莽然平。征尘暗,朔风劲,悄边声。黯消凝。追想当年事,殆天数,非人力,洙泗上,弦歌地,亦膻腥。隔水毡乡,落日牛羊下,瓯脱纵横。看名王宵猎,骑火一川明。笳鼓悲鸣,遣人惊。 念腰间简(按,简当作箭),匣中剑,空埃蠹,竟何成。容易失,心徒壮,岁将零。渺神京。干羽方怀远,静烽燧,且休兵。冠盖使,纷驰骛,若为情。闻道中原遗老,长南望,翠葆霓旌。遣行人到此,忠愤气填膺,有泪如倾。'歌阕,魏公为罢席而入。"

〔八〕按，此说误甚，盖缘误读《耆旧续闻》所致。《点绛唇》"流水泠泠"一词，为朱翌作，见唐圭璋编《全宋词》1171页。检陈鹄《西塘集耆旧续闻》卷一"待制公朱新仲诗词文"条云："待制公十八岁时，尝作乐府云：'流水泠泠，断桥斜路横枝亚。雪花飞下，全胜江南画。　白璧青钱，欲买应无价。归来也。风吹平野，一点香随马。'朱希真访司农公不值，于几案间阅见此词，惊赏不已，遂书于扇而去，初不知何人作也。一日，洪觉范见之，叩其所从来，朱具以告。二人因同往谒司农公问之，公亦愕然。客退，从容询及待制公，公始不敢对，既而以实告。司农公责之曰：'儿曹读书，正当留意经史间，何用作此等语耶。'然其心实喜之，以为此儿他日必以文名于世。今诸家词集及《渔隐丛话》皆以为孙和仲或朱希真所作，非也。"（中华书局本）所谓"待制公"，指朱翌（字新仲）；所谓"司农公"，则指其父朱载上。《耆旧续闻》开卷之第一条"东坡钞汉书"，即及朱载上，称之为"朱司农载上"；第二条"欧公荆公辩诗"，即及朱翌，称之为"中书待制公翌新仲"；第三条即是馆臣所引者。所述至为明白，而竟亦致误，甚不可解，岂馆臣于此书，未尝一翻帛耶。又洪迈《容斋四笔》卷十三"二朱诗词"条云："朱载上，舒州桐城人。为黄州教授，有诗云：'官闲无一事，蝴蝶飞上阶。'东坡公见之，称赏再三，遂为知己。中书舍人新仲翌，其次子也，有家学，十八岁时戏作小词，所谓'流水泠泠，断桥斜路梅枝亚'者，朱希真见而书诸扇，今人遂以为希真所作。"与陈鹄之所记，足相印可。又所云"或刻孙和仲，或即以为希真作"，以为朱希真作，在上引《容斋随笔》中；作孙和仲词者，则为《苕溪渔隐丛话》。又《梅苑》、《乐府雅词》并谓此为洪觉范词，《花庵词选》作朱翌词（参观唐圭璋《宋词互见考》，见《词学论丛》292页），从无作张孝祥者。此词作者之歧说，大致如是。

〔九〕见注六引。

稼轩词四卷 江苏巡抚采进本

宋辛弃疾撰〔一〕。弃疾有《南烬纪闻》，已著录〔二〕。其词慷慨纵横，有不可一世之概，于倚声家为变调，而异军特起，能于剪红刻翠之外，屹然别立一宗，迄今不废。观其才气俊迈，虽似乎奋笔而成，然岳珂《桯史》记弃疾自诵《贺新凉》、《永遇乐》二词，使座客指摘其失，珂谓《贺新凉》词首尾二腔，语句相似，《永遇乐》词用事太多。弃疾乃自改其语，日数十易，累月犹未竟，其刻意如此[三]。云云。则未始不由苦思得矣。《书录解题》载《稼轩词》四卷，又云信州本十二卷，视长沙本为多[四]。此本为毛晋所刻，亦为四卷，而其总目又注原本十二卷[五]，殆即就信州本而合并之欤。其集旧多讹异，如二卷内《丑奴儿近》一阕，前半是本调，残阙不全，自"飞流万壑"以下，则全首系《洞仙歌》，盖因《洞仙歌》五阕，即在此调之后，旧本遂误割第一首以补前词之阙，而五阕之《洞仙歌》遂止存其四。近万树《词律》中辨之甚明，此本尚未及订正[六]。其中"叹轻衫帽几许红尘"句，据其文义，"帽"字上尚有一脱字[七]，树亦未经勘及，斯足证扫叶之喻矣。今并详为勘定，其必不可通，而无别本可证者，则姑从阙疑之义焉。卷一百九十八

〔笺注〕

〔一〕弃疾传见《宋史》卷四百一。

〔二〕按，此书《四库》既未收，又是伪书，并非辛弃疾所作。朱彝尊、王士禛皆已指出。《日下旧闻考》卷一百五十五朱氏原按云："《窃愤录》、《南烬纪闻》皆伪书也，其纪钦宗留燕事迹，与《北狩行录》、《燕雲录》不同，盖未足深信者。"《居易录》卷一："《南烬纪闻》所载北狩事，率不可信，或谓是不得志于宣和、靖康间者所为，理当然也。"

〔三〕《桯史》卷三"稼轩论词"条："稼轩以词名，每燕必命侍妓歌其所作。特好歌《贺新郎》一词，自诵其警句曰：'我见青山多妩媚，料青山、见我应如是。'又曰：'不恨古人吾不见，恨古人、不见吾狂耳。'每至此，辄拊髀自笑，顾问坐客何如，皆叹誉如出一口。既而又作一《永遇乐》，序北

府事,首章曰:'千古江山,英雄无觅,孙仲谋处。'又曰:'寻常巷陌,人道寄奴曾住。'其寓感慨者,则曰:'可堪回首,佛狸祠下,一片神鸦社鼓。凭谁问,廉颇老矣,尚能饭否。'特置酒召数客,使妓迭歌,益自击节,遍问客,必使摘其疵,孙谢不可。客或措一二辞,不契其意,又弗答,然挥羽四视不止。余时年少,勇于言,偶坐于席侧,稼轩因诵启语,顾问再四。余率然对曰:'待制词句,脱去今古轸辙,每见集中有"解道此句,真宰上诉,天应嗔耳"之序,尝以为其言不诬。童子何知,而敢有议?然必欲如范文正以千金求《严陵祠记》一字之易,则晚进尚窃有疑也。'稼轩喜,促膝亟使毕其说。余曰:'前篇豪视一世,独首尾二腔,警语差相似;新作微觉用事多耳。'于是大喜酌酒,而谓坐中曰:'夫君实中予癖。'乃味改其语,日数十易,累月犹未竟。其刻意如此。"

〔四〕《直斋书录解题·稼轩词》:"《稼轩词》四卷,宝谟阁待制济南辛弃疾幼安撰。信州本十二卷,卷视长沙为多。"(卷二十一)

〔五〕见《宋六十名家词》第一集总目。

〔六〕见《词律》卷四潘元质《丑奴儿慢》注。

〔七〕按,《四库全书》本《稼轩词》卷二载此词云:"叹轻衫帽几许红尘。""帽"字下小注:"按'帽'字上当脱一字。"据《景刊宋金元明本词》本《稼轩词甲集》、《稼轩长短句》卷六及《四印斋所刻词》本《稼轩长短句》卷六,均作"短帽",所脱者"短"字耳。

山中白雲词八卷 江苏巡抚采进本

宋张炎撰。炎字叔夏,号玉田,又号乐笑翁,循王张俊之五世孙,家于临安。宋亡后,潜踪不仕,纵游浙东西,落拓以终〔一〕。平生工为长短句,以《春水词》得名,人因号曰张春水〔二〕。其后编次词集者,即以此首压卷,倚声家传诵至今。然集中他调,似此者尚多,殆如贺铸之称梅子,偶遇品题〔三〕,便为佳话耳,所长实不止此也。炎生于淳祐戊申,当宋邦沦覆,年已三十有三,犹及见临安全盛之日〔四〕，故所作往往苍凉激楚，即景抒情，备写其身世盛衰之感，非徒以剪红刻翠为工。至其研究声律，尤得神解，以之接武姜夔，居然后劲〔五〕。宋元之间，亦可谓江东独秀矣。炎词世鲜完帙，此本乃钱中谐所藏，犹明初陶宗仪手书。康熙中，钱塘龚翔麟始为传写授梓，后上海曹炳曾又为重刊〔六〕。旧附《乐府指迷》一卷，今析出别著于录〔七〕。其仇远原序、郑思肖原跋及戴表元送炎序，则仍并录之〔八〕，以存其旧焉。卷一百九十九

〔笺注〕

〔一〕炎之生平，见冯沅君《张玉田年谱》(《冯沅君古典文学论文集》)、吴则虞《玉田年表》(《山中白雲词》附)。又《提要》以炎为循王五世孙，误；冯沅君以为七世孙(《玉田家世及其词学》)，亦不确。江藩《词源跋》(见《词话丛编》第一册)云为六世孙，是也。参观《杨海明词学文集》(江苏大学出版社)184—190页所考。

〔二〕邓牧《张叔夏词集序》："唐宋间始为长短句，法非古意古，然数百年来工者几人，美成、白石，逮今脍炙人口。知者谓丽莫若周，赋情或近俚；骚莫若姜，放意或近率。今玉田张君无二家所短，而兼所长。《春水》一词，绝唱千古，人以'张春水'目之。"(《伯牙琴》，《丁氏八千卷楼丛刻》本)

〔三〕见周紫芝《竹坡诗话》："贺方回尝作《青玉案》词，有'梅子黄时雨'之句，人皆服其工，士大夫谓之'贺梅子'。"(《历代诗话》本)

〔四〕戊申为淳祐八年(1248)。宋亡于1279年，故云。

〔五〕仇远序："读《山中白雲词》，意度超玄，律吕协洽，不特可写音檀口，亦可被歌管、荐清庙，方之古人，当与白石老仙相鼓吹。"舒岳祥序："诗有姜尧章深婉之风，词有周清真雅丽之思，画有赵子固潇洒之意，未脱承平公子故态。"(《山中白雲词》卷首，《彊村丛书》本)别见注二所引。

〔六〕见吴则虞校辑《山中白雲词》附录四《玉田词版本述略》。

〔七〕《四库全书总目·乐府指迷》："《乐府指迷》一卷，旧本题宋张炎撰。

（中略）陈继儒《续秘籍》载此书，题曰西秦张玉田。玉田者，炎之别号；西秦者，炎祖张俊之祖贯，实一人也。其书分词源、制曲、句法、字面、虚字、清空、意趣、用事、咏物、节序、赋情、离情、令曲、杂论十四篇，而附以杨万里《作词五要》五则。（中略）《续秘籍》所刻以此书为上卷，而以陆辅之所续为下卷。陆书末有原跋曰：'此本还在沈伯时《乐府指迷》之后，古雅精妙，较是输他一著。'云云。考宋沈义父字伯时，有《乐府指迷》一卷，今载陈耀文《花草稡编》中。跋但称沈书，而无一字及此书，则此书晚出，跋者未见。龚翔麟刻《山中白雲词》附载此书，殆后人所增入，非其旧也。曹溶《学海类编》收此书，较此本多一北轩居士跋。其跋误以胡震亨《唐音癸籤》与胡应麟《诗薮》合为一书，已极疏舛，又收《金粟头陀制曲十六观》一卷，后有睡庵居士跋。金粟头陀，元顾阿瑛；睡庵居士，明汤宾尹也。而其文全抄此书，惟每条之末增'制曲者当作此观'一句，语语雷同，竟不一检，尤可怪矣。"（卷二百）

〔八〕戴表元《送张叔夏西游序》见附录，其馀见卷首。

花间集十卷 江苏巡抚采进本

后蜀赵崇祚编。崇祚字宏基，事孟昶为卫尉少卿，而不详其里贯。《十国春秋》亦无传。案蜀有赵崇韬，为中书令廷隐之子，崇祚疑即其兄弟行也〔一〕。诗馀体变自唐，而盛行于五代，自宋以后，体制益繁，选录益众，而溯源星宿，当以此集为最古。唐末名家词曲，俱赖以仅存。其中《渔父词》、《杨柳枝》、《浪淘沙》诸调，唐人仍载入诗集，盖诗与词之转变，在此数调故也。于作者不题名而题官，盖即《文选》书字之遗〔二〕。惟一人之词，时割数首入前后卷，以就每卷五十首之数，则体例为古所未有耳。陈振孙谓所录自温庭筠而下十八人，凡五百首，今逸其二，坊刻妄有增加，殊失其旧〔三〕。此为明毛晋重刊宋本，犹为精审。前有蜀翰林学士中书舍人欧阳炯序，作于孟昶之广政三年，乃晋高祖之天福五年也〔四〕。后有陆游二跋,其一称斯时天下岌岌,士大夫乃流宕如此,或者出于无聊,不知惟士大夫流宕如此,天下所以岌岌,游未反思其本耳〔五〕。其二称唐季五代,诗愈卑而倚声者辄简古可爱,能比不能彼,未易以理推也〔六〕。不知文之体格有高卑,人之学力有强弱,学力不足副其体格,则举之不足,学力足以副其体格,则举之有馀。律诗降于古诗,故中晚唐古诗多不工,而律诗则时有佳作;词又降于律诗,故五季人诗不及唐,词乃独胜。此犹能举七十斤者,举百斤则蹶,举五十斤则运掉自如,有何不可理推乎〔七〕。卷一百九十九

〔笺注〕

〔一〕崇祚事迹,见闵定庆《赵崇祚家世考述》(《历史文献研究》第22辑)、房锐《〈花间集〉编者赵崇祚考略》(《中华文化论坛》2015年第2期)。

〔二〕见《文选注》提要。又《词综发凡》:"词人姓氏爵里,选家书法不一。先系爵后书名者,《花间集》、《中州乐府》体也;书字于官爵下者,《绝妙词选》体也;书名者,《全芳备祖》体也;书字者,《草堂》体也;冠别字于姓名之前者,凤林书院体也;至杨氏《词林万选》、陈氏《花草粹编》,或书名,或书字,或书别字,或书官,或书集,览者茫然,莫究其世次。"(《词综》卷首)可以参观。

〔三〕《直斋书录解题·花间集》:"《花间集》十卷,蜀欧阳炯作序,称卫尉少卿字宏基者所集,未详何人。其词自温飞卿而下十八人,凡五百首,此近世倚声填词之祖也。诗至晚唐五季,气格卑陋,千人一律,而长短句独精巧高丽,后世莫及,此事之不可晓者。放翁陆务观之言云尔。"(卷二十一)

〔四〕后蜀广政三年、后晋天福五年为940年。

〔五〕陆游《跋花间集》:"《花间集》皆唐末五代时人作。方斯时,天下岌岌,生民救死不暇,士大夫乃流宕如此,可叹也哉。或者亦出于无聊故邪?笠泽翁书。"(《渭南文集》卷三十)

〔六〕陆游《跋花间集》:"唐自大中后,诗家日趣浅薄。其间杰出者,亦不复

有前辈闳妙浑厚之作,久而自厌,然梏于俗尚,不能拔出。会有倚声作词者,本欲酒间易晓,颇摆落故态,适与六朝跌宕意气差近,此集所载是也。故历唐季五代,诗愈卑,而倚声者辄简古可爱。盖天宝以后,诗人常恨文不迨,大中以后,诗衰而倚声作。使诸人以其所长,格力施于所短,则后世孰得而议?笔墨驰骋则一,能此不能彼,未易以理推也。开禧元年十二月乙卯,务观东篱书。"(同前)

〔七〕按,《提要》此云云,王国维又不以为然,复驳之;《人间词话》:"陆放翁跋《花间集》,谓:'唐季五代,诗愈卑,而倚声者辄简古可爱。能此不能彼,未可以理推也。'《提要》驳之,谓'犹能举七十斤者,举百斤则蹶,举五十斤则运掉自如'。其言甚辨。然谓词必易于诗,余未敢信。善乎陈卧子之言曰:'宋人不知诗而强作诗,故终宋之世无诗。然其欢愉愁苦之致,动于中而不能抑者,类发于诗馀,故其所造独工。'五代词之所以独胜,亦以此也。"(人民文学出版社)《提要》固属强辞,国维亦无理取闹,等之无足取也。

词综三十四卷 内府藏本

国朝朱彝尊编〔一〕。其同时增定者,则休宁汪森也〔二〕。彝尊有《经义考》,森有《粤西诗载》,并已著录〔三〕。是编录唐宋金元词通五百馀家,于专集及诸选本外,凡稗官野纪,中有片词足录者,辄为采掇,故多他选未见之作。其词(按,《四库》本作调字,较是)名、句读为他选所淆舛,及姓氏爵里之误,皆详考而订正之〔四〕。其去取亦具有鉴别。盖彝尊本工于填词,平日尝以姜夔为词家正宗,而张辑、卢祖皋、史达祖、吴文英、蒋捷、王沂孙、张炎、周密为之羽翼,谓自此以后,得其门者或寡;又谓小令当法汴京以前,慢词则取诸南渡〔五〕;又谓论词必出于雅正,故曾慥录《雅词》,鲖阳居士辑《复雅》;又盛称《绝妙好词》甄录之当〔六〕。其立说大抵精确,故其所选能简择不苟如此,以视《花间》、《草堂》诸编〔七〕,胜之远矣。卷一百九十九

〔笺注〕

〔一〕彝尊传见《清史稿》卷四百八十九,《清史列传》卷七十一。《四库全书总目·经义考》:"彝尊字锡鬯,号竹垞,秀水人。康熙己未,荐举博学鸿词,召试授检讨,入直内廷。彝尊文章渊雅,初在布衣之内,已与王士禛声价相齐。博识多闻,学有根柢,复与顾炎武、阎若璩颉颃上下。凡所撰述,具有本原。"

〔二〕森传见《清史列传》卷七十一。另有储大文《户部郎中驰封监察御史汪君森墓志铭》(《碑传集》卷五十九)。

〔三〕《经义考》见《四库全书总目》卷八十五,《粤西诗载》见卷一百九十。

〔四〕《词综发凡》:"其已经选辑者,(中略)凡百六十馀家。虽已览观,未入选者,杨杰《无为集》、徐经孙《文惠集》、徐鹿卿《清正集》、魏了翁《鹤山词》、王义山《稼轩类稿》,又《顺斋乐府》、《虚靖真君词》、《洞玄珠玉集》,凡八家"又:"词有当时盛传,久而翻逸者,遗珠片玉,往往见于稗官载纪。是编自《百川学海》、《古今小说》、《唐宋丛书》、曾氏《类说》、吴氏《能改斋漫录》、阮氏《诗话总龟》、胡氏《苕溪渔隐丛话》、陶氏《说郛》、商氏《稗海》、陆氏《说海》、陈氏《秘籍》外,缮阅小说又不下数十家。片词足采,辄事笔疏,故多他选未见之作,庶几一开生面。佐予讨论编纂者,汪子而外,则安丘曹舍人升六、无锡严徵士荪友、江都汪舍人季甪、宜兴陈徵士其年、华亭钱舍人葆馚、吴江俞处士无殊、休宁汪上舍周士、季青、钱塘龚主事天石、同郡俞处士右吉、沈上舍融谷、缪处士天自、沈布衣覃九、叶舍人元礼、李徵士武、曾布衣分虎、沈秀才山子、柯孝廉翰周、浦布衣傅功暨门人周灂岳也。"(《词综》卷首)

〔五〕朱彝尊《黑蝶斋诗馀序》:"词莫善于姜夔,宗之者张辑、卢祖皋、史达祖、吴文英、蒋捷、王沂孙、张炎、周密、陈允平、张翥、杨基,皆具夔之一体。基之后,得其门者寡矣。"又《水村琴趣序》:"予尝持论,谓小令当法汴京以前,慢词则取诸南渡。"(《曝书亭集》卷四十)又《词综发凡》:"世人言词,必称北宋。然词至南宋,始极其工,至宋季而始极其变,姜尧章氏最为杰出。"

〔六〕朱彝尊《群雅集序》:"昔贤论词,必出于雅正,是故曾慥录《雅词》,鲖阳居士辑《复雅》也。"(《曝书亭集》卷四十)《书绝妙好词后》："词人之作,自《草堂诗馀》盛行,屏去激楚阳阿,而巴人之唱齐进矣。周公谨《绝妙好词》选本,虽未全醇,然中多俊语,方诸《草堂》所录,雅俗殊分。顾流布者少,从虞山钱氏抄得,嘉善柯孝廉南陔重锓之。作者百三十有二人。第七卷仇仁近词残阙,目亦无存,可惜也。公谨自有《蘋洲渔笛谱》,其词足与陈衡仲、王圣与、张叔夏方驾。"(同前,卷四十三)

〔七〕《四库全书总目·类编草堂诗馀》："《类编草堂诗馀》四卷,不著编辑者名氏,旧传南宋人所编者。(中略)词家小令、中调、长调之分,自此书始。后来词谱,依其字数,以为定式,未免稍拘,故为万树《词律》所讥。然填词家终不废其名,则亦倚声之格律也。朱彝尊作《词综》,称《草堂》选词可谓无目,其诟之甚至。今观所录,虽未免杂而不纯,不及《花间》诸集之精善,然利钝互陈,瑕瑜不掩,名章俊句,亦错出其间,一概诋排,亦未为公论。"(卷一百九十九)

图书在版编目(CIP)数据

新订四库提要笺注稿 / 王培军撰. -- 上海 : 上海大学出版社, 2023.1

("历史・文化・思想"文库)

ISBN 978-7-5671-4630-3

Ⅰ.①新… Ⅱ.①王… Ⅲ.①《四库全书总目提要》—研究 Ⅳ.①Z833

中国版本图书馆 CIP 数据核字(2023)第001105号

责任编辑　庄际虹
美术编辑　柯国富
技术编辑　金　鑫　钱宇坤

新订四库提要笺注稿
王培军　撰
上海大学出版社出版发行
(上海市上大路99号　邮政编码200444)
(https://www.shupress.cn　发行热线021-66135112)
出版人　戴骏豪

*

南京展望文化发展有限公司排版

商务印书馆上海印刷有限公司印刷　各地新华书店经销
开本890mm×1240mm　1/32　印张7.5　字数205千字
2023年1月第1版　2023年1月第1次印刷
ISBN 978-7-5671-4630-3/Z·99　定价　88.00元

版权所有　侵权必究
如发现本书有印装质量问题请与印刷厂质量科联系
联系电话: 021-56324200